曹祖义先生与笔者在辽宁东港大孤山合影留念(2012 年 9 月 21 日)

基因考证

曹操曹雪芹家族

康栋东 著

上海财经大学出版社
SHANGHAI UNIVERSITY OF FINANCE & ECONOMICS PRESS

图书在版编目(CIP)数据

曹操曹雪芹家族:基因考证/康栋东著．—上海:上海财经大学出版社,2017.8

ISBN 978-7-5642-2785-2/F·2785

Ⅰ.①曹…　Ⅱ.①康…　Ⅲ.①曹操(155—220)-家庭-研究②曹雪芹(1715—1763)-家族-研究　Ⅳ.①K820.9

中国版本图书馆 CIP 数据核字(2017)第 162071 号

□ 责任编辑　袁春玉
□ 封面设计　杨雪婷

CAOCAO CAOXUEQIN JIAZU JIYIN KAOZHENG
曹操曹雪芹家族:基因考证
康栋东　著

上海财经大学出版社出版发行
(上海市中山北一路 369 号·邮编 200083)
网　址:http://www.sufep.com
电子邮箱:webmaster @ sufep.com
全国新华书店经销
上海华业装璜印刷厂印刷装订
2017 年 8 月第 1 版　2017 年 8 月第 1 次印刷

710mm×1000mm　1/16　18.75 印张(插页:1)　279 千字
印数:0 001—3 000　定价:58.00 元

序 一

超体验的红学家　超现实的曹学家

记得 2010 年春的时候，我们正在热火朝天地进行曹操家族基因研究，我第一次接到康栋东的电话，说要带曹操后代来检测基因。让我感到不解的是，他带东北的曹祖义先生过来，而他却是曹先生的翻译。这位曹先生难道是讲满语的？后来才发现，曹祖义浓浓的胶辽口音，一般人确实很难听懂。栋东不了解我走南闯北做人类学调查的经历，以为我也听不懂，热心地做了一回“翻译”，把曹祖义从东北一路约到上海来。

故而第一次与栋东接触，就被他的“热心”所感动。经过几次交流以后，才发现他的“热心”一半是因为他的天性，还有一半来自他对红学的痴迷！红学，这是一门怎样的学问呀！一部《红楼梦》，隐含着多少奥秘！社会学家可以解读出清初的社风百态，文学家可以解读出作家的柔情千转。但是，作者为什么要费尽心血写这部小说？他想要传递给后人什么样的信息？在书中的字里行间寻找答案，势必需要些特殊的感知。当栋东最初向我们介绍他的红学成果的时候，“我和我的小伙伴都惊呆了”，心里出现了一个词语“超体验”！

但是，谁说“超体验”就不对呢？曹雪芹写《红楼梦》，大多数人认为是依据了他小时候的家庭状况。既然他在写一部家族史，那么他自然也可能要叙述他的家族起源。他对家族史的描写可以是用文学的手法改头换面成为虚构的小说，那么他对家族起源的描述也可以是用隐喻的方法变成字谜，甚至充满醺醺醉意的思维跳跃。但是，这些“醉话”谁能听懂？谁能说一定不是康栋东呢？

康栋东认为，整部《红楼梦》反映了曹家从家世显赫到败落的历史过程，这种败落过程甚至存在几个层次，不仅仅是曹雪芹在世时的家道中落，也可以追溯到曹家高贵的血统的被边缘化，甚至可以隐射到整个封建士族阶层的没落。为了证明这一点,康栋东必须证明曹雪芹拥有曹魏皇族的血统。这种证明不可能仅仅依据对文本谜语版的超体验解读,还必须有对曹氏遗传基因的超现实检测,必须有着自然科学的客观证据。这就是康栋东的学术追求,而他为了自己的学术追求所付出的心血和热情,非常令人敬佩!

就这样,康栋东成了我们实验室的志愿者,在这几年的时间里走南闯北做起了人类学田野调查,收集了大量的文本资料和 DNA 样本。从南昌、江宁一直到铁岭、辽东大孤山,曹雪芹家族生活过的地方都留下了他的足迹。在我们研究曹操家族的项目中,增添了康栋东的奇彩的一笔,使得我们的研究有了进化学和历史学之外的更多意义。

趁此机会,我还需要解释一下曹操家族研究的真正目的。前段时间曹操的问题在我们整个人类学的学术界以及民众之间都很热,因为我们公布了曹操基因,已经百分之百确定曹操的血统基因类型。这个消息公布出来以后,网上有很多人关注和探讨。第一波出现的网友反应大多是谩骂的,质问研究这项工作有什么用呢?曹操基因?曹操都死了快两千年了,研究他的基因有什么用?有什么意思?有什么价值?第二波开始就反过来指责那些骂的人,像马伯庸、严峰,像《新华每日电讯》的评论员,就回骂那些网民不懂科学、无知,说中国正是受害于这种功利思想,几千年来一直只重视技术,只重视眼前的能够马上应用的东西,不重视基础科学研究,造成了中国近代科技的落后。基础科学研究一般不知道立即有什么用和有什么意义,但是几百年后甚至几千年后,很多科学技术的"井喷"以及很多人类社会的发展和飞跃,都是依据那些看上去没有用的、靠基础科学的一步一步探索才能积累起来的。实际上,这些话说到点子上了,我们中国为什么长期以来自然科学的发展落后于西方,特别是在近代,就是因为中国文化中有着一种根深蒂固的观念,不重视那些看上去没有用的研究,一直在重视那些马上就可以应用的,比如车轱辘,马上就可以造车,再如吊井架,马上就可以打水,省很多力。这些应用性的东西,凭经验发明了很多,但是基础的科学原理都没有探索,所以没有进一步发展的能力。反观西方,古希腊柏拉图、亚里士多德等先贤,几千年前就开始研究哲学,研究基础的物理学、数学,那些在当时看上去完全没有用的、根本不能解决什么实际生活问题的学问，但是正是因为这些学科的发展和积累，到了文艺复兴以后，引发了西方科学的“井喷”，奠定了现代西方科学的基础。因而你要问现在一项研究有没有用，这样的问题连问都不应该问，因为对于基础科学来说，问这种有没有实际用途的问题，几乎是一种原罪。

实际上，曹操基因有没有用呢？当然有用了，怎么可能没用呢？只不过对于外行来说，这个用处他是一下子看不到的。我研究的领域是生物人类学，属于自然科学。从自然科学的角度来讲，曹操家族的基因用处就大了。在研究人类进化的过程中间，要了解人类基因演变的过程，最主要的一个问题是人类进化历史的每一步骤在什么地方、什么时间发生的。要计算时间，就必须建立一个很精确的分子钟，就是要计算出基因突变的速率。有了这个速率，再度量出两个群体之间的基因的差异，差异就是距离，距离除以速度就等于时间，我们就可以算出两个群体分开的时间。这个速率是怎么算的呢？以前我们有一个很不精确的速率，是通过人和黑猩猩之间的差异算出来的，把人和黑猩猩之间的差异除以人和黑猩猩在地质年代上分化的时间（大约 500 万年），就得到一个突变速率的数值，这个值是很不精确、有很大误差的。造成这个误差的原因主要在于人和黑猩猩到底是在什么时间分开的，在古生物学上不太确定，大概是在 500 万年前，但是还有正负 100 万年的误差。用这个突变率值来计算人类演化史上的很多历程，得到的时间误差就往往很大，经常是“3000 年±1000 年”，有时候是“3000 年±2000 年”，这样的一个正负 2000 年的值，有时候就没有什么意义了，这 4000 年里能够发生多少事情，自然环境能发生多大变化，人类社会进步会发生多大的跨越，到底什么样的社会因素和自然因素造成了人类基因组在这个时间段内发生巨大变化，等等，没办法知道，因为没法算准时间。因此，从这一点上讲，我们要把时间定精确是很重要的，而精确计算突变率用以估算时间的唯一办法就是要在人类的有明确记载的大家系里面去计算，计算父系遗传的男性 Y 染色体在家族中的变化速度。比如曹丕的现在第 72 代孙和曹植的第 73 代孙，这两个人之间差了 145 代，他俩的 Y 染色体，我们去测一下有多少差别，再除以 145 就得出了一个比较精确的突变率数值，这比人和黑猩猩之间算出来的数值要精确得多。如果有很多这样的家系,一对对地跨跃很多代的同族,又有明确的记录知道他们跨了多少代,那么我们可以把这个数据算得越来越精确,最终估算时间的误差也会变得越来越小。

有了一个很精确的突变率数值,再去看人类进化过程中的每一个事件,比如什么时候人口减少了、什么时候人口增多了以及什么时候人体发生了很大的突变,算出精确的时间点,再看那个时候的环境发生了什么变化、气候发生了什么变化以及我们吃的东西出现了什么改变,各种各样的因素在一起,就知道人类为什么进化、怎么样进化以及未来会进化成什么样。任何人类进化的问题都要在这个框架内去做,所以这一研究对我们全人类来说意义太大了。你要说曹操基因研究出来没用,那简直是开玩笑了。

我们当时为什么要研究曹操呢?这也是很有意思的一件事情,我原来在耶鲁大学工作,在 2009 年 7 月回到复旦大学任职,回国的时候我就抱着一个想法,在国外找不到记载了几千年的家系,在中国才有。回到中国来我们就是要做中国的大家系,回来以后我就跟历史系的几个教授一起谈到底做什么家系。普通老百姓的家系历史不久,一般都是明清时代开始记载的,之前的家系与我们现在派出所里报户口一样,都是官修的,老百姓是没有权力修的。我国到了宋代才开始放开,个人可以随便修,很多老百姓,比如有的士绅家里有钱了,要给自己家里修家谱,请一个秀才,花 30 两银子就可以编一本,把历史上跟他同姓的那些名人,一个个都编得跟他有关系,家族来源全部都是编造出来的,所以完全不靠谱。因此,只有早期的官修的家谱才有一定的可信度,官修的家谱只有帝王将相的家族。

那么找帝王将相又找谁呢?找李唐的肯定不行,李唐的时期太长,而且家族历史太复杂,号称李唐后代的太多了,假的比真的恐怕还多,没法做。那么做那些后代少的人,比如秦始皇的,那也不行,秦始皇的后代恐怕早就已经不存在了。因此,我们算来算去,就发现曹操的家族最好,为什么最好?因为他的家族时间久,从三国时代开始,做了几代的皇帝,所以后代也很多,曹操的子孙就有十几个,所以家族也挺大的。更重要的是,曹操这个英雄人物,也是一个悲情人物,到了宋代以后就从上到下把他抹黑了，就变成一个负面人物了。特别是在民间，名声不好，所以一般没人愿意跟他扯上关系，谁修个家谱花30两银子还变成“奸贼”之后？不愿意的。因此，曹操的后代，除非是他真正的后代，一般不可能把家谱上的祖先改掉。但是其他的曹姓家族，一般来说不会贸然认为自己是曹操后代，所以我们就觉得这个家族非常有优势，从这个家系入手是最可靠的。因此，我们就开始大量地采集曹操的家系样本。

正好历史系的韩昇等几位教授都对这个问题很感兴趣。因为曹操家族研究在社会科学领域也可以解决很多问题。东汉三国是中国历史的转型期，从原来的英雄主义的社会变成一种士族统治的社会、贵族特权的社会，是一个很特殊的转型期。在转型期中，国家、民族、家族之间的互动关系特别重要，但是以前的历史学很难研究这些问题。另外，曹操本身血统谜团很多，曹操的爷爷曹腾是一个大太监，他的权位很高，执掌着国家的最高行政权。那么曹操的爸爸曹嵩是哪里来的？是过继来的。到底从哪家过继来的？说法很多，他的所有的政敌都骂他，说他的来历不明。但是大家说的都不一样，袁绍骂他是路边捡来的，孙权骂他是从夏侯家过继来的，反正就是说他的血统不是曹家的。外姓过继，在当时的贵族阶层中是败坏门风、很丢脸的事情。那么曹嵩到底是从哪里过继来的？传统的历史学给不出答案，除非用遗传学的基因技术去做亲子鉴定，否则就根本解决不了这个问题。

另外，曹操号称是汉朝的开国元勋、后“萧规曹随”继任丞相的曹参的后代，这写在正史中。那么他就有士族的身份，属于贵族阶级，他是贵族统治的既得利益者，那他为什么要以“唯才是举”作为政治目标，要打破贵族统治的特权呢？这是跟他的地位、身份不吻合的事情，不过很少有人质疑这个矛盾，也少有人对正史中记载的他的家族来源有所怀疑。总之，在社会科学上曹家的问题也很多，所以当时生物学和历史学两方面一拍即合，我们就开始动手做曹操家族的研究。

定下课题以后，韩昇教授去上海图书馆和各地图书馆查家谱，找到了很多曹操后代的家谱。结果这些家谱有很多问题，有的家谱记载曹操后代居于某地，结果去当地找，一家姓曹的都没有。因为历史上人群的流动、家族的迁徙实在太频繁了，很多家谱记载的地方都找不到曹操后代，而能找到的只有两家,一家在安徽皖南的绩溪,一家在浙江金华。但只有两家人家解决不了问题,设想两家人家做出来的基因不一样,对不上,到底谁家是真的?谁家是假的?正当我们发愁的时候,机会来了,曹操墓被发现了。河南那边号称发现了曹操墓。我们想这正是寻找曹操家族基因的好机会。就在《文汇报》上发出一篇文章,说我们在做曹操后代的基因,所以号召全国姓曹的,特别是可能的曹操后代,可以到我们实验室里来验基因,来确定你到底是不是曹操的子孙。与曹操墓里面找到的那个人是不是一种家族基因,这个基因当然是父系遗传的Y染色体。这么一来,全国姓曹的就涌到我们实验室来了,每天都来十几家、二十几家人,非常轰动,效果非常明显。有时是一个村子里面租了一辆大巴,拉了几十个人过来,有时候他们打电话过来要我们去采集,一下子就把我们想要的材料都采到了。当时在3个月里采集了全国70多家曹姓的家族,上千个样本。康栋东正是这个时候出现在了我们的实验室里。

从那以后,康栋东渐渐从一个梦幻的红学家,变成了一个掌握着基因利器的超现实的曹学家,在中国的DNA血统网络中追根溯源,和我们一起,为中华民族整理基因家谱,用现代科学技术还原一个传奇的中华民族史。

但是,梦幻和现实始终在康栋东的思想中溶为一体,大胆假设和小心求证交错在他的红学人生中,于是产生了这本"奇幻"的作品。

复旦大学现代人类学教育部重点实验室教授:李辉
2017年

序 二

与栋东有些日子没有联系，近日收到他的邮件，原来一直忙着撰写这本书。想起一年多前在上海见面，在茶馆里小饮几杯清茶，聊起历史和人类学，只觉得是相见恨晚。知音难觅，尤其是这些关于我们祖先和血脉的学问，在茫茫人海之中，也难以找到几个像栋东这样的充满热忱的“老学究”。

作为一名民间学者，栋东在历史和分子人类学领域已经耕耘很多年，我非常欣慰地看到他的努力终于收获了累累硕果。进入 21 世纪，分子人类学在国际上取得重大突破，并且在大众层面上也有广泛的参与。其中最有名的是哈佛遗传学家斯宾塞博士与著名的国家地理杂志共同发起的“基因地理计划”。斯宾塞环游世界，访问了世界各地各个角落的许多原住民村落，采集了珍贵的世界各民族的 DNA 样本；同时世界各地的遗传学家，包括复旦大学的金力教授和李辉教授，也参与到这个项目中，他们通过遗传学的方法合作绘制了人类的老祖先“走出非洲”并迁移到世界各地的路线图。

大概 5 年前，我在无锡创办了“汇泽基因”，希望能与国内志同道合的朋友一起用 DNA 来追溯我们中国人祖先的足迹，寻找我们自己的“基因族谱”，为每个中国人探寻自己祖先的奥秘。有幸的是，项目开始不久我就收到了康栋东热情洋溢的来电，表示参与汇泽基因的华人基因族谱的工作。栋东与我们一道建立汇泽基因的曹氏、袁氏等基因族谱项目，为项目走南闯北，结识了很多朋友，也一起获得了许多珍贵的资料。去年，他又帮助策划成立“公众人类学研究会”，把这项研究工作推向大众和主流媒体的视线。

这本书的重要意义之一，就是将历史和人类学与我们大众的生活拉近了。

我们都知道自己的家乡以及自己的父母、祖父母,然而,很少人确切地知道自己的祖先到底是哪些人、祖辈有哪些名人以及经历过哪些惊天动地的事情;很少人知道自己的祖辈是沿着什么样的轨迹来到你今天的家乡定居的。实际上,我们身边有很多人,也包括我们自己,有极不平凡的祖先故事。一直以来,历史学家根据历史记载、家谱对人们的祖先,尤其是历史人物的身世做了很多的推测,然而,线索往往很有限,有好多疑团解不开。实际上,我们每个人的血脉之中,我们的DNA都忠实地记载了我们祖先的印迹,这是追溯我们祖先的最有力的线索。今天,遗传学的技术终于允许我们来解读我们"血脉中的基因家谱",这就是分子人类学所做的。这本书所讲的曹学芹的身世,就是用最前沿的人类学方法和最新的DNA数据,结合历史学家对曹操和曹雪芹身世的考证所得出的研究结果。

辽宁的曹老伯通过DNA检测,可以了解到自己是曹操的后人,然后结合历史的考证,则进一步知道自己与曹雪芹的渊源。我们每一个人,都可以通过类似的方法了解自己的祖先故事,也许,你也会有同样的惊喜!

在这个新世纪的开端,迅猛发展的DNA测序技术已经带我们进入了"个人基因组"时代。十几年前,为了测出一个人的全基因组,全世界的多个实验室花了近十年时间,耗费巨资,才得以完成。现在,要测出一个人的全基因组,只需要在一个实验室花一周时间和上千美元就行了;比如,中国人就已经测出了"炎黄一号""天骄一号"等中国人全基因组。因此,人类基因的资料将变得非常丰富。分子人类学的研究将可以变得更加的深入和细致,我们通过基因检测可以清楚地知道我们祖先的来历和我们每个人之间的亲缘,可以绘制个人的"基因族谱"和"祖先迁移图"。在国际上,有众多的公司和机构在做这方面的工作,除了前面提到的"基因地理计划"外,最有名的还有谷歌创始人布林的夫人创办的23andMe、Family Tree DNA、牛津祖先等。基因组检测在很多其他方面,包括医疗方面,也展现出了同样美好的前景。一方面,随着大量疾病基因组的数据的积累,通过基因组诊断和治疗疾病正在成为现实。在不远的将来,人们就可以在常规体检中通过抽一管血做基因检测,筛查到身体各个部位可能的癌变，从而及时治疗以挽救生命。另一方面，制药公司已经开发了大量的针对特定基因突变的抗癌药物，基因组检测可以帮助患者找到有效的药物，这是肿瘤治疗的未来。

康栋东的这本书为我们展示了高深的遗传学科技是怎样帮助我们了解我们自己以及科技与我们每个普通人的生活是怎样联系在一起的。他为我们追溯了历史，也为我们展示了将来。谢谢康栋东为我们带来这本前无古人的著作。

汇泽基因首席科学家、美国 AccuraGen 共同创始人：孙朝辉

2014 年

前　言

通过梳理，曹操曹雪芹家族承袭关系清晰起来，可以说这是目前世界上时间跨度最大的家族，跨越了1800多年历史长河。该家族著名人物对中国“文政哲史”的影响是非常深远的，其影响早已跨越了国界。

这个家族人才辈出，历史上至今，声名显赫或卓有成就者有曹嵩（东汉）、曹操（东汉）、曹丕（魏）、曹植（魏）、曹髦（魏）、曹霸（唐）、曹寅（清）、曹頫（清）、曹雪芹（清）、曹祖义（今）等，他们的Y染色体类型都是O2*（M268＋，PK4－，M176－）。

曹嵩擅长为官，刘宋范晔所著的《续汉书》曰：嵩字巨高。质性敦慎，所在忠孝。为司隶校尉，灵帝擢拜大司农、大鸿胪，代崔烈为太尉。黄初元年，追尊嵩曰太皇帝。

曹操、曹丕、曹植擅长诗词，均留有名篇。南梁钟嵘撰我国古代第一部诗论专著《诗品》（又称《诗评》），所论的范围主要是五言诗，全书共品评了两汉至梁代的诗人一百二十二人，计上品十一人，中品三十九人，下品七十二人。《诗品》将“魏陈思王[曹]植诗”列在“诗品上”，将“魏文帝诗”列在“诗品中”，将“魏武帝”列在“诗品下”，评“曹公古直，甚有悲凉之句”。

曹髦、曹霸擅长绘画，均留有名声。唐朝张彦远撰《历代名画记》，在“叙历代能画人名（自轩辕至唐会昌，凡三百七十一人）”中记载曹髦、曹霸，将曹髦书画列为“中品”，评“曹髦之迹，独高魏代”。在“叙师资传授南北时代”中记载“韩干，陈闳师于曹霸”，在“唐朝上”中记载“曹霸，魏曹髦之后。髦画称于魏代，霸在开元中已得名。天宝末，每诏画御马及功臣。官至左武卫将军”。

曹寅擅长诗词，著有《楝亭诗钞》等，声名显于清朝康熙年间。

曹頫、曹雪芹、曹祖义擅长文学技艺。曹頫化名脂砚斋，指导曹雪芹撰写《红楼梦》,用谜语记录家族百年历史,他们本是曹操曹丕曹髦曹霸后裔,因为明清战争,曹玺成为曹振彦的养子,曹玺及其后代成为另一个曹姓家族的成员。曹玺家几代人都思念回归本宗族,但没有实现这个愿望,曹頫曹雪芹寄希望于将来辽宁东港大孤山的亲宗后人中的智能者能够破解《红楼梦》,还原曹家的那段百年历史。大孤山曹祖义经过多年研究率先破解《红楼梦》,于 1998 年 11 月 20 日出席北京全国红学研讨会时,公布《薛宝琴十首怀古诗“解味”》一文,指出大孤山曹家与曹雪芹家是同属于一个家谱的族人,族人都是曹操曹丕曹髦曹霸后裔。

根据文史资料、家传信息和 DNA 考证研究确认,曹祖义先祖曹连增是曹雪芹与芳卿的儿子,被托孤给大孤山曹信收养,记在曹延聪名下。曹祖义是曹操七十世孙,同时也是曹雪芹七世孙,即曹雪芹第六代孙。历史如此巧合,曹雪芹撰写的《红楼梦》,竟然在二百四十多年后,由他的嫡亲子孙曹祖义成功破解,确是基因遗传和“天道好还”的原因吧。

曹嵩可能是从曹腾的某个兄长家过继,也可能是从曹腾弟曹鼎家过继。

根据文史资料和 DNA 考证研究确认,东汉时期曹鼎曾任职河间相,他应该是有雄才大略的人,可能是他在困境中做出重大决策,即过继儿子曹嵩给曹腾,为家族的万世基业创造了条件。

与同类书比较,本书借助于现代 DNA 科学技术,其一是探索了曹操出处;其二是证明了曹雪芹是曹操后裔;其三是证明了曹祖义是曹雪芹后代。在相关历史研究和文学研究方面取得多项重大突破。

在此致谢复旦大学李辉博士、严实博士、王传超博士、文少卿博士的帮助和支持!致谢曹姓宗亲与夏(侯)姓宗亲的帮助和支持!致谢孙朝辉先生的帮助和支持!致谢姜仁刚先生、李军翰先生及其他亲友的帮助和支持!

附图为复旦大学现代人类学实验室向社会新闻发布的“曹操的基因”研究成果图片。

曹鼎曹操曹雪芹家族传承如下：

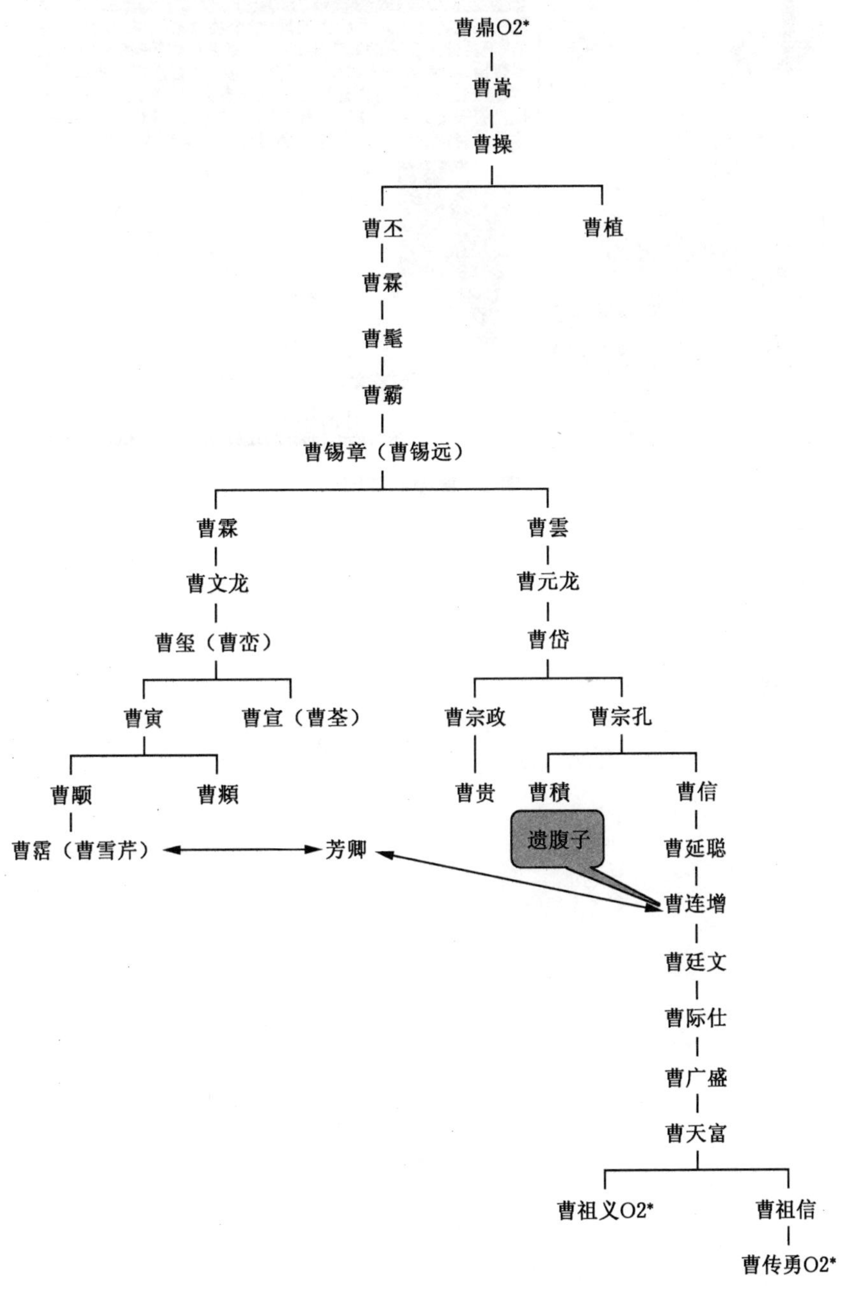

图 1 曹鼎曹操曹雪芹家族传承

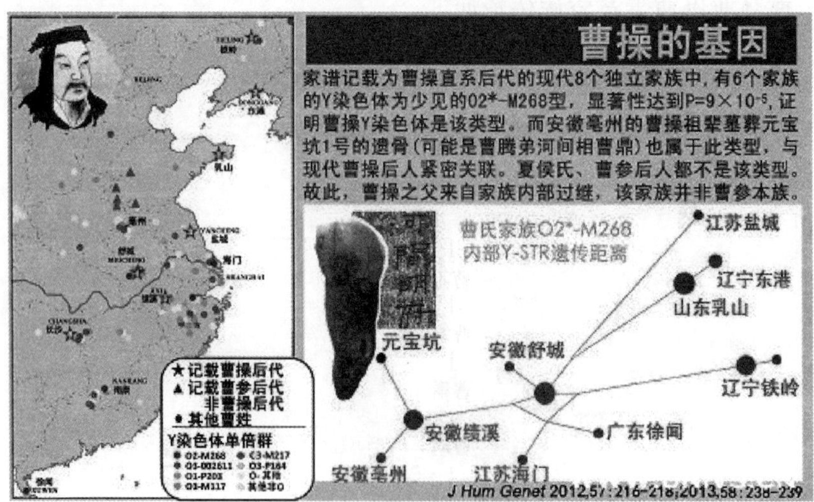

曹操的基因
家谱记载为曹操直系后代的现代8个独立家族中，有6个家族的Y染色体为少见的O2*-M268型，显著性达到P=9×10⁻⁵，证明曹操Y染色体是该类型。而安徽亳州的曹操祖辈墓葬元宝坑1号的遗骨（可能是曹腾弟河间相曹鼎）也属于此类型，与现代曹操后人紧密关联。夏侯氏、曹参后人都不是该类型。故此，曹操之父来自家族内部过继，该家族并非曹参本族。
曹氏家族O2*-M268
内部Y-STR遗传距离
江苏盐城
辽宁东港
山东乳山
元宝坑
安徽舒城
辽宁铁岭
广东徐闻
安徽绩溪
安徽亳州
江苏海门
★记载曹操后代
▲记载曹参后代
非曹操后代
●其他曹姓
Y染色体单倍群
乳山
亳州
盐城
海门
J Hum Genet 2012,57:216-218;2013,58:238-239

图2　曹操的基因①

① 图片来源：央视新闻新浪微博，或新民网 http://shanghai.xinmin.cn/xmsq/2013/11/11/22604074.html。

目　录

第三篇 曹雪芹家族

第四篇 曹雪芹后代

第五篇 曹雪芹亲宗家

第六篇 《红楼梦》成书于大孤山

第一篇　曹鼎家族

第一章 曹 鼎

第一节 从考古材料和历史文献角度推断安徽亳州元宝坑一号墓墓主身份[①]

Communication on Contemporary Anthropology, 2012, 6, 102-110/e18 Hans汉斯
doi:10.4236/coca.2012.61018 Published Online October18, 2012

ARGUMENT

Using archaeological and historical records to infer who is buried in the Yuanbaokeng Tomb I

Dongdong Kang
Wuxi Huize Gene Technology Co. Ltd., Wuxi, JS 214092, China
Email : 13301807758@sina.com

Received: Sep. 16, 2012; revised: Oct.13, 2012; accepted: Oct. 18, 2012.

Abstract: Yuanbaokeng Tomb I in Bozhou, Anhui Province is one of the early tombs of the CAO Cao clan. According to the records on the bricks excavated from the tomb, the person buried in the tomb should be Mr. CAO from Kuaiji Prefecture, who was in the CAO Cao clan. He should also be related to the Hejian Kingdom, related to Chief CAO Ding of Wu Prefecture (grandfather of General CAO Xiu), and also related to Japan. From these clues, I inferred that this person should be another CAO Ding, who is the younger brother of CAO Teng and the prime minister of Hejian Kingdom, recorded in "History of the Later Han Dynasty: Biographies of the Parties". "Hejian Mingfu" on the 15th brick, "Kuaiji CAO jun", "Fujun", and "Mingfu" on the other bricks should be referred to the same person, Prime Minister CAO Ding of Hejian. He might be the biological father of CAO Song, and biological grandfather of Emperor CAO Cao.

Key words: CAO Clan Tombs, Yuanbaokeng Tomb I, Hejian Kingdom, Eastern Han Dynasty

现代人类学通讯 2012年 第六卷 第102~110 热点争议

从考古材料和历史文献角度推断安徽亳州元宝坑一号墓墓主身份

康栋东
无锡汇泽基因科技有限公司，无锡 214092

图 1—1 复旦大学《现代人类学通讯》刊发作者文章(元宝坑一号墓墓主)截图

---

① 本章节研究成果参见:康栋东.《现代人类学通讯》[J].复旦大学现代人类学教育部重点实验室.2012(6):102—110。

曹氏宗族墓群，位于安徽省亳州市魏武大道两侧，占地约10平方公里，是曹操家族一个规模宏大的墓群，主要包括元宝坑汉墓、董园汉墓、马园汉墓、袁牌坊汉墓、曹四孤堆、刘园孤堆、观音山孤堆等，曹操的祖父曹腾及父亲曹嵩的墓均在其中。这些墓葬大都发掘于20世纪70年代，大部分墓的墓主人还没有确定。[1]其中，元宝坑一号墓（以下简称元I）出土了许多铭文字砖，对考证墓主身份提供了一定线索，而由于铭文涉及多位曹氏宗族成员，又使得墓主身份众说纷纭。为了确定墓主身份，很多学者依据历史文献进行了探索，但始终未得出令大家认可的结论。

一、关于元宝坑一号墓的相关研究

1. 从齿龄判断墓主身份

元I是曹氏宗族墓群中发掘较早、出土文物及字砖最多的一座墓，位于亳州城南元宝坑村内。墓室受破坏较严重，墓内文物凌乱，多混杂在填土中。出土的文物主要包括象牙、玻璃、玉石器、铜器、铁器、瓷器片、货币以及字砖等。[2]其中，字砖具有很高的史料价值，对了解曹氏宗族的家世和东汉末年的社会状况均有重要意义。[3]元I共出土字砖145块，包括阴文刻字砖139块、朱书字砖6块。这些字砖在墓内放置无固定位置，大都集中在前室、中室、后室的墙与券上面。[2]字砖上铭文记录的信息多样，其中，记年号1件；记数量37件；记曹氏家族与其他官吏姓名及记哀悼之辞者29件；记名、月日以及砖块堆积方向等15件；随笔语句50件；无法识读者9件；绘花纹者4件。[4]

字砖铭文中涉及的曹氏家族成员主要有：1、3、4、5、6号：会稽曹君；11号：颍川太守曹褒；12、13号：长水校尉曹炽；16号：吴郡太守曹鼎；17号：山阳太守曹勋；20号：……郡太守谯曹鸾。此外，还有其他可能属曹氏家族成员但分辨不清的铭文字砖，如21号：牛头也曹□，等等。字砖所涉及的曹氏家族成员与历史记载基本吻合。《水经注》载："有腾兄冢，冢东有碑题云：汉故颍川太守曹君墓。延熹九年卒，而不刊树碑年月。故北有其元子炽冢，冢东有碑题云：汉故长水校尉曹君之碑，历太中大夫，司马、长史、侍中、迁长水，年三九卒。炽弟胤冢，冢东有碑题云：汉谒者曹君之碑。熹平六年立。"[5]由此可证曹褒系曹腾之兄，官至颍川太守，曹炽和曹胤为曹褒之子，曹炽为兄，曹胤为弟。据《三国志·曹休传》①裴注引《魏书》曰“休祖父尝为吴郡太守”，[6]可知曹鼎正是曹休做吴郡太守的祖父。曹鸾可能为公元 176 年党锢之祸中因上书为“党人”鸣冤而被处死的永昌郡太守曹鸾。其他人如山阳太守曹勋具体是何人不详，而出现次数最多的会稽曹君也无从查证。

根据砖文，不少学者对元Ⅰ的墓主身份进行了推测。亳州博物馆在发掘报告中提出这座墓的主人很可能是会稽曹君（具体是谁不知），而非曹褒父子；[2]田昌五和殷涤非两位先生对会稽曹君进行了推断，前者认为是曹胤，[3,7]后者则认为非曹褒莫属。[8]来自日本的关尾史郎先生则曾撰文提到前面两位先生的推断只是尽可能以《水经注》记载对号入座，依据不充分，他并不赞同两位的推断。[9]可见，人们对元Ⅰ的归属是存在争议的。

复旦大学李淑元等通过对该墓出土牙齿的齿龄，分析了墓主的可能身份。其在一篇文章中说：元宝坑一号墓是曹氏宗族墓群中发掘较早、出土文物及字砖最多的一座墓，依据其出土的字砖，历史学家对其墓主身份进行了推测，但到现在并没有得到一致结论。牙齿的磨损程度随年龄的增长而增加，依据牙齿的磨损程度可以估算考古遗址中出土的人骨的大致年龄。我们通过对该墓出土的一颗臼齿的磨损度判定，推断出该墓主人应为 50 岁甚至 55 岁以上，同时辅以历史文献，最终推测此墓主人最有可能是曹休的祖父曹鼎。[10]

另外，元Ⅰ墓 9 号字砖“建宁三□四月四□”，提示这批砖可能是造于建宁三年（公元 170 年）；同时，由于曹炽在多个墓葬出现，所以元Ⅰ墓很有可能是在曹炽死后所建。据《英雄记》载：“纯字子和，年十四而丧父……年十八，为黄门侍郎”，[6]曹纯为曹炽的儿子，公元 187 年出任黄门侍郎，从此推知曹炽死于公元 183 年。因此，元Ⅰ墓应该是建于公元 170 年甚至公元 183 年以后。但是此一条件并不能确定墓主，加之史料并没有关于会稽曹君的记载，那么这个会稽曹君究竟是谁，可能必须依赖于新证据的出现，比如曹氏宗族墓群其他墓的发掘等。

---

① 参见：陈寿著，裴松之注.《三国志》[M].中华书局 1959 年点校本。本书所引用的均为该版本，故后面不再统一标示。

2. 日本关尾史郎先生的研究

日本关尾史郎在一篇文章中说:进一步要指出的是,元Ⅰ出土的22块中有8块刻的是会稽太守曹某的名字,不是以他的谥号和字来称呼而是以曹君、府君、明府等尊称来称呼,所刻的内容也基本上都是关于他死的事实。因此,可以认为这些砖是追悼会稽太守曹某的死而刻的。另一方面,元Ⅰ出土的另外14块曹氏砖中只记载官职和姓名的占大多数。因此,元Ⅰ的墓主是会稽太守曹某的可能性是很大的。而那些只记载官职和姓名的人物很有可能是因为与墓主有关或是参加墓主葬仪的人。曹氏砖中出现的会稽太守曹某以外的可以确认为是曹氏一族的人物有,曹操的祖父曹腾、父亲曹嵩(曹忠)以及颍川太守曹褒、长水校尉曹炽父子、吴郡太守曹鼎和(永昌)太守曹鸾等,文献有记载的人物的名字也能确认,除此以外的山阳太守曹勋、河间太守曹某及豫州刺史曹水等的敕任官,以及他们的本籍谯县功曹史的名叫曹湖的属吏的名字也在里面。也就是说2世纪后半叶的160年代到180年代间,以曹腾、曹嵩父子为主的曹氏一族,一方面有不少人出任州郡的长官以及相当于中央官僚的八校尉等,同时,本籍的县级官位也都为曹氏一族所占,这一点是十分清楚的。[9]

3. 利用外围历史文献进行推断

笔者认为墓主可能是另一位与曹腾同辈分的弟弟(河间相)曹鼎,可能其生前曾任职会稽太守。15号字砖铭文“河间明府”(见图1—2)与其他字砖铭文“会稽曹君、府君、明府”应该是指向同一个人,“河间明府”表示对河间相曹鼎的尊称。

永昌太守曹鸾的字砖出现在元Ⅰ墓中,说明曹鸾当时可能参加葬仪,人还活着,那么该墓主下葬时间可能在公元176年之前。《后汉书·党锢列传》①中载:熹平五年(公元176年),永昌太守曹鸾上书大讼党人,言甚方切。帝省奏大怒,即诏司隶、益州槛车收鸾,送槐里狱掠杀之。于是又诏州郡更考党人门生故吏父子兄弟,其在位者,免官禁锢,爰及五属。[11]

---

① 参见:范晔著.《后汉书》[M].中华书局1965年点校本。本书所引用均为该版本,故后面不再统一标示。

图 1—2 河间明府字砖拓片

《后汉书·党锢列传》中记载了曹腾弟曹鼎的部分情况:"蔡衍字孟喜,汝南项人也。少明经讲授,以礼让化乡里。乡里有争讼者,辄诣衍决之,其所平处,皆曰无怨。举孝廉,稍迁冀州刺史。中常侍具瑗托其弟恭举茂才,衍不受,乃收赍书者案之。又劾奏河间相曹鼎臧罪千万。鼎者,中常侍腾之弟也。腾使大将军梁冀为书请之,衍不答,鼎竟坐输作左校。乃征衍拜议郎、符节令。梁冀闻衍贤,请欲相见,衍辞疾不往,冀恨之。时南阳太守成瑨等以收纠宦官考廷尉,衍与议郎刘瑜表救之,言甚切厉,坐免官还家,杜门不出。灵帝即位,(征)复拜议郎,会病卒。"[11]

蔡衍(约公元 121—168 年),举孝廉不久任冀州刺史。

汉顺帝时期中常侍曹腾可以求助于皇帝帮助曹鼎说情解围,所以蔡衍核奏不太可能发生在公元 144 年(汉顺帝死于该年)前。汉桓帝(公元 132—167 年,桓帝公元 146 年登基,在位 21 年)时期曹腾被封为费亭侯,与大将军梁冀都非常有实力,所以蔡衍核奏也不太可能发生在公元 146 年(汉桓帝继位于该年)后。最可能发生在公元 144—146 年,此时蔡衍 23～25 岁,曹腾 35 岁左右,曹鼎 30 岁左右,曹嵩 9 岁左右。曹鼎被判罪服劳役刑后可能为儿子的前程着想决定把曹嵩过继、托付给曹腾。在曹腾劝说梁冀立汉桓帝一事中,曹鼎非常可能参与了运作,因为汉桓帝刘志

(祖父河间孝王开,父蠡吾侯翼)是来源于河间国王族的,作为河间相的曹鼎肯定非常熟悉王族情况,曹腾与曹鼎关系非比寻常,在选立君主、关系身家性命的决策上肯定会听取曹鼎意见。曹鼎应该是有雄才大略的人,不会甘于寂寞,其后曹鼎在汉桓帝时期则非常有条件复出做官,而曹嵩过继一事就不必说、不能说了,曹氏家族非常团结,内部知道就可以了。在曹腾、曹褒死后,曹鼎可能继续发挥着很大的作用,他的儿子也可能不只曹嵩一个。

该墓可能是夫妻合葬墓,元Ⅰ中 13 号字砖有"故长水校尉沛国谯炽",说明男性墓主可能葬于公元 170—176 年(永昌郡太守曹鸾死于该年)间,女性可能合葬于公元 183 年(长水校尉曹炽死于该年)后,合葬仪式上曹休祖父曹鼎已经是吴郡太守的身份。该墓也可能是后期扩建墓。

二、会稽曹君、府君、明府分析

1. 会稽

上古名都,也是晋唐宋时期的大都会,今浙江绍兴。会稽因绍兴会稽山得名,会稽山是古代中华九大名山之首,具有非凡的历史地位。传说公元前 2198 年,夏禹大会诸侯于此,成立中国第一个朝代"夏",会稽从此名震华夏,成为中华文明象征。

秦王政二十五年(公元前 222 年),以故吴越地置会稽郡,秦汉是郡尉分治模式,郡治一度为吴县(今苏州),尉治山阴(今绍兴),下辖 26 县,因会稽郡是边防大镇,又有越国争霸的先例,所以尉治(军事中心)更显重要,秦始皇更偕同丞相李斯,不远千里到绍兴会稽山祭大禹,同时会稽(绍兴)是上古地名,名震宇内,所以该区域称为会稽郡。

汉高祖五年(公元前 202 年)封异姓王韩信为楚王,属楚;六年封同姓王刘贾为荆王,属荆;十二年刘濞为吴王,属吴;景帝前三年(公元前 154 年)吴国除,复会稽郡,属郡。

东汉永建四年(公元 129 年),析会稽郡北部中心区域的 13 县置吴郡,郡治吴县(苏州)入吴郡,为吴郡郡治。会稽郡郡治山阴(绍兴),统领中国东南地区各县。从此,会稽郡的郡治(或后来的州府、大都督府)一直在今天的绍兴地区。需要说明的是,会稽作为城市名,从夏朝起就一直指绍兴。

2. 曹君

曹姓男子或本名曹君。

3. 府君

“府君”为汉代对郡相、太守的尊称。《后汉书·卷82·方术列传第72下·华佗传》载：“广陵太守陈登忽患匈(胸)中烦懑，面赤，不食。佗脉之，曰：‘府君胃中有虫……’”也指子孙对其先世的敬称，特别是对已故父亲的尊称。

4. 明府

“明府君”的略称，为汉代对郡相、太守的尊称。《汉书·卷89·循吏传第59·龚遂传》[①]载：“王生日饮酒，不视太守。会遂引入宫，王生醉，从后呼，曰：‘明府且止，愿有所白。’”《后汉书·卷27·张湛传》：“明府位尊德重，不宜自轻。”唐李贤等注云：“郡守所居曰府。明府者，尊高之称。”唐以后多用以称县令。唐代别称县令为明府，称县尉为少府。后世相沿不改。

可见，在东汉桓帝、灵帝时期，会稽郡与吴郡是南北两郡。会稽明府与吴郡太守曹鼎不太可能是同一个人。一般墓葬应该是儿子为去世父亲或母亲举行葬仪，元宝坑一号墓字砖中应该有儿子们的名字信息，如果府君是儿子对已故父亲的尊称，那么这个或这些儿子是谁？笔者认为可能是曹嵩，也可能包括另外的曹某。

三、河间相曹鼎

1. 范晔《后汉书·党锢列传》的相关记载

蔡衍“又劾奏河间相曹鼎臧罪千万。鼎者，中常侍腾之弟也。腾使大将军梁冀为书请之，衍不答，鼎竟坐输作左校。”

2. 河间

河间在今保定和沧州之间。河间之名始于东周战国，因处九河流域而得其名，距今有2700年历史。古称瀛洲[河间相曹鼎可能知道这一信息，受此影响有与东瀛联系的愿望，后来在会稽任上推动汉朝与倭国的经

① 参见：班固等著.《汉书》[M].中华书局2004年版。

贸往来。可能在他死后往来曾一度中断,所以元Ⅰ中74号字砖上有“……有倭人以时盟不(否)”7字]。历代在此设郡、立国、建州、置府,是京南政治、经济、文化、军事重地,素有“京南第一府”的美誉。汉代许多帝王至亲在此做河间王,东汉张衡曾任河间相,宋代名臣包拯做过瀛州知州,汉博士毛苌曾在河间传授《诗经》并以我国第一部诗经总集流传于世。

河间从新石器时代晚期就有人类居住。三皇五帝时颛顼创制九州,河间本属高阳国,到夏商周时,河间又属冀州。

河间古郡的名称已久,取名河间的原因,就是因为它在徒骇河、大史河、马颊河、覆釜河、胡苏河、简河、絜河、钩盘河、鬲津河九河之间。

公元前178年,汉文帝将当时属赵国的河间郡割封给了赵王刘遂的弟弟刘辟疆,于是在当时的地图上就出现了一个全新的国家。由于这里处于易水、河水之间,因此叫作河间国。

然而,这个河间国并没有存在多长时间,刘辟疆在做了13年河间王后死去,他的儿子也仅仅坐了1年的王位就去世了。由于没有继承人,这个仅仅存在了14年的河间国消失了,土地被分为河间、广川、渤海三郡。

到了公元前155年,汉景帝又封他的儿子刘德为河间王,这样,河间国在消失了9年之后第二次出现在地图上。但是此时河间国所辖地界仅为河间郡的旧地,面积也只是前河间国的1/3。

刘德的河间国总共传了七世,共存在了158年,后来王莽窃取了西汉皇帝位,将当时的河间王拉下了王位,使河间国随着西汉政权的覆灭再一次消亡。

这之后光武帝扫平了各地起义军,恢复了汉室江山,因为与前河间王同为汉景帝的后人,因此又恢复了河间国的建制。但是这第三个河间国也只存在了6年。一直到公元90年,汉和帝又将乐城、渤海、涿郡三地划分给了他的弟弟刘恭,使河间国第四次出现在地图上。河间相曹鼎应该是任职于这一时期。

公元220年东汉王朝彻底灭亡,随之兴起的魏政权深知裂土分疆的痛苦,于是取消了分封诸侯国的统治模式,这第四个河间国也随着汉室江山的灭亡而消失。

汉以后的王朝里分封制被取消了,河间国再也没有出现过。但是“河间”这个名字一直被沿用了下来,今天的河间市正是承袭了古河间国的名字。

3. 河间相

官职,古代辅佐王的大臣,汉时诸侯王国的实际执政者,相当于郡太守。《后汉书·张衡列传·卷59》载:“永和初,出为河间相。时国王骄奢,不遵典宪;又多豪右,共为不轨。衡下车,治威严,整法度,阴知奸党名姓,一时收禽,上下肃然,称为政理。视事三年,上书乞骸骨,征拜尚书。年六十二,永和四年卒。”

永和也是东汉顺帝的年号(公元136—141年)。可见,河间相是一个有权力也有管理难度的官职,曹鼎在此职位上必欲有所作为,才会有蔡衍“臧罪千万”的核奏,所谓多做多错,一变革便有罪。

河间相是由皇帝任命,张衡于永和元年(公元136年)调到京外,任河间王刘政的相。刘政是个骄横奢侈、不守中央法典的人,地方许多豪强与他共为不法。张衡到任后严整法纪,打击豪强,使得上下肃然。3年后,他向顺帝上表请求退休,但朝廷却征拜他为尚书。此事颇有蹊跷,因尚书的官职远低于侍中或相,他是否应征,史载不彰。就在这一年(永和四年,即公元139年),他即告逝世。

《后汉书·章帝八王传·卷55》载:(河间孝王刘)开立四十二年薨,子惠王(刘)政嗣。政傲佷,不奉法宪。顺帝以侍御史吴郡沈景有强能称,故擢为河间相。景到国谒王,王不正服,箕踞殿上。侍郎赞拜,景峙不为礼。问王所在,虎贲曰:“是非王邪?”景曰:“王不服,常人何别!今相谒王,岂谒无礼者邪!”王惭而更服,景然后拜。出住宫门外,请王傅责之曰:“前发京师,陛下见受诏,以王不恭,使相检督。诸君空受爵禄,而无训导之义。”

因奏治罪。诏书让政而诘责傅。景因捕诸奸人上案其罪,杀戮尤恶者数十人,出冤狱百余人。政遂为改节,悔过自修。阳嘉元年(公元132年),封政弟十三人皆为亭侯。政立十年薨,子贞王建嗣。

河间相曹鼎可能是因为曹腾的关系于公元144年前被汉顺帝任命,可能视事1～3年。河间当时是国,只有河间相的官职,而没有河间太守的官职,相和太守基本是同一级别的官职,所以“河间明府”应该是对河间相的尊称,与曹腾相识的“河间明府”应该就是河间相曹鼎。

4. 输作左校

输作左校是指东汉政府对犯罪官员的一种惩罚。左校是将作大匠的下属机构,主要负责京师工程劳作,输作左校就是服劳役刑(就是到官府或者官府的工厂、作坊、工地或军事场所劳动)。东汉桓帝时期大量输作左校事件的记载反映了党人和宦官的激烈斗争。输作左校制度魏晋南北朝时期仍然存在,宋代以后基本消失。[12]

从东汉明帝(公元 28—75 年)开始,皇帝更是不断颁发诏令,允许刑徒用缣赎刑,并定出标准,赎髡钳城旦须缴纳缣十匹,完城旦和司寇缴纳五匹。在这种制度下,官僚富人即使触犯刑律,也可不再沦为服役的刑徒。

5. 梁冀

梁冀(? —159 年),字伯卓,安定(今宁夏固原)人,是中国东汉时期外戚出身的权臣。出身世家大族,先祖时曾协助汉光武帝刘秀建立东汉,其父亲为梁商,有一妹,是汉顺帝的皇后。永和元年(公元 136 年)成为河南尹。汉顺帝时因皇后的关系,梁商成为辅政的大将军,梁氏一族左右国政,公元 141 年梁冀代父亲成为大将军,顺帝死后,2 岁的冲帝即位不久就去世,梁太后(即梁冀之妹)立 8 岁的质帝。因质帝当面称梁冀为“跋扈将军”,次年即被他毒杀,另立 15 岁的桓帝。此后他更加专擅朝政,结党营私,且大封梁氏一门为侯为官。到延熹二年(公元 159 年),梁皇后逝世,早对梁冀专权乱政不满的桓帝,借宦官单超、徐璜、具瑗、左悺、唐衡等五人之力杀死梁冀,其全族都一并被杀。梁冀做大将军是在公元 141—159 年,桓帝公元 146 年登基,曹腾因劝说梁冀立刘志为帝有功,被封为费亭侯。曹腾为弟河间相曹鼎托梁冀说情,可能在桓帝继位公元 146 年前。此事至为关键,曹腾可以说也是破例求梁冀。曹鼎恢复官职与否尚无文献佐证。

四、瀛洲

瀛洲,传说中的东海仙山。瀛洲在东,而东瀛就是古代对日本的称呼。

瀛洲，出自汉东方朔撰的《十洲记》（全称《海内十洲记》，归入《四库全书·子部·小说家类》）。

《十洲记》记载汉武帝听西王母说大海中有祖洲、瀛洲、玄洲、炎洲、长洲、元洲、流洲、生洲、凤麟洲、聚窟洲十洲，便召见东方朔问十洲所有的异物，后附沧海岛、方丈洲、扶桑、蓬丘、昆仑五条。属虚构的仙境之地。

《十洲记》中关于瀛洲原文：瀛洲在东海中，地方四千里，大抵是对会稽，去西岸七十万里。上生神芝仙草。又有玉石，高且千丈。出泉如酒，味甘，名之为玉醴泉，饮之，数升辄醉，令人长生。洲上多仙家，风俗似吴人，山川如中国也。会稽府君与河间相曹鼎似乎因瀛洲有了某种联系。

元宝坑一号东汉墓 74 号字砖为楔形墓砖，残存长 19 厘米，上宽 16 厘米，下宽 12 厘米，厚 7.5 厘米。刻辞仅存："……有倭人以时盟不(否)"7 字。竖书一行，隶书体。"倭"是古代日本国名，或称"倭奴国"。《后汉书·东夷列传》云："倭在韩(朝鲜)东南大海中，依山岛为居，凡百余国。自武帝灭朝鲜使驿通于汉者三十许国。国皆称王，世世传统。其大倭王居邪(耶)马台国。"东汉灵帝时，正值倭国大乱，这块字砖即反映了结盟之事结束的事实。倭人与曹氏家族有密切关系。该墓主人为会稽郡曹君，会稽郡是倭人通往中国的港口，曹操父曹嵩，灵帝时官大鸿胪，掌四夷诸王，所以谯城倭人有可能是通过他们内迁的。该字砖亦可能为倭人手迹。此字砖的发现，对研究古代中日关系有重要的价值。会稽曹君很可能是曹嵩亲生父亲，在会稽经营多年，涉及与倭人结盟之事。至曹嵩亦有传承。

五、河间相曹鼎的出处尚待研究

曹腾比曹休祖父吴郡太守曹鼎高一个辈分，而曹家还有一个与曹腾同辈分的河间相曹鼎，如果他们是五服以内的本家，那么名字不应该有重复，这实在是太奇怪了！

《三国志·魏书·曹洪传》记载"曹洪字子廉，太祖从弟也"以及"洪伯父鼎为尚书令，任洪为蕲春长"，可见这个尚书令曹鼎与曹嵩同辈分，应该是曹休祖父曹鼎。

河间相曹鼎的出处尚待研究，他可能是曹腾的亲弟或本族弟，也可能是出自另一个曹家或异姓家庭,曹鼎坐输作左校时可能 30 多岁,曹嵩可能还是小孩,因关系密切便过继给曹腾。此事曹家上下均知道,对外不能说也不用说。以汉桓帝时期曹腾的势力,曹鼎择机复出,有兴趣到会稽做事是有可能的(或在汉灵帝时期)。曹鼎死后决定葬入曹氏宗族墓群,其墓砖字迹中有众多曹姓名字,可见其威望很高。在曹腾发迹时期,曹家官至太守一级的应该是不多的,且均可能会在大墓砖中有所痕迹。

笔者猜测元Ⅰ会稽曹君与曹腾家族有关,与曹嵩有关,与河间有关,与(尚书令)吴郡太守曹鼎(曹休祖父)有关,与倭国有关,故推断认为其人可能是《后汉书・党锢列传》中记载的曹腾弟河间相曹鼎。

六、曹家年表

表 1—1　　曹家年表

历史时间	曹操	曹嵩	曹腾	河间相曹鼎	曹氏宗族	人物事件
公元 120 年(永宁元年)			10 余岁侍奉太子读书	约 5 岁		
公元 125 年			汉顺帝即位曹腾任小黄门升为中常侍	约 10 岁		
公元 136—138 年(永和元年到永和三年)		曹嵩 1～3 岁	26～28 岁	21～23 岁		张衡任河间相
公元 141 年			约 31 岁	约 26 岁		梁冀为大将军
公元 144 年			汉顺帝死	汉顺帝末期曹鼎可能被任命为河间相	曹炽出生	
公元 144 年						
公元 144—146 年		曹嵩约 9 岁左右过继给曹腾	曹腾约 35 岁,曹鼎约 30 岁	可能曹鼎坐输作左校	公元 145 年曹胤出生	
公元 145 年						

续表

历史时间	曹操	曹嵩	曹腾	河间相曹鼎	曹氏宗族	人物事件
公元 146 年（本初元年）			曹腾被封为费亭侯升大长秋加位特进			梁冀立汉桓帝刘志（祖父河间孝王开，父蠡吾侯翼）
公元 155 年（永寿元年）	曹操出生	曹嵩约 20 岁	曹腾 45 岁多	曹鼎约 40 岁	曹休祖父曹鼎 17 岁多	
公元 159 年（延熹二年）						梁冀死
公元 160 年（延熹三年）	曹操 5 岁	曹嵩 25 岁多袭爵费亭侯	曹腾 50 余岁死葬亳州			
公元 166 年（延熹九年）					颍川太守曹褒死葬亳州（曹仁祖父）	
公元 167 年（永康元年）		曹嵩官拜司隶校尉				汉桓帝死
公元 170 年（灵帝建宁三年）	曹操 15 岁	曹嵩 35 岁多		曹鼎 55 岁多（元宝坑一号墓制砖时间）	曹休祖父曹鼎 32 岁多	
公元 174 年（灵帝熹平三年）	曹操 20 岁举孝廉入洛阳为郎					
公元 176 年（熹平五年）					永昌太守曹鸾死葬亳州	
公元 177 年					曹胤 32 岁死葬亳州	
公元 183 年					曹仁父亲曹炽 39 岁死葬亳州	
公元 184 年（中平元年）	曹操被拜为骑都尉					黄巾起义（苍天已死）

续表

历史时间	曹操	曹嵩	曹腾	河间相曹鼎	曹氏宗族	人物事件
公元188年(中平五年)	曹操被拜为典军校尉				曹休在吴郡太守官邸见祖父曹鼎像	
公元189年(中平六年)					曹休从吴地投奔曹操	
公元193年(兴平元年)		曹嵩死				
公元220年(黄初元年)曹丕称帝	追封曹操为武皇帝	追封曹嵩为太皇帝				
魏明帝曹睿继位			追尊曹腾为高皇帝			

第二节 河间相曹鼎任职考①

一、关于元宝坑一号墓墓主的相关研究②

1. 元宝坑一号墓

曹氏宗族墓群……大部分墓的墓主人还没有确定。[1]

元宝坑一号墓(以下简称元 I)是曹氏宗族墓群中发掘较早、出土文物及字砖最多的一座墓……以及字砖等。[2]其中,字砖具有很高的史料价值,对了解曹氏宗族的家世和东汉末年的社会状况均有重要意义。[3]元 I 墓共出土字砖 145 块……绘花纹者 4 件[4]。

字砖铭文中涉及的曹氏家族成员……《水经注》载:“有腾兄冢……熹平六年立。”[5]由此可证曹褒系曹腾之兄,官至颍川太守,曹炽和曹胤为曹褒之子,曹炽为兄,曹胤为弟。据《三国志一曹休传》裴注引《魏书》曰“休祖父尝为吴郡太守”[6],可知曹鼎正是曹休做吴郡太守的祖父。曹鸾可能为公元 176 年党锢之祸中因上书为“党人”鸣冤而被处死的永昌郡太守曹鸾。其他人如山阳太守曹勋具体是何人不详。

根据砖文,不少学者对元 I 墓的墓主身份进行了推测。亳州博物馆在发掘报告中提出这座墓的主人很可能是会稽曹君(具体是谁不知),而非曹褒父子[2];田昌五和殷涤非两位先生对会稽曹君进行了推断,前者认为是曹胤[3,7],后者则认为非曹褒莫属。[8]来自日本的关尾史郎先生则曾撰文提到前面两位先生的推断只是尽可能以《水经注》记载对号入座,依据不充分,他并不赞同两位的推断,[9]他认为:“进一步要指出的是元 I 墓出土的 22 块中有 8 块刻的是会稽太守曹某的名字,不是以他的谥号和字来称呼而是以曹君、府君、明府等尊称来称呼,所刻的内容也基本上都是关于他死的事实。因此,可以认为这些砖是追悼会稽太守曹某的死而刻的……本籍的县级官位也都为曹氏一族所占,这一点是十分清楚的。”[9]综上可以看出,人们对元 I 墓的归属存在争议。

① 本章节研究成果参见:康栋东.《亳州师专学报》[J].2013(3)。

② 参见本书第一篇第一章第一节。相同内容的引文予以省略。

另外,元Ⅰ墓9号字砖"建宁三□四月四□",根据前文可知,元Ⅰ墓应该是始建于公元170年以后,扩建于公元183年以后。

永昌太守曹鸾的字砖出现在元Ⅰ墓中,说明曹鸾当时可能参加葬仪,人还活着,那么该墓主下葬时间可能在公元176年之前。《后汉书·党锢列传》中载:熹平五年(公元176年),永昌太守曹鸾上书大讼党人……爰及五属。[11]

(左:会稽曹君丧躯;中:赞费亭侯曹忠字巨高)

图1—3 字砖铭文

(左:会稽明府早弃春秋不竟世;中:比美诗之此为曹腾字季兴;右:会稽曹君天年不幸丧躯)

图1—4 字砖铭文

（有佞（一释“倭”）人以时盟不（否））

图 1—5 字砖铭文

2. 从齿龄判断墓主身份

复旦大学李淑元等通过对该墓出土牙齿的齿龄，分析了墓主的可能身份：

“元宝坑一号墓……最终推测此墓主人最有可能是曹休的祖父曹鼎。”[10]

3. 从考古材料和历史文献角度判断墓主身份

笔者通过核对该墓出土字砖的“河间明府”铭文，分析了墓主的可能身份：

安徽亳州元宝坑一号墓汇聚复杂而神秘的信息，使其墓主身份长期难以定论。通过出土文字材料分析，墓主身份主要指向会稽曹君，而这位会稽曹君与曹腾家族有关，与曹嵩有关，与河间有关，与（尚书令）吴郡太守曹鼎（曹休祖父）有关，与倭国有关。笔者推断认为其人可能是《后汉书·党锢列传》中记载的曹腾弟河间相曹鼎。15 号字砖铭文“河间明府”与其他字砖铭文“会稽曹君、府君、明府”应该是指向同一个人河间相曹鼎。他可能是曹嵩的亲生父亲，是曹操的亲祖父。[14]

字砖拓片（河间明府）参见图 1—1。

《后汉书·党锢列传》中记载了曹腾弟曹鼎的部分情况：“蔡衍字孟喜，汝南项人也……又劾奏河间相曹鼎臧罪千万。鼎者，中常侍腾之弟也。腾使大将军梁冀为书请之，衍不答，鼎竟坐输作左校……”[11]

蔡衍（约公元 121—168 年）举孝廉不久任冀州刺史。

“汉顺帝时期中常侍曹腾可以求助于皇帝帮助曹鼎说情解围，所以蔡衍核奏不太可能发生在公元 144 年(汉顺帝死于该年)前……在曹腾、曹褒死后,曹鼎可能继续发挥着很大的作用,他的儿子也可能不只曹嵩一个。”[14]

“该墓可能是夫妻合葬墓,元Ⅰ墓 13 号字砖有“故长水校尉沛国谯炽”,说明男性墓主可能葬于公元 170—176 年(永昌郡太守曹鸾死于该年)间,女性可能合葬于公元 183 年(长水校尉曹炽死于该年)后,合葬仪式上曹休祖父曹鼎已经是吴郡太守的身份。该墓也可能是后期扩建墓。”[14]

二、河间相曹鼎的起落

1. 中常侍曹腾——曹鼎的兄长

曹腾(? —160)字季兴,沛国谯人,是曹鼎(河间相)的兄长。曹腾年轻时在汉安帝时担任黄门从官。永宁元年(公元 120 年),顺帝做太子的时候,邓太后看到曹腾年纪轻,又谨慎厚道,派他侍奉皇太子读书,因此得到了顺帝的宠信。顺帝即位(公元 125 年)后,曹腾任小黄门,后升迁至中常侍(官秩比二千石)。因策划迎立桓帝有功,迁大长秋(官秩二千石),被封为费亭侯,加位特进。曹腾用事宫中三十多年,未有显著过失,并能推荐贤人,种暠弹劾他,他却称种暠为能吏,因此受到了人们的赞美。曹腾死后由子曹嵩嗣为侯,曹操是他的孙子。魏明帝曹叡即位后,被追尊为高皇帝。

《三国志·魏书一·武帝纪第一·卷 1》载:桓帝世,曹腾为中常侍大长秋,封费亭侯。[司马彪续汉书曰:……腾字季兴,少除黄门从官。永宁元年(公元 120 年),邓太后诏黄门令选中黄门从官年少温谨者配皇太子书,腾应其选。太子特亲爱腾,饮食赏赐与众有异。顺帝即位,为小黄门,迁至中常侍大长秋。在省闼三十余年,历事四帝,未尝有过。好进达贤能,终无所毁伤。其所称荐,若陈留虞放、边韶、南阳延固、张温、弘农张奂、颍川堂溪典等,皆致位公卿,而不伐其善。蜀郡太守因计吏修敬于腾,益州刺史种暠于函谷关搜得其笺,上太守,并奏腾内臣外交,所不当为,请免官治罪。帝曰:“笺自外来,腾书不出,非其罪也。”乃寝暠奏。腾不以介意,常称叹暠,以为暠得事上之节。暠后为司徒,语人曰:“今日为公,乃曹常侍恩也。"腾之行事,皆此类也。桓帝即位,以腾先帝旧臣,忠孝彰著,封费亭侯,加位特进。太和三年(公元 229 年),追尊腾曰高皇帝。]养子嵩嗣,官至太尉,莫能审其生出本末。嵩生太祖。[13]

《后汉书·宦者列传第六十八·卷 78》载:曹腾字季兴,沛国谯人也。安帝时,除黄门从官。顺帝在东宫,邓太后以腾年少谨厚,使侍皇太子书,特见亲爱。及帝即位,腾为小黄门,迁中常侍。桓帝得立,腾与长乐太仆州辅等七人,以定策功,皆封亭侯,腾为费亭侯,迁大长秋,加位特进。腾用事省闼三十余年,奉事四帝,未尝有过。其所进达,皆海内名人,陈留虞放、边韶、南阳延固、张温、弘农张奂、颍川堂溪典等。时蜀郡太守因计吏赂遗于腾,益州刺史种暠于斜谷关搜得其书,上奏太守,并以劾腾,请下廷尉案罪。帝曰:"书自外来,非腾之过。"遂寝暠奏。腾不为纤介,常称暠为能吏,时人嗟美之。腾卒,养子嵩嗣。种暠后为司徒,告宾客曰:"今身为公,乃曹常侍力焉。"

邓太后任用曹腾,令其陪伴太子左右,为将来曹氏家族的崛起创造了条件,曹氏众人的命运因此而改变。

在汉顺帝(公元 115－144 年,从 125 年起在位约 19 年)时期,曹鼎借助于兄长曹腾的关系为官,应该是屡有升迁,因能力比较突出,可能在顺帝后期官拜河间相,官秩二千石。

2. 河间相曹鼎坐输作左校

(1)河间在今保定和沧州之间。河间之名始于东周战国,因处九河流域而得其名,距今有 2700 年历史,古称瀛洲,汉代许多帝王至亲在此做河间王。

河间在顺帝至桓帝时期是国,只有河间相的官职,而没有河间太守的官职,相和太守基本是同一级别的官职,所以"河间明府"应该是对河间相的尊称,与曹腾相识的元Ⅰ墓墓主应该就是河间相曹鼎。

《后汉书·党锢列传》中明确记载蔡衍劾奏曹鼎时曹腾的身份是"中常侍",而没有写"大长秋"或"费亭侯",曹腾是直到桓帝 146 年即位后才得以封"费亭侯"、迁"大长秋",所以蔡衍劾奏曹鼎的时间很可能发生在桓帝即位封赏曹腾的时间点之前。

河间相曹鼎可能是于公元 144 年前被汉顺帝任命,视事 1～3 年。顺帝死后,曹腾曹鼎失去靠山,成为士大夫(党人)势力寻隙打击的对象,蔡衍抓住曹鼎的把柄予以弹劾,曹腾试图寻求外戚势力大将军梁冀的支持,托其帮助说情,但没有成功,以曹鼎的性格和作为,应该是承担下了全部"臧罪"责任,以减少牵连、保护家族的利益,竟坐输作左校。

(2)输作左校,指东汉政府对犯罪官员的一种惩罚。从前文可知,宋代以后基本消失。[12]

从东汉明帝(公元 28—75 年)开始,皇帝更不断颁发诏令,允许刑徒用缣赎刑,但在亲友的帮助下可能会赎刑。

(3)梁冀(? —159 年),字伯卓,安定(今宁夏固原)人,是中国东汉时期外戚出身的权臣。曹鼎恢复官职与否尚无文献佐证。

《后汉书·梁统列传·卷 34》载:冀字伯卓。……初为黄门侍郎,转侍中、虎贲中郎将,越骑、步兵校尉,执金吾。永和元年,拜河南尹。冀居职暴恣,多非法,父商所亲客洛阳令吕放,颇与商言及冀之短,商以让冀,冀即遣人于道刺杀放。而恐商知之,乃推疑于放之怨仇,请以放弟禹为洛阳令,使捕之,尽灭其宗亲、宾客百余人。商薨未及葬,顺帝乃拜冀为大将军,弟侍中不疑为河南尹。及帝崩,冲帝始在襁褓,太后临朝,诏冀与太傅赵峻、太尉李固参录尚书事。冀虽辞不肯当,而侈暴滋甚。冲帝又崩,冀立质帝。帝少而聪慧,知冀骄横,尝朝群臣,目冀曰:"此跋扈将军也。"冀闻,深恶之,遂令左右进鸩加煮饼,帝即日崩。复立桓帝,而枉害李固及前太尉杜乔,海内嗟惧,语在《李固传》。

3. 蔡衍为官

东汉时期举孝廉一般多在 20 余岁,根据《后汉书·党锢列传》中记录的蔡衍史料分析推断,蔡衍可能在 20 余岁成年后举孝廉,因其能力突出,不久迁冀州刺史,时间可能在公元 144 年前后,任职期间发生"中常侍具瑗托其弟恭举茂才""核奏河间相曹鼎臧罪千万"的事件。当时桓帝尚未继位,具瑗和曹腾都是中常侍的身份。以后时期蔡衍官拜议郎,官秩六百石。又拜符节令,官秩六百石,掌管玺及虎符、竹符及授节等事。公元 159 年梁冀死。公元 166 年蔡衍与议郎刘瑜表救南阳太守成瑨,"坐免官还家"。公元 168 年灵帝即位,征拜蔡衍为议郎,但蔡衍刚因病去世。

东汉时为避汉光武帝刘秀之讳,将秀才改名茂才,或称茂材。茂才科主要是选拔奇才异能之士，所以通常称“茂才异等”或“茂才特立之士”。秀才最初为特举，在西汉后期成了岁举，举主为刺史，遂形成州举秀才、郡举孝廉的体制。

具瑗，东汉魏郡元城（治今河北大名东）人，宦官。桓帝时，任中常侍，与宦官单超、左悺、徐璜、唐衡合谋诛灭外戚梁冀，封东武阳侯。单超等四人也同日封侯，进称“五侯”。他和左悺等骄横贪暴，兄弟亲戚都为州郡刺史、太守，侵夺人民。后被司隶校尉韩演劾奏，贬为都乡侯。卒于家。

《后汉书・郎顗襄楷列传・卷30下》唐李贤等注云：谢承书曰……成瑨字幼平，弘农人。迁南阳太守。时桓帝美人外亲张子禁怙恃荣贵，不畏法网，瑨与功曹岑晊捕子禁付宛狱，笞杀之。桓帝征瑨诣廷尉，下狱死。

《后汉书・孝桓帝纪・卷7》载：（延熹九年，公元166年）九月，光禄勋周景为太尉。南阳太守成瑨、太原太守刘质，并以谮弃市。

《后汉书・杜栾刘李刘谢列传・卷57》载：刘瑜字季节，广陵人也。高祖父广陵靖王。父辩，清河太守。瑜少好经学，尤善图谶、天文、历算之术。州郡礼请不就。延熹八年（公元165年），太尉杨秉举贤良方正，及到京师，上书陈事曰……于是特诏召瑜问灾咎之征，指事案经谶以对。执政者欲令瑜依违其辞，而更策以它事。瑜复悉心以对，八千余言，有切于前，帝竟不能用。拜为议郎。及帝崩，大将军窦武欲大诛宦官，乃引瑜为侍中，又以侍中尹勋为尚书令，共同谋画。及武败，瑜、勋并被诛。事在《武传》。

三、顺帝至桓帝时期冀州刺史任职考

1. 陈玉霞研究认为冀州刺史蔡衍任职时间为桓帝时期①

表1—2　两汉时期的冀州刺史或牧统计[15]

姓名	籍贯	官职	时间	出处
左雄（伯豪）	南阳涅阳	冀州刺史	安帝	《后汉书・卷61・左雄传》
苏章（儒文）	扶风平陵	冀州刺史	顺帝	《后汉书・卷31・苏章传》

① 参见：陈玉霞．“两汉时期冀州的官吏研究”[D]．郑州大学2007年硕士学位论文，2007年。

续表

姓名	籍贯	官职	时间	出处
周举(宣光)	汝南汝阳	冀州刺史	顺帝	《后汉书·卷61·周举传》
朱穆(公穆)	南阳宛县	冀州刺史	桓帝永兴元年任	《后汉书·卷43·朱晖传》附《朱穆传》《刘陶传》
第五种		以司徒掾清诏使冀州	桓帝	《后汉书·卷41附·第五种传》
范滂		以清诏史案察冀州	桓帝	《后汉书·卷67·党锢列传·范滂传》
蔡衍(孟喜)	汝南项县	冀州刺史	桓帝	《后汉书·卷67·党锢列传·蔡衍传》
王纯(伯敦)		冀州刺史	桓帝延熹四年卒官	《隶释·卷7·冀州刺史王纯碑》

《后汉书·左周黄列传·卷61·左雄传》载:左雄字伯豪,南(阳)涅阳人也。安帝时,举孝廉,稍迁冀州刺史。顺帝永建初,公车征拜议郎。

《后汉书·左周黄列传·卷61·周举传》载:周举字宣光……转冀州刺史。阳嘉三年,司隶校尉左雄荐举,征拜尚书。

《后汉书·朱乐何列传·卷43·朱晖传附朱穆传》载:永兴元年,河溢,漂害人庶数十万户,百姓荒馑,流移道路,冀州盗贼尤多,故擢穆为冀州刺史,州人有宦者三人为中常侍,并以檄谒穆。穆疾之,辞不相见。

《汉书·卷19上·百官公卿表上》载:“武帝元封五年(公元前106年),初置部刺史,掌奉诏条察州,秩六百石,员十三人。成帝绥和元年更名牧,秩二千石。哀帝建平二年复为刺史,元寿二年复为牧。”从刺史的俸禄就可以看出初期刺史的社会地位并不高,和郡国守、王国相的俸禄二千石相比,差别实在是太大了。而对于刺史的职责朝廷也有明确的规定,“周行郡国,省察治状,黜陟能否,断治冤狱,以六条问事,非条所问,即不省。”[15]

颜师古注引《汉官典职仪》“六条”的具体内容是:“一条,强宗豪右田宅逾制,以强凌弱,以众暴寡;二条,二千石不奉诏书遵承典制,倍公向私,旁诏守利,侵渔百姓,聚敛为奸;三条,二千石不恤疑狱,风厉杀人,怒则任刑,喜则淫赏,烦扰刻暴,剥截黎元,为百姓所疾,山崩石裂,袄祥讹言;四条,二千石选署不平,苟阿所爱,蔽贤宠顽;五条,二千石子弟恃怙荣势,请托所监；六条，二千石违公下比，阿附豪强，通行货赂，割损正令也。”[15]

仔细分析“六条”的内容就可得知，刺史的主要职责是监察郡国二千石官吏以及郡国强宗豪右，维持郡国的治安。除此之外，刺史还有“察州郡吏民茂才异等者”的职责。应劭曰：“异等者，超等秩群不与凡同也。”（《汉书·卷6·武帝纪》）[15]

2. 刺史官秩六百石及社会地位

东汉建武十八年（公元42年），依旧制再改为刺史，但只设十二人，州一人，余一州隶司隶校尉，变西汉刺史无固定治所为各有驻地；奏事可遣计吏代行，不复自往。东汉刺史权力逐渐扩大。诏书常云：“刺史，二千石”，又常有派刺史领兵作战之事，刺史奏闻之事不必经三公委派掾吏按验，郡守、县令对之颇为忌惮，甚至有因畏刺史而解印弃官之事。灵帝中平五年（公元188年），刘焉谓四方多事，原因在刺史权轻。遂改部分资深刺史为牧。刺史实际已为一州军政的长吏、太守的上级，州郡两级制随之形成。

3. 清诏使范滂迁光禄勋主事时陈蕃为光禄勋

陈蕃在任职光禄勋之前曾任职大鸿胪，其间为救李云免官，李云抗疏谏的时间是在梁冀死后，故陈蕃为光禄勋的时间是在梁冀死后（公元159年以后），冀州刺史蔡衍任职时梁冀尚在，则蔡衍任职时间肯定在范滂之前。

范滂（约公元137—169年），字孟博，东汉官员。汝南征羌（今河南漯河市召陵区）人。少厉清节，举孝廉。曾任冀州清诏使、光禄勋主事。按察郡县不法官吏，举劾权豪。见时政腐败，弃官而去。后汝南太守宗资请署功曹，严整疾恶。桓帝延熹九年，以党事下狱，释归时士大夫往迎者车数千辆。灵帝初再兴党锢之狱，诏捕滂，自投案，死狱中。

《后汉书·党锢列传·卷67·范滂传》载：范滂字孟博，汝南征羌人也。少厉清节，为州里所服，举孝廉、光禄四行。时冀州饥荒，盗贼群起，乃以滂为清诏使，案察之。滂登车揽辔，慨然有澄清天下之志。及至州境，守令自知臧污，望风解印绶去。其所举奏，莫不厌塞众议。迁光禄勋主事。时陈蕃为光禄勋，滂执公议诣蕃，蕃不止之。滂怀恨，投版弃官而去。郭林宗闻而让蕃曰：“若范孟博者，岂宜以公礼格之？今成其去就之名,得无自取不优之议也?"蕃乃谢焉。

《后汉书·陈王列传·卷66》载:迁大鸿胪。会白马令李云抗疏谏,桓帝怒,当伏(重)诛。蕃上书救云,坐免归田里。复征拜议郎,数日迁光禄勋。

《后汉书·杜栾刘李刘谢列传·卷57·李云传》载:李云字行祖,甘陵人也。性好学,善阴阳。初举孝廉,再迁白马令。桓帝延熹二年,诛大将军梁冀,而中常侍单超等五人皆以诛冀功并封列侯,专权选举。又立掖庭民女亳氏为皇后,数月间,后家封者四人,赏赐巨万。是时地数震裂,众灾频降。云素刚,忧国将危,心不能忍,乃露布上书……帝得奏震怒,下有司逮云,诏尚书都护剑戟送黄门北寺狱,使中常侍管霸与御史廷尉杂考之。时弘农五官掾杜众伤云以忠谏获罪,上书愿与云同日死。帝愈怒,遂并下廷尉。大鸿胪陈蕃上疏救云曰:"李云所言,虽不识禁忌,干上逆旨,其意归于忠国而已。昔高祖忍周昌不讳之谏,成帝赦朱云腰领之诛。今日杀云,臣恐剖心之讥复议于世矣。故敢触龙鳞,冒昧以请。"太常杨秉、洛阳市长沐茂、郎中上官资并上疏请云。帝恚甚,有司奏以为大不敬。诏切责蕃、秉,免归田里;茂、资贬秩二等。

4. 第五种以司徒掾清诏使冀州约在永寿三年(公元157年)前后

永寿(公元155年—158年六月)是东汉皇帝汉桓帝刘志的第五个年号。汉朝使用这个年号时间共计4年。永寿四年六月改元延熹元年。

《后汉书·第五钟离宋寒列传·卷41》载:种字兴先,少厉志义,为吏,冠名州郡。永寿中,以司徒掾清诏使冀州,廉察灾害,举奏刺史、二千石以下,所刑免甚众,弃官奔走者数十人。还,以奉使称职,拜高密侯相。

5. 冀州刺史朱穆任职时间在永兴元年(公元153年)以后

永兴(公元153年五月—154年)是东汉皇帝汉桓帝刘志的第四个年号。汉朝使用这个年号时间共计2年。

6. 冀州刺史周举任职时间在阳嘉三年(公元134年)之前

《后汉书·左周黄列传·卷61》载:周举字宣光,汝南汝阳人,陈留太守防之子……转冀州刺史。阳嘉三年,司隶校尉左雄荐举,征拜尚书。

7. 冀州刺史苏章任职时间在顺帝初(公元125年)以后

《后汉书·郭杜孔张廉王苏羊贾陆列传·卷31》载:苏章字孺文,扶风平陵人也。八世祖建，武帝时为右将军。祖父纯，字桓公，有高名，性强切而持毁誉，士友咸惮之，至乃相谓曰："见苏桓公，患其教责人，不见，又思之。"三辅号为"大人"。永平中，为奉车都尉窦固军，出击北匈奴、车师有功，封中陵乡侯，官至南阳太守。章少博学，能属文。安帝时，举贤良方正，对策高第，为议郎。数陈得失，其言甚直。出为武原令，时岁饥，辄开仓廪，活三千余户。顺帝时，迁冀州刺史。故人为清河太守，章行部案其奸臧。乃请太守，为设酒肴，陈平生之好甚欢。太守喜曰："人皆有一天，我独有二天。"章曰："今夕苏孺文与故人饮者，私恩也；明日冀州刺史案事者，公法也。"遂举正其罪。州境知章无私，望风畏肃。换为并州刺史，以摧折权豪，忤旨，坐免。隐身乡里，不交当世。后征为河南尹，不就。时天下日敝，民多悲苦，论者举章有干国才，朝廷不能复用，卒于家。

8. 笔者研究认为冀州刺史蔡衍任职时间可能为顺帝之后、桓帝之前的时期

表 1—3　　顺帝至桓帝时期的冀州刺史或牧统计

姓名	籍贯	官职	时间	出处
苏章（儒文）	扶风平陵	冀州刺史	顺帝初（公元 125 年）以后	《后汉书·卷 31·苏章传》
周举（宣光）	汝南汝阳	冀州刺史	顺帝阳嘉三年（公元 134 年）之前	《后汉书·卷 61·周举传》
蔡衍（孟喜）	汝南项县	冀州刺史	顺帝之后、桓帝之前（约公元 145 年前后）	《后汉书·卷 67·党锢列传·蔡衍传》
朱穆（公穆）	南阳宛县	冀州刺史	桓帝永兴元年（公元 153 年）以后	《后汉书·卷 43·朱晖传附·朱穆传》
第五种		以司徒掾清诏使冀州	桓帝永寿三年（公元 157 年）前后	《后汉书·卷 41 附·第五种传》
范滂		以清诏史案察冀州	桓帝后期（公元 159 年以后）	《后汉书·卷 67·党锢列传·范滂传》
王纯（伯敦）		冀州刺史	桓帝延熹四年卒官	《隶释·卷 7·冀州刺史王纯碑》

四、顺帝至桓帝时期河间相任职考

1. 陈玉霞研究认为河间相曹鼎任职时间为桓帝时期①

表 1—4　　河间国官吏[15]

姓名	籍贯	官职	时间	出处
沈景	吴郡	河间相	顺帝	《后汉书·卷 55·河间孝王刘开传》
张衡(平子)	南阳	河间相	顺帝永和初任	《后汉书·卷 59·张衡列传》
度尚(博平)	山阳湖陆	文安令	桓帝	《后汉书·卷 38·度尚传》
赵戒(志伯)	蜀郡成都	河间太守	顺帝	《后汉书·卷 63·李固传》注引《谢承书》
曹鼎	沛郡谯县	河间相	桓帝	《后汉书·卷 67·党锢列传·蔡衍传》
吴祐(季英)		河间相	桓帝	《后汉书·卷 64·吴祐传》
李续	南阳淯阳	河间相		《后汉书·卷 81·独行列传·李善传》
陈延		河间太守	灵帝	《三国志·卷 23·魏书·常林传》

《后汉书·张法滕冯度杨列传·卷 38·度尚传》载:“迁文安令,遇时疾疫,谷贵人饥,尚开仓禀给,营救疾者,百姓蒙其济。时冀州刺史朱穆行部,见尚甚奇之。”参照《朱穆传》可知,度尚任文安令应在桓帝永兴元年(公元前 153 年)以后。

故属赵国。高祖分置郡仍属赵国。文帝二年(公元前 178 年)置为河间国,立赵王遂弟弟辟强为河间王,十五年(公元前 165 年)河间王薨,无后,国除为郡。之后分河间郡为河间、广川、渤海三郡。景帝二年(公元前 157 年)复置河间国,立子德为河间王。元帝见昭元年(公元前 35 年)国除为郡。成帝建始元年(公元前 32 年)复置河间国,绍封河间献王。《汉志》中其下有四县:弓高、乐成、武遂、侯井。王莽时改成朔定。[15]

东汉建武十三年(公元 37 年)省西汉河间国入信都国,和帝永元二年(公元 90 年)复河间国时“分乐成、涿郡、渤海为河间国”,即划原西汉涿郡易县、武垣、鄚、高阳五县和原西汉渤海郡之文安、束州、东平舒四县归入

① 参见:陈玉霞.“两汉时期冀州的官吏研究”[D].郑州大学 2007 年硕士学位论文。

河间国，而涿郡中水和渤海郡成平在章帝建初四年(公元 79 年)已属乐成国，此时又从乐成国划入河间国。故其下共有十一县：弓高、乐成、易、武垣、鄚、高阳、文安、束州、东平舒、中水、成平。[15]

2. 河间相官秩二千石

河间相是辅佐河间王的大臣，汉时河间国的实际执政者是由皇帝任命，官职相当于郡太守。

3. 建和元年梁冀诬奏太尉李固，吴祐因持反对意见，遂出为河间相，其任职时间应该是在建和元年(公元 147 年)以后

《后汉书·吴延史卢赵列传·卷 64》载：吴祐字季英，陈留长垣人也。父恢，为南海太守……祐在胶东九年，迁齐相，大将军梁冀表为长史。及冀诬奏太尉李固，祐闻而请见，与冀争之，不听。时扶风马融在坐，为冀章草，祐因谓融曰："李公之罪，成于卿手。李公即诛，卿何面目见天下之人乎?"冀怒而起入室，祐亦径去。冀遂出祐为河间相，因自免归家，不复仕，躬灌园蔬，以经书教授。年九十八卒。

《后汉书·李杜列传·卷 63》载：李固字子坚，汉中南郑人，司徒郃之子也……后岁余，甘陵刘文、魏郡刘鲔各谋立蒜为天子，梁冀因此诬固与文、鲔共为妖言，下狱。门生勃海王调贯械上书，证固之枉，河内赵承等数十人亦要鈇锧诣阙通诉，太后明之，乃赦焉。及出狱，京师市里皆称万岁。冀闻之大惊，畏固名德终为已害，乃更据奏前事，遂诛之，时年五十四。

建和元年(公元 147 年)十一月，刘文与刘鲔联合谋立清河王刘蒜。李固、杜乔在质帝死后曾拥立刘蒜，梁冀诬陷李固、杜乔参与其事，将李固逮捕入狱，后处死。

4. 建武中在公元 40 年前后，李续刚出生数旬(十日为一旬)，即使李续活 80 岁至公元 120 年前后，河间相李续任职时间也只能在汉顺帝即位(公元 125 年)之前

建武(元年：25 年—末年：56 年)是东汉皇帝汉光武帝刘秀的第一个年号，也是东汉的第一个年号。共计 32 年。

《后汉书·独行列传·卷 81·李善传》载：李善字次孙，南阳淯阳人，本同县李元苍头也。建武中疫疾，元家相继死没，唯孤儿续始生数旬，而赀财千万，诸奴婢私共计议，欲谋杀续，分其财产……迁九江太守，未至，道病卒。续至河间相。

5. 河间相赵戒任职时间约在永和六年(公元141年)之前的5～10年中间,可能是阳嘉元年(公元132年)之后

《后汉书·李杜列传·卷63》载:冀忌帝聪慧,恐为后患,遂令左右进鸩。帝苦烦甚,促使召固。固入,前问:“陛下得患所由?”帝尚能言,曰:“食煮饼,今腹中闷,得水尚可活。”时冀亦在侧,曰:“恐吐,不可饮水。”语未绝而崩。固伏尸号哭,推举侍医。冀虑其事泄,大恶之。因议立嗣,固引司徒胡广、司空赵戒,(注云:谢承书“戒字志伯,蜀郡成都人也。戒博学明经讲授,举孝廉,累迁荆州刺史。梁商弟让为南阳太守,恃椒房之宠,不奉法,戒到州,劾奏之。迁戒河间相。以冀部难理,整厉威严。迁南阳太守。纠豪杰,恤吏人,奏免中官贵戚子弟为令长贪浊者。征拜为尚书令,出为河南尹,转拜太常。永和六年(公元141年)特拜司空”也)先与冀书曰……

6. 河间相张衡任职时间在永和元年至永和四年(公元136—139年)

永和(元年:136年—末年:141年)是东汉皇帝汉顺帝刘保的第三个年号。汉朝使用这个年号时间共计6年。

《后汉书·张衡列传·卷59》载:永和初,出为河间相……

张衡于永和元年(公元136年)调到京外,任河间王刘政的相。刘政是个骄横奢侈、不守中央法典的人,地方许多豪强与他共为不法。张衡到任后严整法纪,打击豪强,使得上下肃然。3年后,他向顺帝上表请求退休,但朝廷却征拜他为尚书(官秩不明,估计为二千石),他是否应征,史载不彰。就在这一年(永和四年,即公元139年)他即告逝世。

7. 河间相沈景任职起始时间在阳嘉元年(公元132年)之前

阳嘉(元年:132年—末年:135年)是东汉皇帝汉顺帝刘保的第二个年号。汉朝使用这个年号时间共计4年。

《后汉书·章帝八王传·卷55》载:(河间孝王刘)开立四十二年薨,子惠王(刘)政嗣。政傲佷,不奉法宪。顺帝以侍御史吴郡沈景有强能称,故擢为河间相……阳嘉元年(公元132年),封政弟十三人皆为亭侯。政立十年薨,子贞王建嗣。

最后,笔者研究认为河间相曹鼎任职时间可能为顺帝后期至桓帝之前(约公元 143－145 年)的时期,冀州刺史蔡衍劾奏曹鼎一事可能发生在公元 145 年前后。

表 1－5　　　　顺帝至桓帝时期的河间相统计

姓名	籍贯	官职	时间	出处
李续	南阳清阳	河间相	安帝(顺帝之前,125 年前)	《后汉书·卷 81·独行列传·李善传》
沈景	吴郡	河间相	起始于顺帝阳嘉元年(132 年)之前	《后汉书·卷 55·河间孝王刘开传》
赵戒(志伯)	蜀郡成都	河间太守	顺帝阳嘉元年(132 年)之后	《后汉书·卷 63·李固传》注引《谢承书》
张衡(平子)	南阳	河间相	顺帝永和初(136－139 年)	《后汉书·卷 59·张衡列传》
曹鼎	沛郡谯县	河间相	顺帝后期至桓帝之前(可能 143－145 年)	《后汉书·卷 67·党锢列传·蔡衍传》
吴祐(季英)		河间相	桓帝建和元年(147 年)以后	《后汉书·卷 64·吴祐传》
度尚(博平)	山阳湖陆	文安令	桓帝永兴元年(153 年)以后	《后汉书·卷 38·度尚传》

第三节 曹鼎的古 DNA 与曹操现代后人相符

一、古 DNA 检测

复旦大学现代人类学教育部重点实验室通过对安徽亳州元宝坑一号墓墓主河间相曹鼎牙齿的取样分析,得出的古 DNA 数据与曹操现代后人的 DNA 数据相符,[16]从而进一步证明了复旦大学研究人员早期关于曹操 Y 染色体类型确定的科学性和真实性。

这项研究成果先于 2013 年 2 月 14 日在国际著名学术杂志《人类遗传学报》上发表[16],后于 2013 年 11 月 11 日在复旦大学《现代人类学通讯》上发表[17]。2013 年 11 月 11 日复旦大学召开新闻发布会向社会公布,100%确认了曹操 DNA 类型,确认其叔祖父河间相曹鼎的古 DNA 与国内分别来自辽宁东港、山东乳山、安徽绩溪、安徽舒城、安徽亳州、江苏海门、广东徐闻、江苏盐城、辽宁铁岭的九支曹操现代后人相符,其 Y 染色体类型都是 O2*(M268+,PK4-,M176-),并且以数据和图表证明了他们和曹鼎有着直接的血缘关系。

这是中国第一例通过 DNA 科学手段测定一个帝王家族,研究一个家族 1800 多年来的历史发展,这对我国的人类学、历史学、考古学等学科研究都有着极其重大的意义和深远的影响。

表 1—6　曹鼎的 STR 数据[16][17]与辽宁东港曹祖义的 STR 数据

	DYS 19	DYS 389I	DYS 389b	DYS 390	DYS 391	DYS 392	DYS 393	DYS 437	DYS 438	DYS 439	DYS 448	DYS 456	DYS 458	DYS 635	Y-GATA H4	DYS 385a	DYS 385b
亳州元宝坑	15	13	17	23	10	/	14	14	/	/	/	16	16	21	/	13/12	14/16
东港曹祖义	15	14	16	24	10	13	13	14	10	13	18	15	14	21	13	12	17

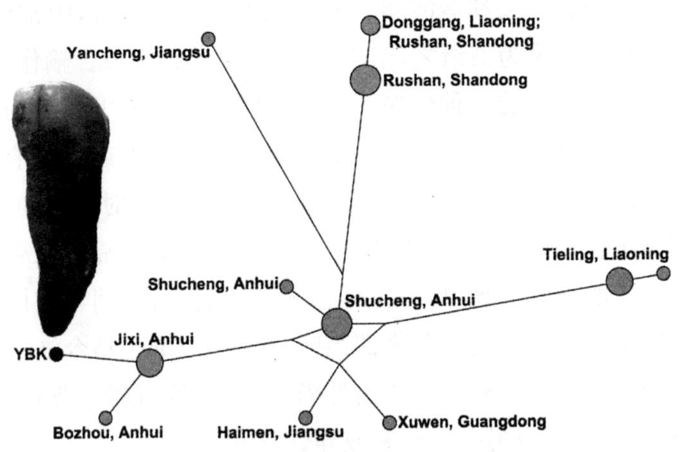

图 1—6　山东乳山(Rushan, Shandong)曹姓与辽宁东港(Donggang, Liaoning)曹姓属于同一支来源,最终与曹鼎的牙齿古 DNA 相符[16]

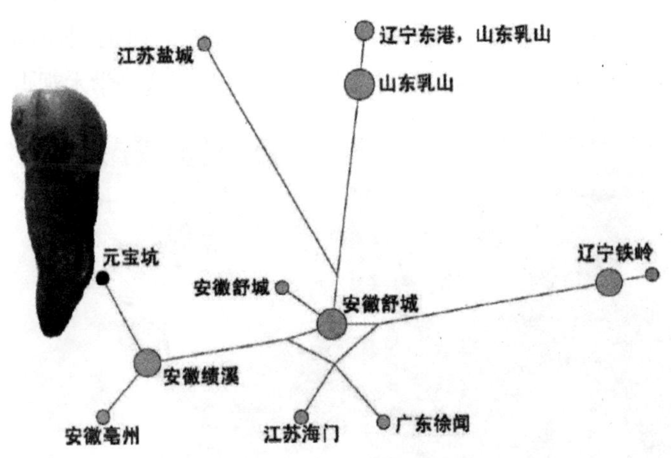

图 1—7　曹鼎牙齿古 DNA 与辽宁丹东东港市等九支曹操后人 DNA 相符[17]

同时,这一科学成果具有重大的历史意义,有助于今人揭开 1800 多年来的多个历史谜团。从科学角度证明曹鼎可能是曹操的亲祖父,是曹嵩的亲生父亲。

根据本书前文研究,曹鼎在东汉末期曾担任河间相,相当于太守一级的官员,河间国地址在今河北省河间市,这在范晔的《后汉书·党锢列传》

中有相关记载:蔡衍"又劾奏河间相曹鼎臧罪千万。鼎者,中常侍腾之弟也。腾使大将军梁冀为书请之,衍不答,鼎竟坐输作左校。"输作左校是指东汉政府对犯罪官员的一种惩罚。左校是将作大匠的下属机构,主要负责京师工程劳作,输作左校就是服劳役刑(就是到官府或者官府的工厂、作坊、工地或军事场所劳动)。曹鼎坐输作左校服劳役时可能30多岁,曹嵩当时还是小孩,因关系密切便过继给了曹腾。在汉桓帝或灵帝时期,曹鼎可能在亲友的帮助下复出,曾担任会稽重要官员,期间与倭国结盟,推动了早期的中日文化交流。会稽郡当时管辖的范围包括今浙江、福建两省的大部分地区。河间相曹鼎的出处尚待研究,他可能是曹腾的亲弟或本族弟,也可能是出自另一个曹家或异姓家庭。

二、学界交流和共识

2012年9月19日下午笔者与亳州考古界权威人士李灿先生(前亳州市博物馆馆长)探讨元宝坑一号墓课题,经过一番热烈的讨论,李灿先生明确表示支持"墓主是河间相曹鼎,曹鼎可能是曹操亲祖父"这一学术观点。

图1—8 康栋东与李灿先生交谈(李刚先生提供)

此前,河南安阳曹操墓的发现,引起了全国范围的争论,复旦大学人类学实验室为了确认曹操的Y染色体类型,帮助鉴定曹操墓的真伪,开始在全国征召曹姓人及曹操后裔检测 DNA，最终确定曹操的 Y 染色体类型是 O2*-M268[18]。

2014 年 7 月 15 日，复旦大学生命科学学院现代人类学实验室李辉教授在联合国纽约总部的讲演“中国人群起源与文明肇始”①中明确表示：河间相曹鼎是曹操亲爷爷。

他说：“研究人群之间的演化关系，最实用的遗传材料是 Y 染色体。因为 Y 染色体是纯父系遗传的，它是父传子、子传孙，世代相传的家族标记。家族祖先的 Y 染色体特征会一直保留在直系男性后代中。所以，我们利用 Y 染色体分型技术，成功地跨越 1800 多年，把曹操的爷爷和今天的九家曹操后人联系在一起。后代除了继承显性 Y 染色体标记，也会随着世代传递不断增加新的标记，使得后人的 Y 染色体类型越分越多。”

① 参见：http://www.360doc.com/content/15/0819/15/4602914_493431167.shtml。

第二章　曹　嵩

一、曹嵩过继

曹嵩(? —193年),字巨高,沛国谯县(今安徽省亳州市)人,东汉末年宦官中常侍大长秋曹腾的养子,曹操的父亲。《三国志》记载他“莫能审其生出本末”,但有一说认为他本姓夏侯,且为夏侯惇之叔父,在被曹腾收养后改姓曹。曹嵩据说性情敦厚、为人忠孝,开始为司隶校尉,汉灵帝时,曾任大司农、大鸿胪,代崔烈为太尉,位列三公之一。董卓之乱,避难琅邪,为陶谦所害。公元220年(黄初元年),曹嵩被他的孙子魏文帝曹丕追尊为太皇帝。从宦官养子到追封帝王,曹嵩一生可谓传奇。曹腾、曹鼎、曹嵩两代人奠定了曹家的政治和经济基础,为曹操的崛起创造了条件,为曹魏家族的崛起创造了条件。

根据元Ⅰ墓中字砖铭文“赞费亭侯曹忠字巨高”,可判断曹嵩过继前原名可能是“曹忠”。

复旦大学韩昇先生研究认为曹嵩不是出自夏侯氏,他认为:“曹操的祖父曹腾,在东汉官至大长秋,为宦官之首,位高权重。曹操父亲曹嵩是他的养子,故曹操的真实身世,一直为人津津乐道。早在曹操崛起当初,其对手袁绍在讨曹檄文中就骂他‘父嵩,乞丐携养’,意指他身世不明,但并没有说曹操出自夏侯氏,说明此时尚未出现曹操出自夏侯氏之说。此后,关于曹操身世的传闻在其政敌中流传,东吴人就写了一本《曹瞒传》,称曹操之父曹嵩为“夏侯氏之子,夏侯惇之叔父。太祖与惇为从兄弟”,说得有鼻子有眼睛,如同亲见。晋人郭颁《世语》也沿袭此说,三人成虎。”[19]

作者研究认为曹嵩与夏侯家关系密切,可能有亲缘或者血缘关系,原因主要有以下六点:

第一,《曹瞒传》及郭颁《世语》记载曹嵩出自夏侯。

"吴人作曹瞒传及郭颁世语并云：嵩，夏侯氏之子，夏侯惇之叔父。太祖于惇为从父兄弟。"[13]

东吴作为曹操政敌，百般搜罗不利于曹操的信息，并作《曹瞒传》予以记录，可见民间有曹嵩出自夏侯一说。

郭颁，西晋史学家，字长公，生卒年不详。初为令史，后出任襄阳令。著《魏晋世语》记魏晋间名人轶事，可补正史之缺，有一定的史料价值。全书已佚。在西晋陈寿《三国志》(裴松之注)中有引用。郭颁距离曹嵩曹操时代较近，已闻曹嵩出自夏侯一说，并予以记录。

《曹瞒传》并非全部是空穴来风，必有其真实性的一面。编写《曹瞒传》的东吴人当时可能是听到人们传说曹嵩是夏侯氏之子，信息本源可能确实是从夏侯家族传出来的。估计曹鼎落难后，暂时照顾不到曹忠(嵩)，在把曹忠(嵩)过继给曹腾前，应是某夏侯家在照料曹忠(嵩)，为了保护曹忠(嵩)的前途，就要设法隐瞒此事，此时夏侯家族出面承揽了此事，对外声称曹忠(嵩)是夏侯家族的孩子。在把曹忠(嵩)过继给曹腾后，可能正式使用曹嵩一名，因曹嵩在洛阳与亳州两地候鸟式生活，时隐时现，规避掉很多口舌议论，有关身世之谜就成功地隐瞒了下来。

有些民间曹家、夏侯家族谱有记录"曹嵩出自夏侯"，可见这些曹家认同此说，夏侯家族也把曹嵩看作自己家族的成员。

从现代曹姓、夏侯姓 DNA 检测数据的角度看，夏侯家族 Y 染色体主要类型之一是 O1a1，夏侯渊后代 Y 染色体类型是 O3a3*，这在声称曹操后裔的现代人群中大量出现，证明夏侯姓改姓曹或操的情况大量出现，此一改姓现象与夏侯家族认同"曹嵩出自夏侯"之间具有一定的因果关系，显示夏侯家族在人文文化上愿意追随曹操家族文化。

第二，《三国志・魏书・卷九・诸夏侯曹传》"夏侯"在"曹"之前，显示夏侯与曹操的亲密程度超过了其他曹氏[6]，"二十四年，太祖军于摩陂，召惇常与同载，特见亲重，出入卧内，诸将莫得比也。"[13]可见夏侯惇与曹操的关系非比寻常，很可能曹嵩来亳州时常去夏侯家吃住。

第三，元宝坑一号墓出土刻有"夏侯右"铭文的字砖[20]，很可能是作为亲人或朋友送葬的纪念铭文字砖。"夏侯"字砖仅此一块。

第四，曹嵩原名曹忠字，巨高，如果是本宗过继，似乎不需要改名，

28.夏侯右(或
作君)
注:22—28长条砖正面.

图 2—1 字砖拓片

“嵩”的含义是“山高”,与“巨高”的含义相重复,何必如此?似乎改名的意图有隐瞒之意。曹嵩当时年龄尚小,了解他的人本来就不多,再加上改名以及成长中的容貌变化,知道底细的人就更少了,有关身世之谜就容易隐瞒下来。

第五,曹操的女儿清河公主嫁给夏侯惇的儿子夏侯楙,可能类似于表兄妹结婚(超过三代,现代也是允许的)。中国古今都有表兄妹结婚的传统,“亲上加亲”一词就是形容表兄妹或堂兄妹之间的婚姻。表兄妹之间从小认识,青梅竹马,产生爱情的概率是非常高的。因为从小就比较了解,家庭关系也比较熟悉,双方父母喜欢包办这类婚姻,特别是在财富和权力地位较高的社会阶层。表兄妹结婚在古代属于正常。

二、刻意隐瞒

陈寿的《三国志·武帝纪》称曹腾的养子曹嵩“莫能审其生出本末”[13],造成这一历史谜团的主因是曹嵩亲生父亲曹腾与夏侯家的刻意隐瞒,次因是曹嵩过继时年龄尚小,知道底细的人不多。以致世人误解为:“曹嵩的亲生父亲不是他的父亲,是没有关系的人,或者是族叔父。曹嵩的亲兄弟不是他的兄弟,是没有关系的人,或者是族弟。”陈寿等史学家不能准确地找到曹嵩的亲兄弟和亲生父亲,就无法比对还原那段真正的曹家历史。

历史上很可能是河间相曹鼎落难后把儿子曹忠过继给曹腾，把曹忠的名字改成曹嵩，以断然的决心显示给曹腾看，可见其性格果敢，之后为了保护曹嵩的前途，他本人淡出人们的视线，直到换了皇帝，或蔡衍等人离职离世后才复出做官。

元Ⅰ墓两块字砖铭文“赞费亭侯曹忠字巨高”（见第一章图1－2）与“比美诗之此为曹腾字季兴”（见第一章图1－3）的字体相近，其中的“字”字笔法完全一样，说明是同一人所写，笔者认为可能是河间相曹鼎本人亲笔所写或者其他亲友按照他的意愿所写。

借助于《红楼梦》的文法分析，其含义如下：

曹鼎称赞自己的儿子曹忠（曹嵩字巨高）大器有成，这是非常令父亲欣慰的！曹鼎念念不忘曹嵩的原名“曹忠”，这是百感交集的落泪之笔！

“比”[①]反看是“二人为从”“人人随行”，“此”[②]反看是“止人（自己止，事托付在另一人的身上）”。意思是：我曹鼎、你曹腾虽然是来自两个曹家，但是从相识起我们就并肩比和、相互扶助，同呼吸共命运，像一个曹家的亲兄弟一样。我退居幕后，你把我的儿子当作自己的儿子抚养成才……这些往事历历在目，我们留在历史上的文字事迹就像“美诗”一样，今天由我来写“此”，“此”人就是你“曹腾字季兴”，让咱们早先议论过的这些话记在字砖上来陪伴我于地下吧。

基于墓中存在大量的字砖信息，可见曹鼎是非常看重亲人的情状的，有“家祭无忘告乃翁”的人文情怀！

曹鼎应该是有雄才大略的人，他在困境中做出重大决策，把曹嵩过继给中常侍曹腾，为家族以后的繁荣和崛起创造了条件。

元宝坑一号墓出土刻有“念会稽府君弃离帷屋”铭文的字砖[20]，很可能是作为亲人或朋友送葬的纪念铭文字砖。文字透漏出的信息是“曹鼎在幕后运筹帷幄，主持会稽郡大计，考虑决策”，其去世相当于“弃离帷屋”。

---

① 比：密也。二人为从，反从为比。凡比之属皆从比。夶，古文比。参见清代陈昌治刻本《说文解字》（卷八・比部）。

② 此：止也。从止从匕。匕，相比次也。凡此之属皆从此。参见清代陈昌治刻本《说文解字》（卷二・此部）。

5.念会稽府君弃离雒屋。

图 2—2 字砖拓片

三、司隶校尉、大司农、大鸿胪

司隶校尉,旧号“卧虎”,是汉至魏晋监督京师和地方的官员,权势很大。始置于汉武帝征和四年(公元前 89 年),汉成帝元延四年(公元前 9 年)曾省去,汉哀帝时复置,省去校尉而称司隶,东汉时复称司隶校尉。西汉时司隶校尉秩为二千石,东汉时改为比二千石。属官有从事、假佐等,率领由一千二百名中都官徒隶所组成的武装队伍。

公元 167 年,桓帝末年,曹嵩官拜司隶校尉,掌握兵权,配合公元 168 年建宁元年曹节北迎灵帝的行动。灵帝刘宏是桓帝刘志的堂侄,也来自河间国,曹鼎足智多谋,深谙其道,可能参与了曹嵩方面的策划。曹节可能也很看重曹嵩与曹鼎方面的意见,曹节在之后的权势斗争中总是棋胜一招,其权谋是比较突出的。

曹嵩因迎立灵帝有功,先是官拜大司农,主管财政,后是官拜大鸿胪,掌管诸侯及少数民族事务。

元宝坑一号墓出土刻有“有倭人以时盟不”(见第一章图 1—4)铭文编号为 74 号的字砖[20]。这块字砖为楔形墓砖,残存长 19 厘米,上宽 16 厘米,下宽 12 厘米,厚 7.5 厘米。刻辞仅存:“……有倭人以时盟不(否)”7 字。竖书一行,隶书体。“倭”是古代日本国名,或称“倭奴国”。《后汉书·东夷列传》云:“倭在韩(朝鲜)东南大海中,依山岛为居,凡百余国。自武帝灭朝鲜使驿通于汉者三十许国。国皆称王,世世传统。其大倭王居邪(耶)马台国。”

这块字砖反映了结盟之事结束的事实,可见倭人与曹氏家族有密切关系。该墓主人为会稽郡曹君,会稽郡是倭人通往中国的港口,曹操父曹嵩,灵帝时官大鸿胪,掌四夷诸王,所以谯城倭人有可能是通过他们内迁的。该字砖亦可能为倭人手迹。此字砖的发现,对研究古代中日关系有重要的价值。会稽曹君很可能是曹嵩亲生父亲,但不知名字是否还用“曹鼎”。他任职期间于“帷屋”中运筹主持大计,其中所涉及的与倭人结盟之事,至曹嵩亦有传承。

74.……有倭人以时盟不

注： 大楔形砖残存右下方四分之一。小头朝上。

图2—3 74号字砖铭文拓片[20]

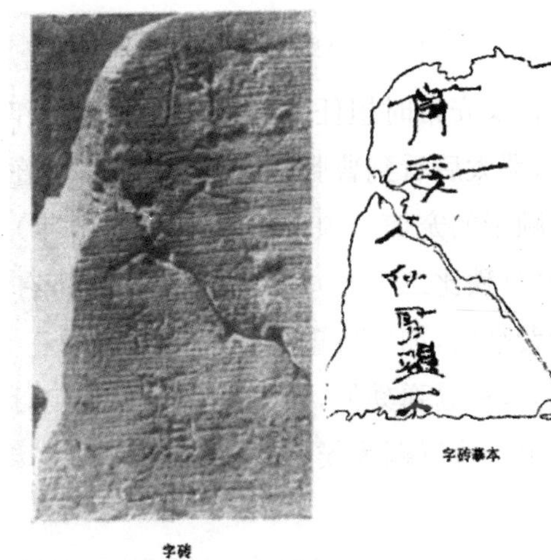

图2—4 74号字砖摹本①

① 参见:李灿.略述曹氏元墓74号字砖[J].文物,1981(12):68—70。

第三章　曹腾家

第一节　曹　腾

一、曹腾生平

曹腾(？—160年)字季兴，沛国谯人，是曹鼎(河间相)的兄长。曹腾年轻时在汉安帝时担任黄门从官。永宁元年(公元120年)，顺帝做太子的时候，邓太后看到曹腾年纪轻，又谨慎厚道，派他侍奉皇太子读书，因此得到了顺帝的宠信。顺帝即位(公元126年)后，曹腾任小黄门，后升迁至中常侍(官秩比二千石)。因策划迎立桓帝有功，迁大长秋(官秩二千石)，被封为费亭侯，加位特进。曹腾用事宫中三十多年，未有显著过失，并能推荐贤人，种暠弹劾他，他却称种暠为能吏，因此受到了人们的赞美。曹腾死后由子曹嵩嗣为侯，曹操是他的孙子。魏明帝曹叡即位后，被追尊为高皇帝。

邓太后(公元81—121年)，即邓绥，东汉和帝皇后，南阳新野(今河南新野)人，是汉光武帝时太傅邓禹的孙女。禹为南阳豪族，随光武帝起事，为东汉初的大功臣，其父邓训，曾为护羌校尉，抚边有功。和帝死，她先后迎立殇帝、安帝，临朝执政近二十年，其兄居要职，掌握大权。执政期间，崇尚宽简，不事奢华。兼用外戚、宦官，尊理三公，又使其兄荐举杨震等人。建光元年(公元121年)死。同年，安帝与宦官李闰合谋，诛灭邓氏。

东汉王朝宦官、外戚势力交相崛起并把持朝政成为时代的特点。邓绥生前虽对外戚有所约束，但在其身后邓氏家族仍不免于诛戮。曹腾在太子身边未受牵连。

邓太后任用曹腾，令其陪伴太子左右，为将来曹氏家族的崛起创造了条件，曹氏族人的命运因此而改变。

在汉顺帝(公元115—144年,从125年起在位约19年)时期,曹鼎借助于兄长曹腾的关系为官,应该是屡有升迁,因能力比较突出,可能在顺帝后期官拜河间相,官秩二千石。

因为《三国志·魏书·蒋济传》载:臣松之案蒋济立郊议称曹腾碑文云"曹氏族出自邾"。《三国志·魏书·武帝纪》提及,黄帝系的陆终之子名叫(曹)安,(曹)安后代曹侠受周武王分封于邾国,此即曹姓的起源之一。后来邾国被楚国所灭,曹氏子孙一支家居沛地。

从以上文献角度看,曹腾家族是曹安曹侠后裔。

二、历史记载

《三国志·魏书一·武帝纪第一·卷1》载:桓帝世,曹腾为中常侍大长秋,封费亭侯。[司马彪续汉书曰:……腾字季兴,少除黄门从官……①桓帝即位,以腾先帝旧臣,忠孝彰著,封费亭侯,加位特进。太和三年(公元229年),追尊腾曰高皇帝。]养子嵩嗣,官至太尉,莫能审其生出本末。嵩生太祖。[13]

《后汉书·宦者列传第六十八·卷78》载:曹腾字季兴,沛国谯人也……②腾卒,养子嵩嗣。种暠后为司徒,告宾客曰:"今身为公,乃曹常侍力焉。"

---

① 省略文字参见第一篇第一章第二节有关内容。

② 同上注。

第二节 曹褒家

一、曹褒

曹褒(? —166 年),沛国谯县(今安徽亳州)人。系曹腾之兄,曹炽之父,曹嵩之伯父,曹仁之祖父,汉桓帝延熹九年(公元 166 年)卒。葬于家乡谯县城南,与弟曹腾冢相邻。按《水经注》记载,曹褒冢东有碑,题云:汉故颍川太守曹君墓。

二、曹炽

曹炽(约公元 144—183 年),字元盛,沛国谯县(今安徽亳县)人,生活在东汉末年,曾任东汉太中大夫、司马、长史、侍中、长水校尉(官秩比二千石),是曹仁、曹纯的父亲,曹操的从父。《水经注》载:"谯县有曹腾兄冢,冢东有碑题云'汉故颍川太守曹君墓'延熹九年卒而不刊树碑年月。坟北有其元子(曹)炽冢,冢东有碑题云'汉故长水校尉曹君之碑'历太中大夫、司马、长史、侍中,迁长水校尉,年三十九卒。"

三、曹胤

曹胤(约公元 145—177 年),曹胤乃颍川太守曹褒之子,长水校尉曹炽之弟,曹仁、曹纯的亲叔叔。其所担任谒者,为谒者仆射的属官,官秩四百石。《水经注》载:"熹平六年造(曹)弟胤冢,冢东有碑题云'汉谒者曹君之碑'。"

四、曹仁

曹仁(约公元 168—223 年),字子孝,汉族,沛国谯(今安徽亳州)人,曹操从弟(从祖弟)。三国曹魏名将,官至大司马,封陈侯。曹仁好弓马骑射,少时不修行检,及至长成为大将,则变得严整,奉法守令。从曹操多年,为魏朝立下汗马功劳。破袁术,曹仁所斩获颇多,大破陶谦军及陶谦部将吕由,攻克句阳,生擒吕布的部将刘何;官渡大战中,在隐强打败刘备军，鸡落山之战又战胜袁绍军；赤壁兵败后，曹仁镇守江陵与周瑜拖了一年之久，为曹操重整旗鼓赢得了宝贵的时间；渭南破马超，破反将苏伯、田银、侯音；襄樊魏蜀之战挡住了关羽的进攻；与徐晃共攻破陈邵，进军襄阳。黄初四年薨，谥曰忠侯。

五、曹纯

曹纯（？—210年），字子和，曹仁之弟，沛国谯（今安徽亳州）人，曹操从弟（从祖弟）。曹纯是曹操部下精锐部队“虎豹骑”的统领者之一，因在平定袁谭、北征乌桓的战役中立功，被加封为高陵亭侯，建安十五年（公元210年）去世，魏文帝曹丕即位后，追谥曰威侯。王粲所著《英雄记》（又作《汉末英雄记》，《隋书·经籍志》中有：“《汉末英雄记》八卷，王粲撰，残缺。梁有十卷。”）载：“纯纲纪督御，不失其理，乡里咸以为能。好学问，敬爱学士，学士多归焉，由是为远近所称。”

六、曹家主要决策人年表

表3—1

时间	曹家决策人	官职	曹家事件	历史事件
公元125—146年	曹腾	小黄门、中常侍，官秩比二千石	曹鼎官拜河间相 曹节迁小黄门	公元125—144年汉顺帝在位
公元146—160年	曹腾	大长秋，官秩二千石	桓帝时曹节迁中常侍、奉车都尉，官秩比二千石	公元146—167年汉桓帝在位 公元159年梁冀死
公元160—166年	曹褒	颍川太守		
公元166—171年	曹鼎	退居幕后，会稽运筹帷幄主政	公元167年桓帝末年曹嵩官拜司隶校尉 公元168年建宁元年曹节北迎灵帝 （可能）公元170—171年曹鼎到会稽主政	公元168—189年汉灵帝在位
公元171—193年	曹嵩	大司农、大鸿胪、太尉，官秩万石	公元174年曹操被举为孝廉，后官拜洛阳北部尉 公元175—178年或181—183年曹鼎（曹休祖父）官拜尚书令 公元176年曹鸾因党锢而致死 公元184年曹操官拜骑都尉 公元184—187年曹鼎官拜吴郡太守	公元179—181年曹节担任尚书令 公元181年曹节死
公元193—220年	曹操	丞相、魏王		

第二篇　曹操家族

第四章　曹　操

第一节　曹　操

一、曹操生平

曹操(公元155年—220年正月庚子),字孟德,一名吉利,小字阿瞒,沛国谯(今安徽亳州)人,东汉末期政治家、军事家、文学家、书法家,官至丞相,后为魏王,去世后谥号为武王。其子曹丕称帝以魏代汉后,被追尊为武皇帝,庙号太祖。

曹操精通兵法,一生文治武功成就巨大,扶汉室于倾危,将三个女儿嫁给汉献帝,又延续了汉朝统治达几十年,他先后消灭袁术、吕布、袁绍、刘表、韩遂等割据势力,降服乌桓、南匈奴、鲜卑等,统一了中国北方,恢复了地区经济生产和社会秩序。

曹操擅长诗歌与散文,很多传世作品词句气魄雄伟、慷慨悲凉。曹操父子开启并繁荣了建安文学,史称建安风骨。曹操也擅长书法,尤工章草,唐朝张怀瓘在《书断》中评其为“妙品”。

图4—1、图4—2为曹操“衮雪”二字书法作品,是目前能见到的曹操手书真迹。东汉建安二十四年(公元219年),曹操驻兵汉中褒谷口,见褒河流水汹涌而下,撞石飞溅起如雪般水花,挥笔题写“衮雪”二字,寓意:“一河流水,可作衮字缺水三点!”遂成千古美谈。后刻于汉中石门南约半里的褒河水中的一巨石上,右行横书,字径四十五厘米。1967年因修建石门水库,汉中博物馆派石匠将河中巨石上的“衮雪”二字完整凿下来,运到汉中博物馆保存。

二、家族成员

养祖父:曹腾

图 4—1 照片(衮雪)

图 4—2 拓片(衮雪)

养祖母:吴氏(曹腾之"对食"妻子)

父:曹嵩

母:丁氏(参见《三国志·魏书二·文帝纪第二》载:五月戊寅,天子命王追尊皇祖太尉曰太王,夫人丁氏曰太王后,封王子叡为武德侯。)

丁夫人,曹操原配夫人,无子女。

卞夫人,曹操继配夫人,武宣卞皇后。生曹丕、曹彰、曹植、曹熊四子。

刘夫人,曹操之妾,生曹昂、曹铄二子。

环夫人,曹操之妾,生曹冲、曹据、曹宇三子。

杜夫人,曹操之妾,生曹林、曹衮二子。

秦夫人,曹操之妾,生曹玹、曹峻二子。

尹夫人,曹操之妾,生曹矩。

陈妾,曹操之妾,生曹干。(《三国志·魏书·卷20·武文世王公传》载:赵王干,建安二十年封高平亭侯。二十二年,徙封赖亭侯。其年改封弘农侯。黄初二年,进爵,徙封燕公。【魏略曰:干一名良。良本陈妾子,良生而陈氏死,太祖令王夫人养之。良年五岁而太祖疾困,遗令语太子曰:"此儿三岁亡母,五岁失父,以累汝也。"】[21])

王昭仪,曹操之妾,曹干养母。

孙姬,曹操之妾,生曹上、曹彪、曹勤三子。

李姬,曹操之妾,生曹乘、曹整、曹京三子。

周姬,曹操之妾,生曹均。

刘姬,曹操之妾,生曹棘。

宋姬,曹操之妾,生曹徽。

赵姬,曹操之妾,生曹茂。

曹操共有二十五子、[21]六女。可考证六女者为清河长公主(夏侯楙之妻)、曹宪(汉献帝贵人)、曹节(汉献帝皇后)、曹华(汉献帝贵人)、安阳公主(荀恽之妻)、金乡公主(何晏之妻)。

三、文学代表作品

1.《短歌行》

对酒当歌,人生几何?譬如朝露,去日苦多。
慨当以慷,忧思难忘。何以解忧?唯有杜康。
青青子衿,悠悠我心。但为君故,沉吟至今。
呦呦鹿鸣,食野之苹。我有嘉宾,鼓瑟吹笙。
明明如月,何时可掇?忧从中来,不可断绝。
越陌度阡,枉用相存。契阔谈宴,心念旧恩。
月明星稀,乌鹊南飞。绕树三匝,何枝可依?
山不厌高,海不厌深。周公吐哺,天下归心。

2.《观沧海》

东临碣石,以观沧海。
水何澹澹,山岛竦峙。
树木丛生,百草丰茂。
秋风萧瑟,洪波涌起。
日月之行,若出其中。
星汉灿烂,若出其里。
幸甚至哉,歌以咏志。

3.《龟虽寿》

神龟虽寿,犹有竟时。
螣蛇乘雾,终为土灰。
老骥伏枥,志在千里。
烈士暮年,壮心不已。
盈缩之期,不但在天;
养怡之福,可得永年。
幸甚至哉,歌以咏志。

四、历史记载

陈寿著、裴松之注《三国志·魏书一·武帝纪第一》[13]载:

太祖武皇帝,沛国谯人也,姓曹,讳操,字孟德,汉相国参之后。【〔曹瞒传曰〕:太祖一名吉利,小字阿瞒。王沈魏书曰:其先出于黄帝。当高阳世,陆终之子曰安,是为曹姓。周武王克殷,存先世之后,封曹侠于邾。春秋之世,与于盟会,逮至战国,为楚所灭。子孙分流,或家于沛。汉高祖之起,曹参以功封平阳侯,世袭爵土,绝而复绍,至今适嗣国于容城。】桓帝世,曹腾为中常侍大长秋,封费亭侯。【司马彪续汉书曰:腾父节,字元伟,素以仁厚称。邻人有亡豕者,与节豕相类,诣门认之,节不与争;后所亡豕自还其家,豕主人大惭,送所认豕,并辞谢节,节笑而受之。由是乡党贵叹焉。长子伯兴,次子仲兴,次子叔兴。腾字季兴,少除黄门从官……①桓帝即位,以腾先帝旧臣,忠孝彰著,封费亭侯,加位特进。太和三年,追尊腾曰高皇帝。】养子嵩嗣,官至太尉,莫能审其生出本末。【续汉书曰:嵩字巨高。质性敦慎,所在忠孝。为司隶校尉,灵帝擢拜大司农、大鸿胪,代崔烈为太尉。黄初元年,追尊嵩曰太皇帝。吴人作曹瞒传及郭颁世语并云:嵩,夏侯氏之子,夏侯惇之叔父。太祖于惇为从父兄弟。】嵩生太祖。

太祖少机警,有权数,而任侠放荡,不治行业,故世人未之奇也;【曹瞒传云:太祖少好飞鹰走狗,游荡无度,其叔父数言之于嵩。太祖患之,后逢叔父于路,乃阳败面喎口;叔父怪而问其故,太祖曰:"卒中恶风。"叔父以告嵩。嵩惊愕,呼太祖,太祖口貌如故。嵩问曰:"叔父言汝中风,已差乎?"太祖曰:"初不中风,但失爱于叔父,故见罔耳。"嵩乃疑焉。自后叔父有所告,嵩终不复信,太祖于是益得肆意矣。】惟梁国桥玄、南阳何颙异焉。玄谓太祖曰:"天下将乱,非命世之才不能济也,能安之者,其在君乎!"【魏书曰:太尉桥玄,世名知人,睹太祖而异之,曰:"吾见天下名士多矣,未有若君者也!君善自持。吾老矣!原以妻子为讬。"由是声名益重。续汉书曰:玄字公祖,严明有才略,长于人物。张璠汉纪曰:玄历位中外,以刚断称,谦俭下士,不以王爵私亲。光和中为太尉,以久病策罢,拜太中大夫,卒,家贫乏产业,柩无所殡。当世以此称为名臣。世语曰:玄谓太祖曰:

① 省略文字参见第一篇第一章第二节有关内容。

"君未有名，可交许子将。"太祖乃造子将，子将纳焉，由是知名。孙盛异同杂语云：太祖尝私入中常侍张让室，让觉之；乃舞手戟于庭，逾垣而出。才武绝人，莫之能害。博览群书，特好兵法，抄集诸家兵法，名曰接要，又注孙武十三篇，皆传于世。尝问许子将："我何如人？"子将不答。固问之，子将曰："子治世之能臣，乱世之奸雄。"太祖大笑。】年二十，举孝廉为郎，除洛阳北部尉，迁顿丘令，【曹瞒传曰：太祖初入尉廨，缮治四门。造五色棒，县门左右各十余枚，有犯禁，不避豪强，皆棒杀之。后数月，灵帝爱幸小黄门蹇硕叔父夜行，即杀之。京师敛迹，莫敢犯者。近习宠臣咸疾之，然不能伤，于是共称荐之，故迁为顿丘令。】征拜议郎。【魏书曰：太祖从妹夫濦强侯宋奇被诛，从坐免官。后以能明古学，复征拜议郎。先是大将军窦武、太傅陈蕃谋诛阉官，反为所害。太祖上书陈武等正直而见陷害，奸邪盈朝，善人壅塞，其言甚切；灵帝不能用。是后诏书敕三府：举奏州县政理无效，民为作谣言者免罢之。三公倾邪，皆希世见用，货赂并行，强者为怨，不见举奏，弱者守道，多被陷毁。太祖疾之。是岁以灾异博问得失，因此复上书切谏，说三公所举奏专回避贵戚之意。奏上，天子感悟，以示三府责让之，诸以谣言征者皆拜议郎。是后政教日乱，豪猾益炽，多所摧毁；太祖知不可匡正，遂不复献言。】

……

夏四月，天子命王设天子旌旗，出入称警跸。五月，作泮宫。六月，以军师华歆为御史大夫。【魏书曰：初置卫尉官。秋八月，令曰："昔伊挚、傅说出于贱人，管仲，桓公贼也，皆用之以兴。萧何、曹参，县吏也，韩信、陈平负汙辱之名，有见笑之耻，卒能成就王业，声著千载。吴起贪将，杀妻自信，散金求官，母死不归，然在魏，秦人不敢东向，在楚则三晋不敢南谋。今天下得无有至德之人放在民间，及果勇不顾，临敌力战；若文俗之吏，高才异质，或堪为将守；负汙辱之名，见笑之行，或不仁不孝而有治国用兵之术：其各举所知，勿有所遗。"】冬十月，天子命王冕十有二旒，乘金根车，驾六马，设五时副车，以五官中郎将丕为魏太子。

……

秋七月，以夫人卞氏为王后。遣于禁助曹仁击关羽。八月，汉水溢，灌禁军，军没，羽获禁，遂围仁。使徐晃救之。

……

评曰:汉末,天下大乱,雄豪并起,而袁绍虎视四州,强盛莫敌。太祖运筹演谋,鞭挞宇内,揽申、商之法术,该韩、白之奇策,官方授材,各因其器,矫情任算,不念旧恶,终能总御皇机,克成洪业者,惟其明略最优也;抑可谓非常之人,超世之杰矣。

第二节　复旦大学曹操 DNA 课题研究

一、起因

2009 年 12 月 27 日，河南安阳发现了汉魏时期大墓，推断为曹操墓，但因墓穴面目全非、骸骨残破不全，真假之辩愈演愈烈。正当曹操墓陷入真假迷局时，2010 年 1 月 26 日，复旦大学历史学系和现代人类学教育部重点实验室联合宣布，"向全国征集曹姓男性参与 Y 染色体检测"，用 DNA 技术解答"曹操墓"真伪之争，此举在全国引起强烈反响。

二、成果

复旦大学现代人类学实验室于 2010～2011 年进行曹操 DNA 课题研究，找到曹操后裔分布在辽宁东港、江苏盐城、安徽舒城、辽宁铁岭、安徽绩溪和湖南长沙的 6 个家族，从而确认曹操的 Y 染色体类型是 O2-M268，可能性为 92.71％，相关的研究结论于 2011 年 12 月 22 日在在线出版的人类遗传学领域的权威杂志《人类遗传学报》上发表，得到国际同行的认可，同期又于 2011 年 12 月 22 日在复旦大学《现代人类学通讯》上发表[18]。2011 年 12 月 28 日，复旦大学课题组正式通过新闻发布了研究成果，6 支曹姓家族被认证为曹操后代，该成果被国内外媒体广泛关注。

通过对国内散居各地的曹操后裔与曹参后裔进行 DNA 检测，课题组研究后认为：大跨度家系对于研究 Y 染色体进化有着极其重要的意义，但家系的可信度却需仔细甄别。本文中，我们用 Y 染色体分型比对的方法确认了若干有 1800 多年历史、延续 70～100 代的大跨度家系，这些家系宣称是魏武帝曹操后裔。单倍型 O2-M268 是唯一在宣称是曹操后裔的众多家族里频率显著升高的单倍型（$P=9.323\times10^{-5}$，$OR=12.72$），因此也极可能是曹操的 Y 染色体单倍型。我们的分析结果还显示曹操的 Y 染色体单倍型与其自称的先祖曹参的单倍型 O3-002611 并不一致。本研究是 Y 染色体和谱牒分析相结合的成功探索，为遗传学用于历史学研究提供一个范例。[18]

三、学界影响

《三国志》记载曹操是汉相国曹参之后,曹嵩是曹腾的养子,曹操的人文近祖是曹参。

然而,DNA 研究发现曹参的 5 个后人族群的 Y 染色体类型是 O3-002611,与曹操后代的 Y 染色体类型不同。据此,复旦大学学者韩昇先生认为曹嵩是本宗过继,曹腾与曹参并没有亲缘关系[18]。

在本书第一篇第三章第一节(曹腾)中,作者通过研究,从文献角度看,曹腾家族是曹安曹侠后裔。故尚不能充分认定曹嵩是本宗过继,仍需将来对亳州曹氏家族墓遗骨的古 DNA 进行进一步的检测。

曹嵩曹操认同曹腾家族的文化渊源,即人文近祖是曹参,人文远祖是曹安,推测曹安的 Y 染色体类型可能也是 O3-002611。

四、参与采样

笔者参与了曹操 DNA 课题研究的部分工作,向课题组推荐并陪同辽宁丹东东港(曹操曹丕曹霖曹髦后裔)曹祖义先生到复旦大学现代人类学实验室(邯郸路校区)进行检测,检测时间为 2010 年 3 月 2 日。

以下为 DNA 检测图片资料。

图 4—3　曹祖义手持 DNA 样本

图 4—4　复旦大学研究员为曹祖义取样

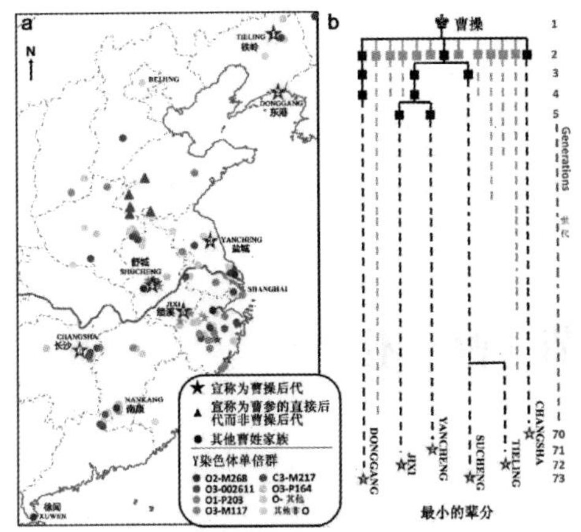

图 4—5 六支曹操后裔①

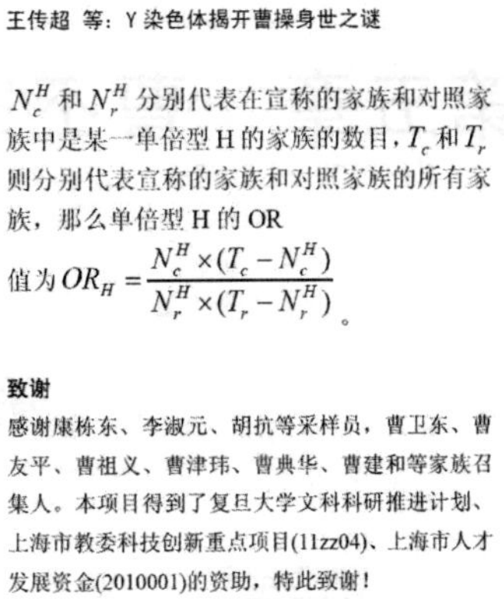

王传超 等：Y 染色体揭开曹操身世之谜

N_c^H 和 N_r^H 分别代表在宣称的家族和对照家族中是某一单倍型 H 的家族的数目，T_c 和 T_r 则分别代表宣称的家族和对照家族的所有家族，那么单倍型 H 的 OR 值为 $OR_H=\dfrac{N_c^H\times(T_c-N_c^H)}{N_r^H\times(T_r-N_r^H)}$。

致谢

感谢康栋东、李淑元、胡抗等采样员，曹卫东、曹友平、曹祖义、曹津玮、曹典华、曹建和等家族召集人。本项目得到了复旦大学文科科研推进计划、上海市教委科技创新重点项目(11zz04)、上海市人才发展资金(2010001)的资助，特此致谢！

图 4—6 致谢名单②

① 转引自：王传超等，“Y 染色体揭开曹操身世之谜”，复旦大学《现代人类学通讯》第五卷 e17 篇，第 107—111 页，2011 年 12 月 22 日。

② 同上。

第五章　曹丕家

第一节　曹　丕

一、曹丕生平

曹丕(公元187年冬—226年6月29日),字子桓,沛国谯(今安徽省亳州市)人,曹操与卞夫人的长子,三国曹魏第一位皇帝,公元220—226年在位。

中平四年冬(公元187年),曹丕生于沛国谯县。

初平三年至兴平二年(公元192年—195年),学习骑射。(曹丕著《典论·自序》[①]载:余时年五岁,上以世方扰乱,教余学射,六岁而知射,又教余骑马,八岁而能骑射矣。)

建安二年(公元197年),曹丕随曹操南征张绣,张绣先降后反,曹昂和曹安民遇害,年仅10岁的曹丕乘马逃脱。(曹丕著《典论·自序》载:以时之多难,故每征,余常从。建安初,上南征荆州,至宛,张绣降。旬日而反,亡兄孝廉子修、从兄安民遇害。时余年十岁,乘马得脱。)

建安九年(公元204年),曹丕随曹操攻破邺城,纳甄氏。

建安十六年(公元211年),为五官中郎将、副丞相。

建安十八年(公元213年),曹丕随父曹操等人,回到亳州老家上拜坟墓,遂乘马游观。经东园,遵涡水,相佯乎高树之下,驻马书鞭,写下《临涡赋》。

建安二十一年(公元216年),曹丕带着曹叡和东乡公主,随曹操东征孙权。(《魏略》载:二十一年,太祖东征,武宣皇后、文帝及明帝、东乡公主皆从。)

---

① 参见:《三国志·魏书二·文帝纪第二》注引。

建安二十二年(公元217年),立为魏太子。

建安二十五年(公元220年),曹操去世,曹丕嗣位为魏王、丞相、冀州牧,改元延康元年。

延康元年(公元220年)乙卯,汉帝禅让,曹丕三次上书辞让。(《资治通鉴·卷69》载:冬,十月,乙卯,汉帝告祠高庙,使行御史大夫张音持节奉玺绶诏册,禅位于魏。王三上书辞让,乃为坛于繁阳。)

辛未,曹丕登受禅台称帝,改元黄初,大赦天下。(《献帝传》载:辛未,魏王登坛受禅,公卿、列侯、诸将、匈奴单于、四夷朝者数万人陪位,燎祭天地、五岳、四渎。)

黄初元年(公元220年)十一月癸酉,以河内山阳邑万户奉汉帝为山阳公。

黄初二年(公元221年)秋八月,孙权遣使奉章,并遣于禁等还。丁巳,使太常邢贞持节拜权为大将军,封吴王,加九锡。

十一月辛未,命镇西将军曹真率诸将及州郡兵讨破叛胡治元多、卢水、封赏等,平定河西。(《三国志·魏书二·文帝纪第二》裴注云:魏书曰:十一月辛未,镇西将军曹真命众将及州郡兵讨破叛胡治元多、卢水、封赏等,斩首五万余级,获生口十万,羊一百一十一万口,牛八万,河西遂平。帝初闻胡决水灌显美,谓左右诸将曰:"昔隗嚣灌略阳,而光武因其疲弊,进兵灭之。今胡决水灌显美,其事正相似,破胡事今至不久。"旬日,破胡告檄到,上大笑曰:"吾策之于帷幕之内,诸将奋击于万里之外,其相应若合符节。前后战克获虏,未有如此也。")

黄初三年(公元222年)二月,鄯善、龟兹、于阗王各遣使奉献。是后西域复通,置戊己校尉。

三月乙丑,立齐公叡为平原王,帝弟鄢陵公彰等十一人皆为王。

夏四月戊申,立鄄城侯植为鄄城王。

九月庚子,立皇后郭氏。

冬十月,孙权复反。曹丕自许昌南征,诸军兵并进,曹真、张郃、曹休等诸路大捷,曹丕胜利在望,却不料遇到疫疾,孙权乘机重新遣使纳贡,双方言和,曹丕退兵。

黄初四年(公元223年)丁未,大司马曹仁薨。

黄初六年(公元226年),经过雍丘,到曹植处所,与曹植见面,增其户五百。(《三国志·魏书十九》载:六年,帝东征,还过雍丘,幸植宫,增户五百。)

《三国志·魏书二·文帝纪第二》载:冬十月,行幸广陵故城,临江观兵,戎卒十余万,旌旗数百里。【魏书载帝于马上为诗曰:"观兵临江水,水流何汤汤!戈矛成山林,玄甲耀日光。猛将怀暴怒,胆气正从横。谁云江水广,一苇可以航?不战屈敌虏,戢兵称贤良。古公宅岐邑,实始翦殷商。孟献营虎牢,郑人惧稽颡。充国务耕植,先零自破亡。兴农淮、泗间,筑室都徐方。量宜运权略,六军咸悦康;岂如东山诗,悠悠多忧伤。"】是岁大寒,水道冰,舟不得入江,乃引还。

黄初七年(公元226年)五月丙辰(6月28日),曹丕病重,诏令陈群、曹真、曹休、司马懿受领遗诏,共同辅佐嗣主曹叡。让后宫淑媛、昭仪以下的都各自归其家。

五月丁巳(十七)日(6月29日),曹丕去世,时年四十,庙号高祖(《资治通鉴》作世祖),谥为文皇帝,葬于首阳陵。

曹丕文武双全,是历史上著名的政治家、文学家,曹丕受禅登基,平稳进行权力交接,以魏代汉,在位期间把国家管理得很好,平定边患,修好外夷,恢复汉朝在西域的设置。曹丕于诗、赋、文学皆有成就,与父曹操和弟曹植,并称三曹。著有《典论》,其中的"论文"是中国文学史上第一部有系统的文学批评专论作品,存世《魏文帝集》二卷。

二、家族成员

嫡妻:任氏,出身乡党名族,曹丕原配,性格狷急不婉顺,多与曹丕不和,建安中被废黜。

皇后:郭女王,南郡太守郭永女,29岁嫁与曹丕,曹丕即位立为魏王夫人,魏受禅册封贵嫔,222年晋升皇后。死后与曹丕合葬,谥号"德皇后"。

嫔妃:夫人甄氏,上蔡县令甄逸女,初为袁熙妇,后被曹丕所纳,生曹叡、东乡公主。黄初二年被赐死。其子曹叡继位追谥文昭皇后。

献帝二女,汉献帝刘协两女,黄初元年入宫为妃。

李贵人，生子曹协。

阴贵人，东汉大族南阳阴氏女。

柴贵人。

潘淑媛，生子曹蕤。

朱淑媛，生子曹鉴。

仇昭仪，生子曹霖。

徐姬，生子曹礼。

苏姬，生子曹邕。

张姬，生子曹贡。

宋姬，生子曹俨。

子：曹叡，魏明帝（公元206年—公元239年）（母：甄氏）

曹喈，字仲雍，文帝次子，出生两月夭折。（母不详）

曹协，赞哀王（早逝）（母：李贵人），子曹寻。

曹蕤，北海悼王（？—？）（母：潘淑媛）

曹鉴，东武阳怀王（？—224年）。（母：朱淑媛）

曹霖，东海定王（？—249年）。（母：仇昭仪），子曹启、曹髦。

曹礼，元城哀王（公元208－229年）（母：徐姬）

曹邕，邯郸怀王（？—229年）。（母：苏姬）

曹贡，清河悼王（？—223年）（母：张姬）

曹俨，广平哀王（？—223年）（母：宋姬）

女：东乡公主（？—？）。（母：甄氏）

三、代表作品

1.《临涡赋》

建安十八年（公元213年），回到亳州老家上拜坟墓期间所写。

荫高树兮临曲涡，
微风起兮水增波，
鱼颉颃兮鸟逶迤，
雌雄鸣兮声相和，
萍藻生兮散茎柯，
春木繁兮发丹华。

2.《燕歌行》

《燕歌行》共二首,第一首为建安十二年曹操北征三郡乌桓期间所写,表达一位女子对丈夫的思念,第一首诗代表了曹丕诗歌最高成就,是现存最早、最完整的七言诗。

(一)

秋风萧瑟天气凉,草木摇落露为霜。
群燕辞归鹄南翔,念君客游思断肠。
慊慊思归恋故乡,君何淹留寄他方?
贱妾茕茕守空房,忧来思君不敢忘,不觉泪下沾衣裳。
援琴鸣弦发清商,短歌微吟不能长。
明月皎皎照我床,星汉西流夜未央。
牵牛织女遥相望,尔独何辜限河梁?

(二)

别日何易会日难,山川悠远路漫漫。
郁陶思君未敢言,寄声浮云往不还。
涕零雨面毁容颜,谁能怀忧独不叹。
展诗清歌聊自宽,乐往哀来摧肺肝。
耿耿伏枕不能眠,披衣出户步东西,仰看星月观云间。
飞鸧晨鸣声可怜,留连顾怀不能存。

四、历史记载

陈寿著、裴松之注《三国志·魏书二·文帝纪第二》载:

文皇帝讳丕,字子桓,武帝太子也。中平四年冬,生于谯。【魏书曰:帝生时,有云气青色而圜如车盖当其上,终日,望气者以为至贵之证,非人臣之气。年八岁,能属文。有逸才,遂博贯古今经传诸子百家之书。善骑射,好击剑。举茂才,不行。献帝起居注曰:建安十(五)年,为司徒赵温所辟。太祖表"温辟臣子弟,选举故不以实"。使侍中守光禄勋郗虑持节奉策免温官。】建安十六年,为五官中郎将、副丞相。二十二年,立为魏太子。【魏略曰:太祖不时立太子,太子自疑。是时有高元吕者,善相人,乃呼问之,对曰:"其贵乃不可言。"问:"寿几何?"元吕曰:"其寿,至四十当有小苦，过是无忧也。”后无几而立为王太子，至年四十而薨。】太祖崩，嗣位为丞相、魏王。【袁宏汉纪载汉帝诏曰：“魏太子丕：昔皇天授乃显考以翼我皇家，遂攘除群凶，拓定九州，弘功茂绩，光于宇宙，朕用垂拱负扆二十有余载。天不慭遗一老，永保余一人，早世潜神，哀悼伤切。丕奕世宣明，宜秉文武，绍熙前绪。今使使持节御史大夫华歆奉策诏授丕丞相印绶、魏王玺绂，领冀州牧。方今外有遗虏，遐夷未宾，旗鼓犹在边境，干戈不得韬刃，斯乃播扬洪烈，立功垂名之秋也。岂得修谅闇之礼，究曾、闵之志哉？其敬服朕命，抑弭忧怀，旁祗厥绪，时亮庶功，以称朕意。于戏，可不勉与！”】尊王后曰王太后。改建安二十五年为延康元年。

……

于是尚书令桓阶等奏曰：“今汉氏之命已四至，而陛下前后固辞，臣等伏以为上帝之临圣德，期运之隆大魏，斯岂数载？传称周之有天下，非甲子之朝，殷之去帝位，非牧野之日也，故诗序商汤，追本玄王之至，述姬周，上录后稷之生，是以受命既固，厥德不回。汉氏衰废，行次已绝，三辰垂其征，史官著其验，耆老记先古之占，百姓协歌谣之声。陛下应天受禅，当速即坛场，柴燎上帝，诚不宜久停神器，拒亿兆之原。臣辄下太史令择元辰，今月二十九日，可登坛受命，请诏三公群卿，具条礼仪别奏。”令曰：“可。”乃为坛于繁阳。庚午，王升坛即阼，百官陪位。事讫，降坛，视燎成礼而反。改延康为黄初，大赦。【献帝传曰：辛未，魏王登坛受禅，公卿、列侯、诸将、匈奴单于、四夷朝者数万人陪位，燎祭天地、五岳、四渎，曰：“皇帝臣丕敢用玄牡昭告于皇皇后帝：汉历世二十有四，践年四百二十有六，四海困穷，三纲不立，五纬错行，灵祥并见，推术数者，虑之古道，咸以为天之历数，运终兹世，凡诸嘉祥民神之意，比昭有汉数终之极，魏家受命之符。汉主以神器宜授于臣，宪章有虞，致位于丕。丕震畏天命，虽休勿休。群公庶尹六事之人，外及将士，洎于蛮夷君长，佥曰：‘天命不可以辞拒，神器不可以久旷，群臣不可以无主，万几不可以无统。’丕祗承皇象，敢不钦承。卜之守龟，兆有大横，筮之三易，兆有革兆，谨择元日，与群寮登坛受帝玺绶，告类于尔大神；唯尔有神，尚飨永吉，兆民之望，祚于有魏世享。”遂制诏三公：“上古之始有君也，必崇恩化以美风俗，然百姓顺教而刑辟厝焉。今朕承帝王之绪，其以延康元年为黄初元年，议改正朔，易服色，殊徽号，

同律度量,承土行,大赦天下;自殊死以下,诸不当得赦,皆赦除之。"】

魏氏春秋曰:帝升坛礼毕,顾谓群臣曰:"舜、禹之事,吾知之矣。"干宝搜神记曰:宋大夫邢史子臣明于天道,周敬王之三十七年,景公问曰:"天道其何祥?"对曰:"后五(十)年五月丁亥,臣将死;死后五年五月丁卯,吴将亡;亡后五年,君将终;终后四百年,邾王天下。"俄而皆如其言。所云邾王天下者,谓魏之兴也。邾,曹姓,魏亦曹姓,皆邾之后。其年数则错,未知邢史失其数邪,将年代久远,注记者传而有谬也?

黄初元年十一月癸酉,以河内之山阳邑万户奉汉帝为山阳公,行汉正朔,以天子之礼郊祭,上书不称臣,京都有事于太庙,致胙;封公之四子为列侯。追尊皇祖太王曰太皇帝,考武王曰武皇帝,尊王太后曰皇太后。赐男子爵人一级,为父后及孝悌力田人二级。以汉诸侯王为崇德侯,列侯为关中侯。以颍阴之繁阳亭为繁昌县。封爵增位各有差。改相国为司徒,御史大夫为司空,奉常为太常,郎中令为光禄勋,大理为廷尉,大农为大司农。郡国县邑,多所改易。更授匈奴南单于呼厨泉魏玺绶,赐青盖车、乘舆、宝剑、玉玦。十二月,初营洛阳宫,戊午幸洛阳。【臣松之案:诸书记是时帝居北宫,以建始殿朝群臣,门曰承明,陈思王植诗曰"谒帝承明庐"是也。至明帝时,始于汉南宫崇德殿处起太极、昭阳诸殿。魏书曰:以夏数为得天,故即用夏正,而服色尚黄。魏略曰:诏以汉火行也,火忌水,故"洛"去"水"而加"佳"。魏于行次为土,土,水之牡也,水得土而乃流,土得水而柔,故除"佳"加"水",变"雒"为"洛"。】

……

三月乙丑,立齐公叡为平原王,帝弟鄢陵公彰等十一人皆为王。初制封王之庶子为乡公,嗣王之庶子为亭侯,公之庶子为亭伯。甲戌,立皇子霖为河东王。甲午,行幸襄邑。夏四月戊申,立鄄城侯植为鄄城王。癸亥,行还许昌宫。五月,以荆、扬、江表八郡为荆州,孙权领牧故也;荆州江北诸郡为郢州。

……

七年春正月,将幸许昌,许昌城南门无故自崩,帝心恶之,遂不入。壬子,行还洛阳宫。三月,筑九华台。夏五月丙辰,帝疾笃,召中军大将军曹真、镇军大将军陈群、征东大将军曹休、抚军大将军司马宣王,并受遗诏辅嗣主。遣后宫淑媛、昭仪已下归其家。丁巳，帝崩于嘉福殿，时年四十。【魏书曰：殡于崇华前殿。】六月戊寅，葬首阳陵。自殡及葬，皆以终制从事。【魏氏春秋曰：明帝将送葬，曹真、陈群、王朗等以暑热固谏，乃止。孙盛曰：夫窀穸之事，孝子之极痛也，人伦之道，于斯莫重。故天子七月而葬，同轨毕至。夫以义感之情，犹尽临隧之哀，况乎天性发中，敦礼者重之哉！魏氏之德，仍世不基矣。昔华元厚葬，君子以为弃君于恶，群等之谏，弃孰甚焉！鄄城侯植为诔曰："惟黄初七年五月七日，大行皇帝崩，呜呼哀哉！于时天震地骇，崩山陨霜，阳精薄景，五纬错行，百姓呼嗟，万国悲伤，若丧考妣，(恩过慕)〔思慕过〕唐，擗踊郊野，仰想穹苍，佥曰何辜，早世殒丧，呜呼哀哉！悲夫大行，忽焉光灭，永弃万国，云往雨绝。承问荒忽，惛懵哽咽，袖锋抽刃，叹自僵毙，追慕三良，甘心同穴。感惟南风，惟以郁滞，终于偕没，指景自誓。考诸先记，寻之哲言，生若浮寄，唯德可论，朝闻夕逝，孔志所存。皇虽一没，天禄永延，何以述德？表之素旃。何以咏功？宣之管弦。乃作诔曰：皓皓太素，两仪始分，中和产物，肇有人伦，爰暨三皇，实秉道真，降逮五帝，继以懿纯，三代制作，踵武立勋。季嗣不维，网漏于秦，崩乐灭学，儒坑礼焚，二世而歼，汉氏乃因，弗求古训，嬴政是遵，王纲帝典，阒尔无闻。末光幽昧，道究运迁，乾坤回历，简圣授贤，乃眷大行，属以黎元。龙飞启祚，合契上玄，五行定纪，改号革年，明明赫赫，受命于天。仁风偃物，德以礼宣；祥惟圣质，嶷在幼妍。庶几六典，学不过庭，潜心无罔，抗志青冥。才秀藻朗，如玉之莹，听察无乡，瞻睹未形。其刚如金，其贞如琼，如冰之洁，如砥之平。爵公无私，戮违无轻，心镜万机，揽照下情。思良股肱，嘉昔伊、吕，搜扬侧陋，举汤代禹；拔才岩穴，取士蓬户，唯德是萦，弗拘祢祖。宅土之表，道义是图，弗营厥险，六合是虞。齐契共遵，下以纯民，恢拓规矩，克绍前人。科条品制，褒贬以因。乘殷之辂，行夏之辰。金根黄屋，翠葆龙鳞，绋冕崇丽，衡**紞**维新，尊肃礼容，瞩之若神。方牧妙举，钦于恤民，虎将荷节，镇彼四邻；硃旗所剿，九壤被震，畴克不若？孰敢不臣？县旌海表，万里无尘。虏备凶彻，鸟殪江岷，权若涸鱼，乾腊矫鳞，肃慎纳贡，越裳效珍，条支绝域，侍子内宾。德侪先皇，功侔太古。上灵降瑞，黄初叔祜：河龙洛龟，凌波游下；平钧应绳，神鸾翔舞；数荚阶除，系风扇暑；皓兽素禽，飞走郊野；神钟宝鼎，形自旧土；云英甘露，瀸涂被宇;灵芝冒沼,硃华癃渚。回回凯风,祁祁甘雨,稼穑丰登,我稷我黍。家佩惠君,户蒙慈父。图致太和,洽德全义。将登介山,先皇作俪。镌石纪勋,兼录众瑞,方隆封禅,归功天地,宾礼百灵,勋命视规,望祭四岳,燎封奉柴,肃于南郊,宗祀上帝。三牲既供,夏禘秋尝,元侯佐祭,献璧奉璋。鸾舆幽蔼,龙旂太常,爰迄太庙,锺鼓锽锽,颂德咏功,八佾锵锵。皇祖既飨,烈考来享,神具醉止,降兹福祥。天地震荡,大行康之;三辰暗昧,大行光之;皇纮绝维,大行纲之;神器莫统,大行当之;礼乐废弛,大行张之;仁义陆沈,大行扬之;潜龙隐凤,大行翔之;疏狄遐康,大行匡之。在位七载,元功仍举,将永太和,绝迹三五,宜作物师,长为神主,寿终金石,等算东父,如何奄忽,摧身后土,俾我茕茕,靡瞻靡顾。嗟嗟皇穹,胡宁忍务?呜呼哀哉!明监吉凶,体远存亡,深垂典制,申之嗣皇。圣上虔奉,是顺是将,乃创玄宇,基为首阳,拟迹谷林,追尧慕唐,合山同陵,不树不疆,涂车刍灵,珠玉靡藏。百神警侍,来宾幽堂,耕禽田兽,望魂之翔。于是,俟大隧之致功兮,练元辰之淑祯,潜华体于梓宫兮,冯正殿以居灵。顾望嗣之号咷兮,存临者之悲声,悼晏驾之既修兮,感容车之速征。浮飞魂于轻霄兮,就黄墟以灭形,背三光之昭晰兮,归玄宅之冥冥。嗟一往之不反兮,痛閟闼之长扃。咨远臣之眇眇兮,感凶讳以怛惊,心孤绝而靡告兮,纷流涕而交颈。思恩荣以横奔兮,阂阙塞之峣峥,顾衰绖以轻举兮,迫关防之我婴。欲高飞而遥憩兮,惮天网之远经,遥投骨于山足兮,报恩养于下庭。慨拊心而自悼兮,惧施重而命轻,嗟微驱之是效兮,甘九死而忘生,几司命之役籍兮,先黄发而陨零,天盖高而察卑兮,冀神明之我听。独郁伊而莫愬兮,追顾景而怜形,奏斯文以写思兮,结翰墨以敷诚。呜呼哀哉!”】

初,帝好文学,以著述为务,自所勒成垂百篇。又使诸儒撰集经传,随类相从,凡千余篇,号曰皇览。【魏书曰:帝初在东宫,疫疠大起,时人彫伤,帝深感叹,与素所敬者大理王朗书曰:“生有七尺之形,死唯一棺之土,唯立德扬名,可以不朽,其次莫如著篇籍。疫疠数起,士人彫落,余独何人,能全其寿?”故论撰所著典论、诗赋,盖百余篇,集诸儒于肃城门内,讲论大义,侃侃无倦。常嘉汉文帝之为君,宽仁玄默,务欲以德化民,有贤圣之风。时文学诸儒,或以为孝文虽贤,其于聪明,通达国体,不如贾谊。帝由是著太宗论曰:“昔有苗不宾,重华舞以干戚,尉佗称帝,孝文抚以恩德,吴王不朝，锡之几杖以抚其意，而天下赖安；乃弘三章之教，恺悌之化，欲使曩时累息之民，得阔步高谈，无危惧之心。若贾谊之才敏，筹画国政，特贤臣之器，管、晏之姿，岂若孝文大人之量哉?"三年之中，以孙权不服，复颁太宗论于天下，明示不原征伐也。他日又从容言曰："顾我亦有所不取于汉文帝者三：杀薄昭；幸邓通；慎夫人衣不曳地，集上书囊为帐帷。以为汉文俭而无法，舅后之家，但当养育以恩而不当假借以权，既触罪法，又不得不害矣。"其欲秉持中道，以为帝王仪表者如此。胡冲吴历曰：帝以素书所著典论及诗赋饷孙权，又以纸写一通与张昭。】

评曰：文帝天资文藻，下笔成章，博闻强识，才艺兼该；【典论帝自叙曰：初平之元，董卓杀主鸩后，荡覆王室。是时四海既困中平之政，兼恶卓之凶逆，家家思乱，人人自危。山东牧守，咸以春秋之义，"卫人讨州吁于濮"，言人人皆得讨贼。于是大兴义兵，名豪大侠，富室强族，飘扬云会，万里相赴；兖、豫之师战于荥阳，河内之甲军于孟津。卓遂迁大驾，西都长安。而山东大者连郡国，中者婴城邑，小者聚阡陌，以还相吞灭。会黄巾盛于海、岱，山寇暴于并、冀，乘胜转攻，席卷而南，乡邑望烟而奔，城郭睹尘而溃，百姓死亡，暴骨如莽。余时年五岁，上以世方扰乱，教余学射，六岁而知射，又教余骑马，八岁而能骑射矣。以时之多故，每征，余常从。建安初，上南征荆州，至宛，张绣降。旬日而反，亡兄孝廉子修、从兄安民遇害。时余年十岁，乘马得脱。夫文武之道，各随时而用，生于中平之季，长于戎旅之间，是以少好弓马，于今不衰；逐禽辄十里，驰射常百步，日多体健，心每不厌。建安十年，始定冀州，濊、貊贡良弓，燕、代献名马。时岁之暮春，勾芒司节，和风扇物，弓燥手柔，草浅兽肥，与族兄子丹猎于邺西，终日手获麞鹿九，雉兔三十。后军南征次曲蠡，尚书令荀彧奉使犒军，见余谈论之末，彧言："闻君善左右射，此实难能。"余言："执事未睹夫项发口纵，俯马蹄而仰月支也。"彧喜笑曰："乃尔！"余曰："埒有常径，的有常所，虽每发辄中，非至妙也。若驰平原，赴丰草，要狡兽，截轻禽，使弓不虚弯，所中必洞，斯则妙矣。"时军祭酒张京在坐，顾彧拊手曰"善"。余又学击剑，阅师多矣，四方之法各异，唯京师为善。桓、灵之间，有虎贲王越善斯术，称于京师。河南史阿言昔与越游，具得其法，余从阿学之精熟。尝与平虏将军刘勋、奋威将军邓展等共饮，宿闻展善有手臂，晓五兵，又称其能空手入白刃。余与论剑良久,谓言将军法非也,余顾尝好之,又得善术,因求与余对。时酒酣耳热,方食芋蔗,便以为杖,下殿数交,三中其臂,左右大笑。展意不平,求更为之。余言吾法急属,难相中面,故齐臂耳。展言原复一交,余知其欲突以取交中也,因伪深进,展果寻前,余卻脚鄛,正截其颡,坐中惊视。余还坐,笑曰:"昔阳庆使淳于意去其故方,更授以秘术,今余亦原邓将军捐弃故伎,更受要道也。"一坐尽欢。夫事不可自谓己长,余少晓持复,自谓无对;俗名双戟为坐铁室,镶楯为蔽木户;后从陈国袁敏学,以单攻复,每为若神,对家不知所出,先日若逢敏于狭路,直决耳!余于他戏弄之事少所喜,唯弹钰略尽其巧,少为之赋。昔京师先工有马合乡侯、东方安世、张公子,常恨不得与彼数子者对。上雅好诗书文籍,虽在军旅,手不释卷,每每定省从容,常言人少好学则思专,长则善忘,长大而能勤学者,唯吾与袁伯业耳。余是以少诵诗、论,及长而备历五经、四部,史、汉、诸子百家之言,靡不毕览。博物志曰:帝善弹棊,能用手巾角。时有一书生,又能低头以所冠著葛巾角撇棊。】若加之旷大之度,励以公平之诚,迈志存道,克广德心,则古之贤主,何远之有哉!

第二节　曹　霖

一、曹霖生平

曹霖(？—249年),父亲曹丕,母亲仇昭仪,子曹启、曹髦等。

黄初三年(公元222年)立为河东王。

黄初六年(公元225年)改封馆陶县王。

太和六年(公元232年)改封东海王。

嘉平元年(公元249年)去世。

二、历史记载

陈寿著、裴松之注《三国志·卷二十·魏书二十·武文世王公传第二十》载:

东海定王霖,黄初三年立为河东王。六年,改封馆陶县。明帝即位,以先帝遗意,爱宠霖异于诸国。而霖性粗暴,闺门之内,婢妾之间,多所残害。太和六年,改封东海。嘉平元年薨。子启嗣。景初、正元、景元中,累增邑,并前六千二百户。高贵乡公髦,霖之子也,入继大宗。

第三节 曹 髦

一、曹髦生平

曹髦(máo)(公元 241 年 11 月 15 日—260 年 6 月 2 日),字彦士,魏文帝曹丕之孙,东海定王曹霖之子。三国魏第四位皇帝,公元 254—260 年在位。

正始二年辛酉,九月辛未朔,二十五日乙未(公元 241 年 11 月 15 日),曹髦出生。

正始五年(公元 244 年),封郯县高贵乡公。少好学,夙成。

嘉平六年(公元 254 年),少帝曹芳被废,曹髦被立为皇帝。

正元元年冬十月壬辰,遣侍中持节分适四方,观风俗,劳士民,察冤枉失职者。癸巳,假大将军司马景王黄钺,入朝不趋,奏事不名,剑履上殿。

正元二年(公元 255 年)春正月乙丑,镇东将军毌丘俭、扬州刺史文钦反。司马师率兵讨伐成功不久病逝。司马昭继任为大将军,朝政继续由司马氏把持。

甘露二年(公元 257 年),诸葛诞叛乱,司马昭率兵征讨,三年春二月,陷寿春城,斩诸葛诞,平定叛乱。

甘露五年(公元 260 年),曹髦见威权日去,不胜其忿。乃召侍中王沈、尚书王经、散骑常侍王业,谓曰:“司马昭之心,路人所知也。吾不能坐受废辱,今日当与卿自出讨之。”王经力劝,曹髦决心奋力一搏,曰:“行之决矣。正使死,何所惧?况不必死邪!”于是入白太后,王沈、王业奔走告知司马昭,使得司马昭有所准备。戊子夜,曹髦亲自率领冗从仆射李昭、黄门从官焦伯等数百僮仆出讨司马昭,遇中护军贾充率众阻挡,曹髦拔剑亲自迎战,太子舍人成济在贾充的指使下冲上前将曹髦刺死,曹髦死时年仅 20 岁。

曹髦一生求知好学,能诗能画,是个才子皇帝,且个性鲜明、视死如归,有武将的气概,如若假以时日,深加磨练,必文武双全。虽 20 岁去世,但青史留名,一如“高贵”二字!

曹魏钟会评价曹髦“才同陈思，武类太祖”。

南梁刘勰撰《文心雕龙·时序》评价曹髦：“少主相仍，唯高贵英雅，顾盼合章，动言成论。”

唐代张彦远撰《历代名画记》评价曹髦“曹髦之迹，独高魏代”。

曹髦祖母为昭仪仇氏，妻为卞氏（父亲卞隆，祖父卞兰，曾祖父卞秉，卞秉是曹操妻卞氏的弟弟），后世子孙有曹霸（唐）、曹雪芹（清）、曹祖义（今）等。

二、存世作品

1.《伤魂赋》

唐欧阳询主编《艺文类聚·卷38·人部十八·怀旧哀伤》载：“魏高贵乡公伤魂赋曰：王师东征，宗正曹并，以宗室材能，兼侍中从行，到顷得疾，数日亡，意甚伤之，为作此赋，宗臣充于常伯，体材艺而中良，何旻天之不怙，遘暴疾而陨亡，惟厥疾之初发，若常疾之轻微，未经日而况笃，气惙惙而耗衰，歧鹊骋技而弗救，岂药石之能追，精魂忽已消散，神眇眇而长违。”

2.《潜龙诗》

伤哉龙受困，不能跃深渊。上不飞天汉，下不见于田。

蟠居于井底，鳅鳝舞其前。藏牙伏爪甲，嗟我亦同然！

三、历史记载

1. 唐代张彦远撰《历代名画记》记载曹髦的文字

在“叙历代能画人名（自轩辕至唐会昌，凡三百七十一人）”章节中中记载“魏四人：曹髦、杨修、桓范、徐邈。”

在“论名价品第”章节中记载“今分为三古以定贵贱：以汉魏三国为上古，则赵岐、刘褒、蔡邑、张衡（以上四人后汉）、曹髦、杨修、桓范、徐邈，（已上四人魏）、曹不兴（吴）、诸葛亮（蜀）之流是也。”

在“魏”章节中记载“少帝曹髦，字彦士（中品），东海定王霖之子。幼好学，善书画。初封高贵乡公，后即帝位。甘露三年卒，年二十（《魏志》有传）。曹髦之迹，独高魏代、谢赫等虽著《画品》，皆阙而不载。彦远今著此书,不必备见其踪迹,但自古善画者即载之(有《祖二疏图》《盗跖图》《黄河流势》《新丰放鸡犬图》传于代,又有于陵子《黔娄夫妻图》)。"

在"唐朝上"章节中记载"曹霸,魏曹髦之后。髦画称于魏代,霸在开元中已得名。天宝末,每诏画御马及功臣。官至左武卫将军。"

2. 陈寿著、裴松之注《三国志·魏书四·三少帝纪第四》

是日迁居别宫,年二十三。使者持节送卫,营齐王宫于河内重门,制度皆如籓国之礼。【魏略曰:景王将废帝,遣郭芝入白太后,太后与帝对坐。芝谓帝曰:"大将军欲废陛下,立彭城王据。"帝乃起去。太后不悦。芝曰:"太后有子不能教,今大将军意已成,又勒兵于外以备非常,但当顺旨,将复何言!"太后曰:"我欲见大将军,口有所说。"芝曰:"何可见邪?但当速取玺绶。"太后意折,乃遣傍侍御取玺绶著坐侧。芝出报景王,景王甚欢。又遣使者授齐王印绶,当出就西宫。帝受命,遂载王车,与太后别,垂涕,始从太极殿南出,群臣送者数十人,太尉司马孚悲不自胜,余多流涕。王出后,景王又使使者请玺绶。太后曰:"彭城王,我之季叔也,今来立,我当何之!且明皇帝当绝嗣乎?吾以为高贵乡公者,文皇帝之长孙,明皇帝之弟子,于礼,小宗有后大宗之义,其详议之。"景王乃更召群臣,以皇太后令示之,乃定迎高贵乡公。是时太常已发二日,待玺绶于温。事定,又请玺绶。太后令曰:"我见高贵乡公,小时识之,明日我自欲以玺绶手授之。"】

丁丑,令曰:"东海王霖,高祖文皇帝之子。霖之诸子,与国至亲,高贵乡公髦有大成之量,其以为明皇帝嗣。"【魏书曰:景王复与群臣共奏永宁宫曰:"臣等闻人道亲亲故尊祖,尊祖故敬宗。礼,大宗无嗣,则择支子之贤者;为人后者,为之子也。东海定王子高贵乡公,文皇帝之孙,宜承正统,以嗣烈祖明皇帝后。率土有赖,万邦幸甚,臣请征公诣洛阳宫。"奏可。使中护军望、兼太常河南尹肃持节,与少府(褒)、尚书亮、侍中表等奉法驾,迎公于元城。魏世谱曰:晋受禅,封齐王为邵陵县公。年四十三,泰始十年薨,谥曰厉公。】

高贵乡公讳髦,字彦士,文帝孙,东海定王霖子也。正始五年,封郯县高贵乡公。少好学,夙成。齐王废,公卿议迎立公。十月己丑,公至于玄武馆,群臣奏请舍前殿,公以先帝旧处,避止西厢;群臣又请以法驾迎,公不听。庚寅，公入于洛阳，群臣迎拜西掖门南，公下舆将答拜，傧者请曰："仪不拜。"公曰："吾人臣也。"遂答拜。至止车门下舆。左右曰："旧乘舆入。"公曰："吾被皇太后征，未知所为！"遂步至太极东堂，见于太后。其日即皇帝位于太极前殿，百僚陪位者欣欣焉。【魏氏春秋曰：公神明爽俊，德音宣朗。罢朝，景王私曰："上何如主也?"锺会对曰："才同陈思，武类太祖。"景王曰："若如卿言，社稷之福也。"】诏曰："昔三祖神武圣德，应天受祚。齐王嗣位，肆行非度，颠覆厥德。皇太后深惟社稷之重，延纳宰辅之谋，用替厥位，集大命于余一人。以眇眇之身，讬于王公之上，夙夜祗畏，惧不能嗣守祖宗之大训，恢中兴之弘业，战战兢兢，如临于谷。今群公卿士股肱之辅，四方征镇宣力之佐，皆积德累功，忠勤帝室；庶凭先祖先父有德之臣，左右小子，用保乂皇家，俾朕蒙闇，垂拱而治。盖闻人君之道，德厚侔天地，润泽施四海，先之以慈爱，示之以好恶，然后教化行于上，兆民听于下。朕虽不德，昧于大道，思与宇内共臻兹路。书不云乎：'安民则惠，黎民怀之。'"大赦，改元。减乘舆服御，后宫用度，及罢尚方御府百工技巧靡丽无益之物。

……

五月己丑，高贵乡公卒，年二十。【汉晋春秋曰：帝见威权日去，不胜其忿。乃召侍中王沈、尚书王经、散骑常侍王业，谓曰："司马昭之心，路人所知也。吾不能坐受废辱，今日当与卿自出讨之。"王经曰："昔鲁昭公不忍季氏，败走失国，为天下笑。今权在其门，为日久矣，朝廷四方皆为之致死，不顾逆顺之理，非一日也。且宿卫空阙，兵甲寡弱，陛下何所资用，而一旦如此，无乃欲除疾而更深之邪！祸殆不测，宜见重详。"帝乃出怀中版令投地，曰："行之决矣。正使死，何所惧？况不必死邪！"于是入白太后，沈、业奔走告文王，文王为之备。帝遂帅僮仆数百，鼓譟而出。文王弟屯骑校尉伷入，遇帝于东止车门，左右呵之，伷众奔走。中护军贾充又逆帝战于南阙下，帝自用剑。众欲退，太子舍人成济问充曰："事急矣。当云何?"充曰："畜养汝等，正谓今日。今日之事，无所问也。"济即前刺帝，刃出于背。文王闻，大惊，自投于地曰："天下其谓我何！"太傅孚奔往，枕帝股而哭，哀甚，曰："杀陛下者，臣之罪也。"臣松之以为习凿齿书，虽最后出，然述此事差有次第。故先载习语，以其余所言微异者次其后。世语曰:王沈、王业驰告文王,尚书王经以正直不出,因沈、业申意。晋诸公赞曰:沈、业将出,呼王经。经不从,曰:“吾子行矣!”干宝晋纪曰:成济问贾充曰:“事急矣。若之何?”充曰:“公畜养汝等,为今日之事也。夫何疑!”济曰:“然。”乃抽戈犯跸。魏氏春秋曰:戊子夜,帝自将冗从仆射李昭、黄门从官焦伯等下陵云台,铠仗授兵,欲因际会,自出讨文王。会雨,有司奏却日,遂见王经等出黄素诏于怀曰:“是可忍也,孰不可忍也!今日便当决行此事。”入白太后,遂拔剑升辇,帅殿中宿卫苍头官僮击战鼓,出云龙门。贾充自外而入,帝师溃散,犹称天子,手剑奋击,众莫敢逼。充帅厉将士,骑督成倅弟成济以矛进,帝崩于师。时暴雨雷霆,晦冥。魏末传曰:贾充呼帐下督成济谓曰:“司马家事若败,汝等岂复有种乎?何不出击!”倅兄弟二人乃帅帐下人出,顾曰:“当杀邪?执邪?”充曰:“杀之。”兵交,帝曰:“放仗!”大将军士皆放仗。济兄弟因前刺帝,帝倒车下。】皇太后令曰:“吾以不德,遭家不造,昔援立东海王子髦,以为明帝嗣,见其好书疏文章,冀可成济,而情性暴戾,日月滋甚。吾数呵责,遂更忿恚,造作丑逆不道之言以诬谤吾,遂隔绝两宫。其所言道,不可忍听,非天地所覆载。吾即密有令语大将军,不可以奉宗庙,恐颠覆社稷,死无面目以见先帝。大将军以其尚幼,谓当改心为善,殷勤执据。而此兒忿戾,所行益甚,举弩遥射吾宫,祝当令中吾项,箭亲堕吾前。吾语大将军,不可不废之,前后数十。此兒具闻,自知罪重,便图为弑逆,赂遗吾左右人,令因吾服药,密因酖毒,重相设计。事已觉露,直欲因际会举兵入西宫杀吾,出取大将军,呼侍中王沈、散骑常侍王业【世语曰:业,武陵人,后为晋中护军。】、尚书王经,出怀中黄素诏示之,言今日便当施行。吾之危殆,过于累卵。吾老寡,岂复多惜余命邪?但伤先帝遗意不遂,社稷颠覆为痛耳。赖宗庙之灵,沈、业即驰语大将军,得先严警,而此兒便将左右出云龙门,雷战鼓,躬自拔刃,与左右杂卫共入兵陈间,为前锋所害。此兒既行悖逆不道,而又自陷大祸,重令吾悼心不可言。昔汉昌邑王以罪废为庶人,此兒亦宜以民礼葬之,当令内外咸知此兒所行。又尚书王经,凶逆无状,其收经及家属皆诣廷尉。”

庚寅,太傅孚、大将军文王、太尉柔、司徒冲稽首言:“伏见中令,故高贵乡公悖逆不道,自陷大祸,依汉昌邑王罪废故事,以民礼葬。臣等备位,不能匡救祸乱,式遏奸逆,奉令震悚,肝心悼栗。春秋之义,王者无外,而书'襄王出居于郑',不能事母,故绝之于位也。今高贵乡公肆行不轨,几危社稷,自取倾覆,人神所绝,葬以民礼,诚当旧典。然臣等伏惟殿下仁慈过隆,虽存大义,犹垂哀矜,臣等之心实有不忍,以为可加恩以王礼葬之。"太后从之。【汉晋春秋曰:丁卯,葬高贵乡公于洛阳西北三十里瀍涧之滨。下车数乘,不设旌旐,百姓相聚而观之,曰:"是前日所杀天子也。"或掩面而泣,悲不自胜。臣松之以为若但下车数乘,不设旌旐,何以为王礼葬乎?斯盖恶之过言,所谓不如是之甚者。】

使使持节行中护军中垒将军司马炎北迎常道乡公璜嗣明帝后。辛卯,群公奏太后曰:"殿下圣德光隆,宁济六合,而犹称令,与籓国同。请自今殿下令书,皆称诏制,如先代故事。"

癸卯,大将军固让相国、晋公、九锡之宠。太后诏曰:"夫有功不隐,周易大义,成人之美,古贤所尚,今听所执,出表示外,以章公之谦光焉。"

戊申,大将军文王上言:"高贵乡公率将从驾人兵,拔刃鸣金鼓向臣所止;惧兵刃相接,即敕将士不得有所伤害,违令以军法从事。骑督成倅弟太子舍人济,横入兵陈伤公,遂至陨命;辄收济行军法。臣闻人臣之节,有死无二,事上之义,不敢逃难。前者变故卒至,祸同发机,诚欲委身守死,唯命所裁。然惟本谋乃欲上危皇太后,倾覆宗庙。臣忝当大任,义在安国,惧虽身死,罪责弥重。欲遵伊、周之权,以安社稷之难,即骆驿申敕,不得迫近辇舆,而济遽入陈间,以致大变。哀怛痛恨,五内摧裂,不知何地可以陨坠?科律大逆无道,父母妻子同产皆斩。济凶戾悖逆,干国乱纪,罪不容诛。辄敕侍御史收济家属,付廷尉,结正其罪。"【魏氏春秋曰:成济兄弟不即伏罪,袒而升屋,丑言悖慢;自下射之,乃殪。】太后诏曰:"夫五刑之罪,莫大于不孝。夫人有子不孝,尚告治之,此儿岂复成人主邪?吾妇人不达大义,以谓济不得便为大逆也。然大将军志意恳切,发言恻怆,故听如所奏。当班下远近,使知本末也。"【世语曰:初,青龙中,石苞鬻铁于长安,得见司马宣王,宣王知焉。后擢为尚书郎,历青州刺史、镇东将军。甘露中入朝,当还,辞高贵乡公,留中尽日。文王遣人要令过。文王问苞:"何淹留也?"苞曰:"非常人也。"明日发至荥阳,数日而难作。】

第六章　曹植家

一、曹植生平

曹植(公元192—232年),字子建,沛国谯(今安徽省亳州市)人,曹操与卞夫人的第三子,三国曹魏著名文学家,建安文学代表人物,后人因他文学上的造诣而将他与曹操、曹丕合称为"三曹",南朝宋文学家谢灵运更有"天下才有一石,曹子建独占八斗"的评价。

曹植自幼颖慧,10岁余便诵读诗、文、辞赋数十万言,出言为论,落笔成文,深得曹操的宠爱。曹操曾经认为曹植在诸子中"最可定大事",几次想要立他为世子,但在立储斗争的最后阶段兄长曹丕胜出,于建安二十二年(公元217年)被立为世子。建安二十五年,曹操病逝,曹丕继魏王位,不久称帝。曹植的生活开始受到严加防范和限制,在魏文帝、魏明帝两朝12年中,曾被迁封过多次,最后的封地在陈郡。公元232年12月27日,曹植逝世,卒谥思,故后人称之为"陈王"或"陈思王"。

曹植的诗以五言为主,是五言诗的一代文宗,代表了建安时代诗歌创作的成就。钟嵘(南朝梁)在《诗品》中评价其"骨气奇高,词采华茂",对后世文学尤其是五言诗的发展影响深远。

二、家族成员

前妻:崔氏,系名门之后。其叔父崔琰曾任曹魏尚书,一度得到曹操的信任,后来因"辞色不逊"而被下狱。不久崔氏又因"衣绣违制",被曹操勒令回家并赐死。

后妻:姓名不详,太和年间被封为"陈妃"。

魏明帝太和六年二月(公元232年),明帝曹叡以陈地四县(河南省淮阳县一带)加封曹植为陈王,并晋封曹植的妻子为陈王妃。曹植于是上表给明帝(《谢妻改封表》是一篇古文,题材是表),以答谢晋封之恩。表文题目中的"改封"二字是指曹植的妻子由东阿王妃晋封为陈王妃。

《谢妻改封表》全文见唐代欧阳询主编的《艺文类聚·卷51·封爵部·妇人封》：

魏陈王曹植谢妻改封表曰：玺书今以东阿王妃为陈王妃，并下印绶，因故上前所假印，以其拜授书以即日到。臣辄奉诏拜。其才质底下，谬同受私，遇宠素餐，臣为其首。陛下体乾坤育物之德，东海含容之大，乃复随例显封大国，光扬章灼，非臣负薪之才所宜克当，非臣秽衅所宜蒙获。夙夜忧叹，念报罔极。洪施遂隆，既荣枝干，猥复正臣妃为陈妃，熠耀宣朗，非妾妇蠢愚所当蒙被。葵藿草物，犹感恩养，况臣含气，衔佩弘惠，没而后已，诚非翰墨屡辞所能答。

长子：曹苗，曾被封为高阳乡公，早夭。

次子：曹志，被封为穆乡公，少而好学，才行出众。曹植称赞他是曹家的"保家主也"。曹植死后，曹志继其爵位，徙封为济北王。司马氏篡位后，曹志降为鄄城县公，后任乐平太守，迁散骑常侍兼国子博士，后转博士祭酒。太康九年(公元288年)卒，谥曰定公。

两个女儿：金瓠和行女，在曹植的著作中曾提及，都不满1岁即夭折。

三、代表作品

1.《白马篇》

白马饰金羁，连翩西北驰。借问谁家子，幽并游侠儿。少小去乡邑，扬声沙漠垂。宿昔秉良弓，楛矢何参差。控弦破左的，右发摧月支。仰手接飞猱，俯身散马蹄。狡捷过猴猿，勇剽若豹螭。边城多警急，胡虏数迁移。羽檄从北来，厉马登高堤。长驱蹈匈奴，左顾陵鲜卑。弃身锋刃端，性命安可怀？父母且不顾，何言子与妻！名编壮士籍，不得中顾私。捐躯赴国难，视死忽如归！

2.《七步诗》[①]

煮豆持作羹，漉菽以为汁。萁在釜下燃，豆在釜中泣。本自同根生，相煎何太急？

---

① 曹丕防范和限制曹植，欲治罪其弟，因曹植能够出口成章、七步成诗而化险为夷。该诗成为后世人们劝戒同室操戈的名言。

3.《洛神赋》[①]

黄初三年,余朝京师,还济洛川。古人有言:斯水之神名曰宓妃。感宋玉对楚王说神女之事,遂作斯赋。其词曰:

余从京域,言归东藩。背伊阙,越轘辕,经通谷,陵景山。日既西倾,车殆马烦。尔乃税驾乎蘅皋,秣驷乎芝田,容与乎阳林,流眄乎洛川。于是精移神骇,忽焉思散。俯则未察,仰以殊观。睹一丽人,于岩之畔。尔乃援御者而告之曰:"尔有觌于彼者乎?彼何人斯,若此之艳也?"御者对曰:"臣闻河洛之神,名曰宓妃。然则君王之所见也,无乃是乎?其状若何?臣愿闻之。"

余告之曰:"其形也,翩若惊鸿,婉若游龙。荣曜秋菊,华茂春松。仿佛兮若轻云之蔽月,飘飖兮若流风之回雪。远而望之,皎若太阳升朝霞。迫而察之,灼若芙蕖出渌波。秾纤得中,修短合度。肩若削成,腰如约素。延颈秀项,皓质呈露。芳泽无加,铅华弗御。云髻峨峨,修眉联娟。丹唇外朗,皓齿内鲜。明眸善睐,靥辅承权。瑰姿艳逸,仪静体闲。柔情绰态,媚于语言。奇服旷世,骨像应图。披罗衣之璀灿兮,珥瑶碧之华琚。戴金翠之首饰,缀明珠以耀躯。践远游之文履,曳雾绡之轻裾。微幽兰之芳蔼兮,步踟蹰于山隅。"

于是忽焉纵体,以遨以嬉。左倚采旄,右荫桂旗。攘皓腕于神浒兮,采湍濑之玄芝。余情悦其淑美兮,心振荡而不怡。无良媒以接欢兮,托微波而通辞。愿诚素之先达兮,解玉佩而要之。嗟佳人之信修兮,羌习礼而明诗。抗琼珶以和予兮,指潜渊而为期。执眷眷之款实兮,惧斯灵之我欺。感交甫之弃言兮,怅犹豫而狐疑。收和颜而静志兮,申礼防以自持。

于是洛灵感焉,徙倚彷徨。神光离合,乍阴乍阳。竦轻躯以鹤立,若将飞而未翔。践椒途之郁烈,步蘅薄而流芳。超长吟以永慕兮,声哀厉而弥长。尔乃众灵杂遝,命俦啸侣。或戏清流,或翔神渚,或采明珠,或拾翠羽。从南湘之二妃,携汉滨之游女。叹匏瓜之无匹兮,咏牵牛之独处。扬轻袿之猗靡兮,翳修袖以延伫。体迅飞凫,飘忽若神。凌波微步,罗袜生

① 东晋画家顾恺之以《洛神赋》为蓝本创作了《洛神赋图》,画作发挥了高度的艺术想象力,富有诗意地表达了《洛神赋》的意境,且采用连环画的形式,随着环境的变化让曹植与洛神重复出现。局部画作欣赏见图6—1。

尘。动无常则，若危若安。进止难期，若往若还。转眄流精，光润玉颜。含辞未吐，气若幽兰。华容婀娜，令我忘餐。于是屏翳收风，川后静波。冯夷鸣鼓，女娲清歌。腾文鱼以警乘，鸣玉鸾以偕逝。六龙俨其齐首，载云车之容裔。鲸鲵踊而夹毂，水禽翔而为卫。

于是越北沚，过南冈，纡素领，回清阳。动朱唇以徐言，陈交接之大纲。恨人神之道殊，怨盛年之莫当。抗罗袂以掩涕兮，泪流襟之浪浪。悼良会之永绝兮，哀一逝而异乡。无微情以效爱，献江南之明珰。虽潜处于太阴，长寄心于君王。忽不悟其所舍，怅神宵而蔽光。

于是背下陵高，足往神留。遗情想像，顾望怀愁。冀灵体之复形，御轻舟而上溯。浮长川而忘返，思绵绵而增慕。夜耿耿而不寐，沾繁霜而至曙。命仆夫而就驾，吾将归乎东路。揽騑辔以抗策，怅盘桓而不能去。

图 6—1　宋代摹本《洛神赋图》局部赏析

四、历史记载

1. 北宋《宣和书谱·卷十三》[①]

魏曹植字子建，沛国人。魏太祖季子，封陈王，谥曰思。早慧强记，累数十万言不忘。甫十岁，属文若素构。太祖疑其假手于人，植请面试，已

① 《宣和书谱》是我国北宋徽宗宣和年间由官方主持编撰的宫廷所藏书法作品的辑录著作。全书 20 卷，著录宣和时御府所藏历代法书墨迹，包括 197 人的 1344 件作品，按帝王及书体分类设卷。每种书体前有叙论，述及各种书体的渊源和发展，依次为书法家小传、评论，最后列御府所藏作品目录。体例精善，评论精审，资料丰富。

而从膝下登铜雀,先诸郎赋就,文不加点。太祖方怊其所得,信由天成,非学可到。盖自诗道云亡,风流扫地,而植以八斗之才擅天下,遂以辞章为诸儒倡。特以昆季间无棠棣之美,故终亦婴患。七步之作,有感动人语,世为怜之。至于学术愈工,自是不随世故与之低昂,有卓然而独存者。然其胸中磊落发于笔墨间者,固自不恶尔。观其以章草书《鹞雀赋》,可以想见其人也。今御府所藏章草一:鹞雀赋。

2. 陈寿著、裴松之注《三国志·魏书十九·任城陈萧王传第十九》

陈思王植字子建。年十岁余,诵读诗、论及辞赋数十万言,善属文。太祖尝视其文,谓植曰:"汝倩人邪?"植跪曰:"言出为论,下笔成章,顾当面试,柰何倩人?"时邺铜爵台新城,太祖悉将诸子登台,使各为赋。植援笔立成,可观,太祖甚异之。【阴澹魏纪载植赋曰"从明后而嬉游兮,登层台以娱情。见太府之广开兮,观圣德之所营。建高门之嵯峨兮,浮双阙乎太清。立中天之华观兮,连飞阁乎西城。临漳水之长流兮,望园果之滋荣。仰春风之和穆兮,听百鸟之悲鸣。天云垣其既立兮,家原得而获逞。扬仁化于宇内兮,尽肃恭于上京。惟桓文之为盛兮,岂足方乎圣明!休矣美矣!惠泽远扬。翼佐我皇家兮,宁彼四方。同天地之规量兮,齐日月之晖光。永贵尊而无极兮,等年寿于东王"云云。太祖深异之。】性简易,不治威仪。舆马服饰,不尚华丽。每进见难问,应声而对,特见宠爱。建安十六年,封平原侯。十九年,徙封临菑侯。太祖征孙权,使植留守邺,戒之曰:"吾昔为顿邱令,年二十三。思此时所行,无悔于今。今汝年亦二十三矣,可不勉与!"植既以才见异,而丁仪、丁廙、杨修等为之羽翼。太祖狐疑,几为太子者数矣。而植任性而行,不自彫励,饮酒不节。文帝御之以术,矫情自饰,宫人左右,并为之说,故遂定为嗣……二十四年,曹仁为关羽所围。太祖以植为南中郎将,行征虏将军。欲遣救仁,呼有所敕戒。植醉不能受命,于是悔而罢之。【魏氏春秋曰:植将行,太子饮焉,偪而醉之。王召植,植不能受王命,故王怒也。】

文帝即王位,诛丁仪、丁廙并其男口。【魏略曰:丁仪字正礼,沛郡人也。父冲,宿与太祖亲善,时随乘舆。见国家未定,乃与太祖书曰:"足下平生常喟然有匡佐之志,今其时矣。"是时张杨适还河内,太祖得其书,乃引军迎天子东诣许,以冲为司隶校尉。后数来过诸将饮,酒美不能止,醉烂肠死。太祖以冲前见开导，常德之。闻仪为令士，虽未见，欲以爱女妻之，以问五官将。五官将曰："女人观貌，而正礼目不便，诚恐爱女未必悦也。以为不如与伏波子楙。"太祖从之。寻辟仪为掾，到与论议，嘉其才朗，曰："丁掾，好士也，即使其两目盲，尚当与女，何况但眇？是吾兒误我。"时仪亦恨不得尚公主，而与临菑侯亲善，数称其奇才。太祖既有意欲立植，而仪又共赞之。及太子立，欲治仪罪，转仪为右刺奸掾，欲仪自裁而仪不能。乃对中领军夏侯尚叩头求哀，尚为涕泣而不能救。后遂因职事收付狱，杀之。廙字敬礼，仪之弟也。文士传曰：廙少有才姿，博学洽闻。初辟公府，建安中为黄门侍郎。廙尝从容谓太祖曰："临菑侯天性仁孝，发于自然，而聪明智达，其殆庶几。至于博学渊识，文章绝伦。当今天下之贤才君子，不问少长，皆原从其游而为之死，实天所以锺福于大魏，而永授无穷之祚也。"欲以劝动太祖。太祖答曰："植，吾爱之，安能若卿言！吾欲立之为嗣，何如？"廙曰："此国家之所以兴衰，天下之所以存亡，非愚劣琐贱者所敢与及。廙闻知臣莫若于君，知子莫若于父。至于君不论明闇，父不问贤愚，而能常知其臣子者何？盖由相知非一事一物，相尽非一旦一夕。况明公加之以圣哲，习之以人子。今发明达之命，吐永安之言，可谓上应天命，下合人心，得之于须臾，垂之于万世者也。廙不避斧钺之诛，敢不尽言！"太祖深纳之。】植与诸侯并就国。黄初二年，监国谒者灌均希指，奏"植醉酒悖慢，劫胁使者"。有司请治罪，帝以太后故，贬爵安乡侯。【魏书载诏曰："植，朕之同母弟。朕于天下无所不容，而况植乎？骨肉之亲，舍而不诛，其改封植。"】其年改封鄄城侯。三年，立为鄄城王，邑二千五百户。

四年，徙封雍丘王。其年，朝京都。上疏曰：

……

三年，徙封东阿。五年，复上疏求存问亲戚，因致其意曰：

……

其年冬，诏诸王朝六年正月。其二月，以陈四县封植为陈王，邑三千五百户。植每欲求别见独谈，论及时政，幸冀试用，终不能得。既还，怅然绝望。时法制，待藩国既自峻迫，寮属皆贾竖下才，兵人给其残老，大数不过二百人。又植以前过，事事复减半，十一年中而三徙都，常汲汲无欢，遂发疾薨，时年四十一。【植常为琴瑟调歌，辞曰："吁嗟此转蓬，居世何独然！长去本根逝，夙夜无休间。东西经七陌，南北越九阡，卒遇回风起，吹我入云间。自谓终天路，忽焉下沉渊。惊飚接我出，故归彼中田。当南而更北，谓东而反西，宕宕当何依，忽亡而复存。飘飖周八泽，连翩历五山，流转无恒处，谁知吾苦艰？原为中林草，秋随野火燔，糜灭岂不痛，原与根荄连。"孙盛曰：异哉，魏氏之封建也！不度先王之典，不思藩屏之术，违敦睦之风，背维城之义。汉初之封，或权侔人主，虽云不度，时势然也。魏氏诸侯，陋同匹夫，虽惩七国，矫枉过也。且魏之代汉，非积德之由，风泽既微，六合未一，而彫翦枝干，委权异族，势同瘣木，危若巢幕，不嗣忽诸，非天丧也。五等之制，万世不易之典。六代兴亡，曹冏论之详矣。】遗令薄葬。以小子志，保家之主也，欲立之。初，植登鱼山，临东阿，喟然有终焉之心，遂营为墓。子志嗣，徙封济北王。景初中诏曰："陈思王昔虽有过失，既克己慎行，以补前阙，且自少至终，篇籍不离于手，诚难能也。其收黄初中诸奏植罪状，公卿已下议尚书、秘书、中书三府、大鸿胪者皆削除之。撰录植前后所著赋颂诗铭杂论凡百余篇，副藏内外。"志累增邑，并前九百九十户。【志别传曰：志字允恭，好学有才行。晋武帝为中抚军，迎常道乡公于邺，志夜与帝相见，帝与语，从暮至旦，甚器之。及受禅，改封鄄城公。发诏以志为乐平太守，历章武、赵郡，迁散骑常侍、国子博士，后转博士祭酒。及齐王攸当之藩，下礼官议崇锡之典，志叹曰："安有如此之才，如此之亲，而不得树本助化，而远出海隅者乎？"乃建议以谏，辞旨甚切。帝大怒，免志官。后复为散骑常侍。志遭母忧，居丧尽哀，因得疾病，喜怒失常，太康九年卒，谥曰定公。】

萧怀王熊，早薨。黄初二年追封谥萧怀公。太和三年，又追封爵为王。青龙二年，子哀王炳嗣，食邑二千五百户。六年薨，无子，国除。

评曰：任城武艺壮猛，有将领之气。陈思文才富艳，足以自通后叶，然不能克让远防，终致携隙。传曰"楚则失之矣。而齐亦未为得也"，其此之谓欤！【鱼豢曰：谚言"贫不学俭，卑不学恭"，非人性分也，势使然耳。此实然之势，信不虚矣。假令太祖防遏植等，在于畴昔，此贤之心，何缘有窥望乎？彰之挟恨，尚无所至。至于植者，〔岂能兴难?〕乃令杨修以倚注遇害，丁仪以希意族灭，哀夫！余每览植之华采，思若有神。以此推之，太祖之动心，亦良有以也。】

第三篇　曹雪芹家族

第七章　曹　霸

一、曹霸生平

曹霸(约公元704年—约770年),曹操、曹丕、曹髦后裔,唐代玄宗时期画家,官左武卫将军,能文善画,擅画马,成名于玄宗开元年间,与其门生画家韩干著名当世。

天宝(公元742—756年)年间曾画“御马”,亦工肖像,曾修补“凌烟阁功臣像”。杜甫作有《丹青引》及《观曹将军画马图》二诗,对其画艺极加称赞。晚年免官流落四川。今画迹已不传。据作者研究推断,曹雪芹是曹霸后代,具体见后文论述。

二、历史记载

1. 唐代张彦远撰《历代名画记》中记载曹霸

在“叙历代能画人名(自轩辕至唐会昌,凡三百七十一人)”章节中记载“唐二百六人……曹霸……”。

在“叙师资传授南北时代”章节中记载“韩干、陈闳师于曹霸”。

在“唐朝上”章节中记载:曹霸,魏曹髦之后。髦画称于魏代,霸在开元中已得名。天宝末,每诏画御马及功臣。官至左武卫将军”、“韩干,大梁人。王右丞维见其画,遂推奖之,官至太府寺丞。善写貌人物(《龙朔功臣图》《姚崇及安禄山图》《玄宗试马图》《宁王调马打述图》,传于代),尤工鞍马。初师曹霸,后自独擅。杜甫赠霸《画马歌》曰:“弟子韩干早入室,亦能画马穷殊相。干唯画肉不画骨,忍使骅骝气凋丧。”彦远以杜甫岂知画者,徒以干马肥大遂有画肉之诮。古人画马有《八骏图》,或云史道硕之迹,或云史秉之迹,皆螭颈龙体,矢激电驰,非马之状也。晋宋间顾陆之辈已称改步,周齐间董展之流亦云变态,虽权奇灭没,乃屈产蜀驹,尚翘举之姿,乏安徐之体。至于毛色多騧骝骓驳,无他奇异。玄宗好大马,御厩至四十万,遂有沛艾大马。命王毛仲为监牧使,燕公张说作《駉牧颂》。天下一通,西域大宛,岁有来献。诏于北地,置群牧,筋骨行步,久而方全,谓习之能,逸异并至,骨力追风,毛彩照地,不可名状,号木槽马。圣人舒身安神,如据床榻,是知异于古马也。时主好艺,韩君间生,遂命悉图其骏,则有玉花骢、照夜白等。时岐、薛、宁、申王厩中皆有善马,干并图之,遂为古今独步。禄山之乱,沛艾马种遂绝。韩君端居亡事,忽有人诣焉。称鬼使请马一匹,韩君画马焚之。他日见鬼使乘马来谢,其感神如此。弟子孔荣为上足,陈闳为永王府长史,善画写貌,工鞍马,与韩同时,家蓄图画绝多。(写《安禄山图》《玄宗马射图》《上党十九宗图》。)

张彦远,字爱宾,蒲州猗氏(今山西省临猗县)人,家学渊源深厚,其所著《历代名画记》是中国第一部绘画通史著作,全书十卷,可分为对绘画历史发展的评述与绘画理论的阐述、有关鉴识收藏方面的叙述、370 余名画家传记三部分,在当时具有绘画"百科全书"的性质,在中国绘画史学的发展中,具有承先启后的里程碑式的意义。

古人治学严谨勤勉,为后代记下了曹霸的本貌。

曹霸弟子韩干画作《照夜白》(见图 7—1)现藏于美国大都会艺术博物馆,这幅画纵 30.8 厘米、横 33.5 厘米,曾为张彦远《历代名画记》所载。照夜白也称夜照白,是韩干于唐天宝年间所画的唐玄宗最喜欢的一匹名马。图中被拴在马柱上的夜照白昂首嘶鸣,前身矫健,后身肥壮,充满生机,似不甘于束缚。

有一种评说认为马的头、颈、前身为真迹,而后半身为后人补笔,马尾巴已不存(笔者猜测马的头、颈、前身可能为曹霸所绘,后半身为韩干补笔,全画为师徒合作,因杜甫诗《韦讽录事宅观曹将军画马图》中有"曾貌先帝照夜白",说明曹霸也画过照夜白)。图后上有南唐后主李煜所题"韩干夜照白"五字,又有唐代著名美术史家张彦远所题"彦远"二字。卷前有何子泅、吴说题首,卷后有元代危素及沈德潜等十一人题跋。

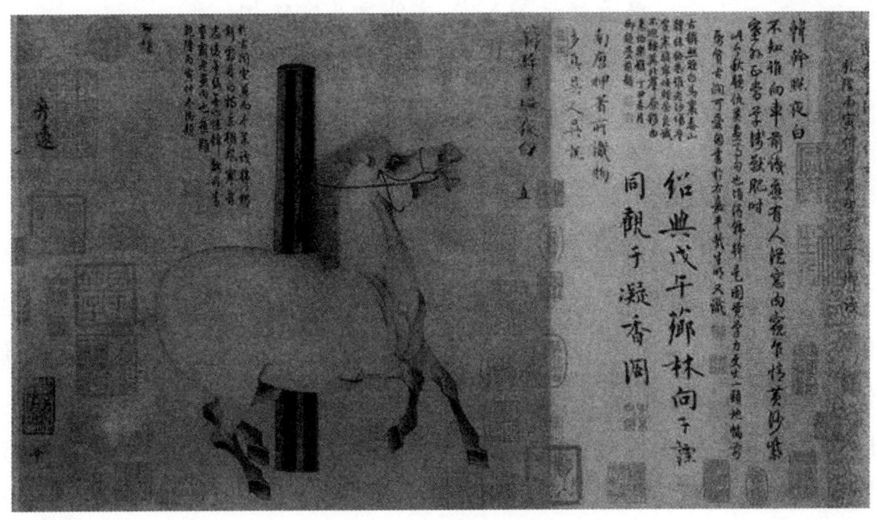

图 7—1　画作《照夜白》

2. 唐代杜甫作诗《丹青引赠曹将军霸》及《韦讽录事宅观曹将军画马图》记载曹霸，可以使我们大致了解曹霸的生平与精湛画艺

丹青引赠曹将军霸

将军魏武之子孙，于今为庶为清门。
英雄割据虽已矣，文采风流今尚存。
学书初学卫夫人，但恨无过王右军。
丹青不知老将至，富贵于我如浮云。
开元之中常引见，承恩数上南熏殿。
凌烟功臣少颜色，将军下笔开生面。
良相头上进贤冠，猛将腰间大羽箭。
褒公鄂公毛发动，英姿飒爽来酣战。
先帝御马玉花骢，画工如山貌不同。
是日牵来赤墀下，迥立阊阖生长风。
诏谓将军拂绢素，意匠惨淡经营中。
斯须九重真龙出，一洗万古凡马空。
玉花却在御榻上，榻上庭前屹相向。
至尊含笑催赐金，圉人太仆皆惆怅。

弟子韩干早入室,亦能画马穷殊相。
干惟画肉不画骨,忍使骅骝气凋丧。
将军画善盖有神,必逢佳士亦写真。
即今漂泊干戈际,屡貌寻常行路人。
途穷反遭俗眼白,世上未有如公贫。
但看古来盛名下,终日坎壈缠其身。

大意如下:曹霸是魏武帝曹操的子孙,如今成为庶民,门庭冷清。祖先的英雄伟业虽然已经结束,但家族的文采风流至曹霸仍有传承。曹霸先后学习晋代卫铄以及王羲之的书法,但他认为自己无法超过王羲之的成就。曹霸沉醉于丹青绘画,似乎竟不知道自己的老年已经到来,他视富贵如同浮云一般。开元年间,曹霸画艺名满天下,常常得到唐玄宗的召见,多次上南熏殿。唐太宗年间绘制的凌烟阁二十四功臣像日久褪色,唐玄宗要求曹霸修葺,曹霸下笔技艺高超,画作完成后人物活灵活现。良相头戴贤冠,猛将腰佩羽箭。褒国公段志玄、鄂国公尉迟敬德,毛发飞动,英姿飒爽,似欲冲锋陷阵。唐玄宗的御马名叫玉花骢,很多画家都画过,但容貌各不相同。这日他命人牵来立于赤墀下,让曹霸画,曹霸用心构思,画后得到人们交口称赞,认为其画马的高超技艺前所未有。唐玄宗高兴地将其画作挂在御榻一侧,对看榻上庭前的画马与真马,沉浸其中。玄宗高兴含笑催促侍从,赶快赐金奖赏,太仆和马倌都忍不住赞叹画得太好太像了,个个迷惘发怔。曹霸有个弟子叫韩干,学习画马也画得很好,但对比起来,难以达到曹霸的水平。曹霸的画作非常传神,画人物时也非常写真。以前那样风光,但如今却漂泊流落到成都,常为路人绘画肖像谋生。曹霸生活困苦,才艺高超却反遭世俗的白眼相待,身无分文,到了非常贫穷的地步。古往今来,传下盛名之人,可能很多都是历经坎坷之士。

杜甫如实记录了曹霸,使我们得以一窥其貌。当初唐玄宗非常喜欢曹霸的作品,对其赏赐甚丰,特封其为左武卫将军,享有不理朝政之权,所以杜甫称其为曹将军。玄宗后期曹霸因为一幅作品有影射当朝之嫌,被削职免官。

待到安史之乱爆发,曹霸流落至成都,杜甫几经寻访,终于与之相见,为曹霸创作《丹青引赠曹将军霸》及《观曹将军画马图》二诗,表达对其际遇的同情。成语“别开生面”便是来源于杜甫的这首诗，被后人经常引用，比喻另外开创新的局面或格式。

韦讽[①]录事宅观曹将军画马图

国初已来画鞍马，神妙独数江都王[②]。
将军得名三十载，人间又见真乘黄。
曾貌先帝照夜白，龙池十日飞霹雳。
内府殷红玛瑙盘，婕妤传诏才人索。
盘赐将军拜舞归，轻纨细绮相追飞。
贵戚权门得笔迹，始觉屏障生光辉。
昔日太宗拳毛騧，近时郭家狮子花。
今之新图有二马，复令识者久叹嗟。
此皆骑战一敌万，缟素漠漠开风沙。
其余七匹亦殊绝，迥若寒空动烟雪。
霜蹄蹴踏长楸间，马官厮养森成列。
可怜九马争神骏，顾视清高气深稳。
借问苦心爱者谁，后有韦讽前支遁[③]。
忆昔巡幸新丰宫，翠华拂天来向东。
腾骧磊落三万匹，皆与此图筋骨同。
自从献宝朝河宗，无复射蛟江水中。
君不见金粟堆前松柏里，龙媒去尽鸟呼风。

---

① 广德二年韦讽为阆州录事，居所在成都，韦讽极爱曹霸画马，杜甫再到成都时在韦讽宅观看曹霸画马，此时杜甫经历了玄宗、肃宗、代宗三朝，历尽人间沧桑，对曹霸身世感同身受，在诗中先赞曹氏画技之高超，追叙曹氏应诏画马时所得到荣誉和宠幸，赞写九马图之神妙及各马之姿态，后感慨今昔迥异。

② 江都王：李绪，唐太宗之侄，善画马，杜甫这里写来用于陪衬曹霸。唐代张彦远著《历代名画记》载：江都王绪，霍王元轨之子，太宗皇帝犹子也，多才艺，善书画，鞍马擅名。

③ 支遁：东晋名僧，字道林，本姓关，曾养马，自言“贫道重其神骏耳”。杜甫这里写来用于陪衬韦讽。

第八章　曹雪芹

第一节　DNA证明曹雪芹是曹操后裔(曹操后裔说)

一、《曹姓文化与曹雪芹家族——DNA考证》[①]

曹姓始祖可以追溯到曹安与曹叔振铎，历史上曹姓人才辈出、群星灿烂，其中，曹操、曹雪芹特别受人关注。因为2009年曹操墓的出现，复旦大学成立相关课题组，对全国有代表性的曹姓族群进行了取样，建立了曹姓DNA数据库，分析了曹操后裔的数据，确定了曹操的Y染色体类型是O2*，同时把与曹雪芹有关的曹姓人群也进行了DNA检测，从科学数据上为《红楼梦》书中的记录提供了支持——曹雪芹是曹操六十四代孙(曹祖义先生的红学观点)。这是中国学术界首次将人类学、历史学与遗传学结合起来，跨学科进行研究，出乎意料地得出了精彩的硕果。

曹姓族群包含几十种Y染色体类型，说明这是一个包容的大家庭。从曹姓文化中也可以看出，中国历史是一个各族群大融合的过程。

本章节只是根据复旦大学部分遗传学数据成果，对曹操后裔中有血缘关系的人群予以阐释，由于资料有限，尚无能力对无血缘关系的人群予以阐释。历史上，因为各种渊源肯定有不同Y染色体类型的人群不断加入到曹操后裔队伍中来，希望将来有缘分的学者能够继续加以研究，拨开迷雾，还原历史本来面貌。

(一)曹姓文化

1. 曹姓由来

曹姓为中国大的姓氏之一，在百家姓中排名第26位。曹姓在中国的来源众多，其中，主要有两支：

---

① 本部分研究内容见贵州梅玫女士主编的《红楼研究》2011年101期中作者发表文章。

一支出自曹安。史料记载曹安出自黄帝系陆终，因为协助大禹治水有功而被赐曹官，其后裔几经辗转至山东定陶一带。周武王克商后，改封曹安的后裔曹挟（有的记录为曹侠）于邾国，建都于今山东曲阜东南南陬村。公元前614年邾文公迁都于绎（今山东邹城市东南峄山镇纪王城村）。战国时，邾国被楚宣王所灭。之后，邾人有的以国为氏，改为朱氏；有的以曹为氏，是为曹氏。由夏曹安至曹侠（朱侠）繁衍至今，夏官姓曹姓为120代左右（笔者个人推测其Y染色体类型可能是O3a4-002611）。

一支出自姬姓曹叔振铎。曹叔振铎是周文王第十三子，受封于曹，建立曹国，后为宋国所灭，子孙便以国为氏。曹国故地在今山东省菏泽、定陶、曹县一带，都于陶丘（今山东省定陶西南，北齐时以定陶为曹州，今有曹县）。定陶县仿山是曹国国君的墓葬地，现在已成为曹姓祭祖之地。曹国存国500多年，此一支曹姓作为君主和贵族，在当时有优越的人口增殖条件，在历经三千多年后，很可能成为曹姓人口中数量较多的一支。由周曹叔振铎一支繁衍至今，周国曹姓为90代左右。

2. 曹腾可能出自古邾国，是曹安曹挟的后裔，而不是曹叔振铎的后裔；曹嵩可能是本姓过继

（1）《百家姓》完书于北宋初年，宋代钱塘儒生所作，其中有：

〔曹〕角音。谯郡。颛顼五世孙陆终第五子安，大禹赐为曹姓。邾国、黎、郳皆其后也。又姬姓。文王子曹叔振铎封国于曹，其后以国为氏。鲁有曹刿。邾国之曹，世居谯郡。汉有曹参，后裔曹腾为中常侍，养甥夏侯氏之子嵩为子，生操，为汉相；子丕，代汉为魏文帝。〇颛，音专。顼，音旭。刿，音贵。

（2）《曹风》第1期（2007年5月创刊号）第20页曹景官先生的《附：曹字解及曹史辨》一文中有：邾国后裔以国为姓或复为曹姓，曹侠即朱侠，故称曹姓朱氏，为邾国始君，朱姓始祖。由裴松之《三国志注》、随曹志（植第11世孙）立《曹植碑》、今人施蛰存辑《水经注碑录——曹腾碑残句》中“汉相国参之后”“显霸业于东邾”“曹氏族出自邾”可知邾人有复姓为曹者。由夏曹安至曹侠（朱侠）繁衍至今，夏官姓曹姓为120代左右。据悉安徽博物馆藏有一部代秩数为120多代的《曹氏族谱》。周国曹姓则在90代左右。

(3)《现代人类学通讯》第四卷(2010 年)韩昇先生的《曹操家族 DNA 调查的历史学基础》一文中有:根据魏臣蒋济的介绍,当时可以见到的《曹腾碑文》称曹家出自"邾"。这同王沈《魏书》的记载是一致的。即黄帝系的陆终之子名叫安,受周武王分封于邾国,此即曹姓的起源之一。后来邾国被楚国所灭,曹氏子孙四散流徙,一支跑到沛地。如果是这样的话,沛有两支曹姓,曹腾和曹参实际上并非真有血缘关系,而是后来附会在一起的。曹操作《家传》的时候,就改变了说法,自称出自周朝曹叔振铎之后。曹植也沿袭此说。此说当然是在自我粉饰,抬高家世。到了魏明帝的时候,听从高堂隆的建议,再次把家世改为出自帝舜。同时,韩昇先生认为曹嵩是本宗过继[①]

3. 由于各种历史原因,其他姓氏的人群(不同 Y 染色体类型)不断加入曹姓族群,曹姓也愿意接纳他们,从而形成了包容的曹姓历史文化

例如,有秦姓子孙改姓曹。据《三国志》记载:曹真字子丹,太祖族子也。太祖起兵,真父邵募徒众,为州郡所杀。魏略曰:真本姓秦,养曹氏。或云其父伯南夙与太祖善。兴平末,袁术部党与太祖攻劫,太祖出,为寇所追,走入秦氏,伯南开门受之。寇问太祖所在,答云:"我是也。"遂害之。由此太祖思其功,故变其姓。魏书曰:邵以忠笃有才智,为太祖所亲信。初平中,太祖兴义兵,邵募徒众,从太祖周旋。时豫州刺史黄琬欲害太祖,太祖避之而邵独遇害。太祖哀真少孤,收养与诸子同,使与文帝共止。

以后曹真随曹操平定天下,屡立战功,位高权重。曹真的父亲秦邵与曹操可谓是生死之交,他的后代们认同曹姓文化,曹姓也愿意接纳他们。

经过几千年的历史发展,曹姓族群扩大到由各种血缘的人组成,复旦大学曹姓 DNA 数据库显示曹姓有几十种 Y 染色体类型,印证了这一观点。

4. 曹姓族群人才辈出、群星灿烂,特别是诞生了曹操、曹丕、曹植、曹雪芹这四位"文曲星"

南朝宋文学家谢灵运有"天下才共一石,子建(曹植)独得八斗,我得一斗,天下共分一斗"的评价。毛主席在《论十大关系》中有"(我国)工农

---

① 参见:"韩昇复旦演讲:曹操家族调查与跨学科研究的意义",《解放日报》,2010 年 3 月 8 日,http://www.news365.com.cn/wxpd/jy/whyjy/201004/t20100424_2686723.htm。

业不发达，科学技术水平低，除了地大物博，人口众多，历史悠久，以及在文学上有部《红楼梦》等以外，很多地方不如人家，骄傲不起来”。可见毛泽东对曹雪芹评价甚高。

(二)曹雪芹家族——红学家研究成果一览

1. 曹祖义先生研究认为曹雪芹是曹操六十四代孙

(1)《红楼梦》中的十首怀古诗是曹雪芹亲撰的家谱。

曹祖义在《薛宝琴十首怀古诗“解味”》中有如下观点：

赤壁(敕陛)怀古 其一

赤壁沉埋水不流，徒留名姓载空舟。喧阗一炬悲风冷，无限英魂在内游。

俗物谜底：冰地；真正谜底：曹操。

交趾(骄子)怀古 其二

铜铸金镛振纪纲，声传海外播戎羌。马援自是功劳大，铁笛无烦说子房。

俗物谜底：蚕；真正谜底：曹丕。

钟山(终禅)怀古 其三

名利何曾伴汝身，无端被诏出凡尘。牵连大抵难休绝，莫怨他人嘲笑频。

俗物谜底：草帽；真正谜底：曹髦。

淮阴(换人)怀古 其四

壮士须防恶犬欺，三齐位定盖棺时。寄言世俗休轻鄙，一饭之恩死也知。

俗物谜底：玳瑁；真正谜底：用曹锡远代曹世选来续成曹家家谱，曹锡远本名曹锡章。

广陵(广令)怀古 其五

蝉噪鸦栖转眼过，随堤风景近如何。只缘占得风流号，若得纷纷口舌多。

俗物谜底：画眉；真正谜底：曹霖。

桃叶渡(灶爷度)怀古 其六

衰草闲花映浅池，桃枝桃叶总分离。六朝梁栋多如许，小照空悬壁上题。

俗物谜底:灶王爷;真正谜底:振彦去,添文龙,真正人物是曹文龙。

青冢(请宗)怀古 其七

黑水茫茫咽不流,冰弦拨尽曲中愁。汉家制度诚堪叹,樗栎应惭万古羞。

俗物谜底:棺材;真正谜底:曹峦(曹玺)。

马嵬(孖位)怀古 其八

寂寞脂痕渍汗光,温柔一旦付东洋。只因遗得风流迹,此日衣衾尚有香。

俗物谜底:油灯,另谓脂纂;真正谜底:曹寅,字子清;曹宣,字子猷。

蒲东寺(补东嗣)怀古 其九

小红骨贱最身轻,私掖偷携强撮成。虽被夫人时吊起,已经勾引彼同行。

俗物谜底:葫芦漂浮;真正谜底:曹颙,字孚若;曹頫,字昂友。

梅花观怀古 其十

不在梅边在柳边,个中谁拾画婵娟。团圆莫忆春香到,一别西风又一年。

俗物谜底:燕子;真正谜底:曹雪芹是曹髦后裔第六十代人,即"探春"范世第二十代人,范"延"字。

(2)曹雪芹的宗族和真正祖籍。

a. 曹雪芹在书中描述的家族成员和其"亲宗"家谱同时展示。

按照曹雪芹在《石头记》中记载,曹雪芹家的始祖是曹髦。众所周知,曹髦是曹操的曾孙子,曹丕的孙子,曹霖的儿子,三国魏国皇帝,公元254—260年在位,字彦士,初封高贵乡公。嘉平六年,司马师废曹芳,立他为帝。他不甘心做司马氏的傀儡,率宿卫数百攻司马昭,为昭所杀,时年二十岁。曹髦后代为纪念曹髦,立下曹髦家族范世规范,每二十代为一个周期,规定出二十个范字的谱联,范完后,再范下个周期的二十代范字。这个范世方法,曹雪芹在《石头记》中比喻得更加贴切形象,他用"春"表示曹家的范世周期规律。书中,元春,迎春,探春,惜春,实际上是代表四个二十代周期的符号。元春为第一个周期二十世,迎春为第二个周期二十世，探春为第三个周期二十世，惜春为第四个周期二十世。

表 8—1

<table>
<tr><th>总范世</th><th>探春范世</th><th colspan="6">曹雪芹家和“亲宗”家家谱</th></tr>
<tr><td>54</td><td>14</td><td colspan="6">曹锡章</td></tr>
<tr><td>55</td><td>15</td><td colspan="2">曹霖</td><td colspan="4">曹雲</td></tr>
<tr><td>56</td><td>16</td><td colspan="2">曹文龙</td><td colspan="4">曹元龙</td></tr>
<tr><td>57</td><td>17</td><td colspan="2">曹峦(曹玺)</td><td colspan="4">曹岱</td></tr>
<tr><td>58</td><td>18</td><td>曹寅</td><td>曹宣(荃)</td><td>曹宗政(长)</td><td colspan="3">曹宗孔(次)</td></tr>
<tr><td>59</td><td>19</td><td>曹顒</td><td>曹頫</td><td>曹贵</td><td colspan="2">曹積</td><td>曹信</td></tr>
<tr><td>60</td><td>20</td><td>曹雪芹</td><td colspan="2"></td><td colspan="3">曹延聪</td></tr>
<tr><td></td><td>惜春范世</td><td colspan="3"></td><td colspan="3"></td></tr>
<tr><td>61</td><td>1</td><td colspan="3"></td><td>曹连增</td><td colspan="2"></td></tr>
<tr><td>62</td><td>2</td><td colspan="3"></td><td>曹庭文</td><td colspan="2">曹庭武</td></tr>
<tr><td>63</td><td>3</td><td colspan="3"></td><td>曹际仕</td><td colspan="2">曹际宗</td></tr>
<tr><td>64</td><td>4</td><td colspan="3"></td><td>曹广盛</td><td colspan="2">曹广田　曹广义</td></tr>
<tr><td>65</td><td>5</td><td colspan="3"></td><td>曹天富</td><td colspan="2"></td></tr>
<tr><td>66</td><td>6</td><td colspan="3"></td><td>曹祖仁</td><td colspan="2"></td></tr>
</table>

此谱左侧是曹雪芹家真正的家谱，是按曹雪芹在《红楼梦》中亲撰的家谱复原而成，右边是其“亲宗”家谱。

如果以曹操为一世祖计算，则曹雪芹是曹操 64 代孙，曹祖义是曹操 70 代孙。

b. 根据曹祖义先生的家谱记载，曹雪芹的祖籍应在山东登州府宁海州河南村西南乡，清朝末期为山东登州府宁海州河南村深水乡神山社二甲（现为山东威海乳山市下初镇河南村），又祖籍四川小云南。

经山东省乳山市王忠阳先生查证，明末嘉靖宁海州志并无西南乡，而是有胜水乡和神山社。神山社在昆嵛乡，而不在胜水乡，这是明代区划。实际上，神山社就在胜水乡的地盘里。河南村当属神山社。清代也未改变这一不合理的区划。按此，深水乡即为胜水乡。曹雪芹的祖籍地是古登州府宁海州河南村,即现在的乳山市下初镇河南村。[①]

曹雪芹在《红楼梦》中说他们家转了大半个中国,所以称“大观园”。历史上曹髦封地在郯县,其后裔曹霸先到了长安,后进入四川,不久就败落了。从曹祖义的家谱上看,这一支曹家也是到了四川暨小云南,后又到了山东宁海州。曹雪芹在《红楼梦》中也称其祖籍始在宁,并以宁国府寓之。《红楼梦》中曹玺(曹峦)被清兵俘获是在清兵1644年进入中原前,并以青州一役说明是在那场清兵对明入关骚扰中曹振彦成了曹玺的养父。曹祖义家先辈当时是农民,住在山乡里,躲过了这一难,于康熙五十年后到了辽东岫岩大孤山(今东港市大孤山)。

(3)大孤山是《红楼梦》的摇篮。

曹雪芹在大孤山写自己真家(甄家)曲折辛酸的百年历史,并参照亲宗曹大汉(曹積)的家谱修补成他们家真正的家谱,记录在《石头记》中。草创《石头记》用时十年时间。

2. 周汝昌先生研究认为曹雪芹是武惠王曹彬后裔,祖籍河北丰润,又南昌县武阳渡

(1)根据康熙三十三年《江宁府志·曹玺传》载:“曹玺,字完璧,宋枢密武惠王裔也。及王父宝宦沈阳,遂家焉。”

康熙六十年《上元县志·曹玺传》载:“曹玺,字完璧。其先出自宋枢密武惠王彬后,著籍襄平,大父世选,宦沈阳有声。”

因此,周汝昌认为曹雪芹是武惠王曹彬后裔。

(2)清康熙十九年(1680),十二世曹鼎望在《曹氏重修南北合谱序》中写道:“爰稽世系,盖自明永乐年间,始祖伯亮公从豫章武阳渡协弟溯江而北,一卜居于丰润之咸宁里,一卜居于辽东之铁岭卫——则武阳者,洵吾始祖所发祥之地也。”

周汝昌先生研究认为曹端明一支卜居丰润之咸宁里,曹端广一支卜居辽东之铁岭卫,曹端广是曹世选的祖先,故曹雪芹的祖籍为河北丰润,又南昌县武阳渡。

在《文采风流曹雪芹》一书中,他写道:“拙文《曹雪芹家世考佚》(《明

① 参见:“曹雪芹祖籍胶东说的由来”,《乳山时讯》,http://www.rushan.com.cn/minglu/ViewInfo.asp? id=1417。

清小说研究》1997 年第 1 期)曾推测曹端广之出关当与曹义出任辽东副、正总兵有关。今得李奉佐先生考明铁岭曹族故居在腰堡,而腰堡、汎河之建城戍守又适在曹义出关之际,如此吻合,可以令人信服。至李先生又于信札中见示:铁岭南郊一带,汎河、腰堡、乌巴海三处曹姓为同族分支,汎河曹姓老人能颂“汉拜相、宋封王”之联语开头(丰润曹之春联,为每年必悬之定词)。其上世迁自关内丰润之证,已然明显无疑。”周汝昌文中[李奉佐《曹雪芹祖籍铁岭考》(春风文艺出版社 1997 年版)与王畅《曹雪芹祖籍考论》(河北教育出版社 1996 年版)二书对本题贡献至为巨大,拙文受益,在此致谢。]

复旦 DNA 数据显示腰堡、乌巴海、武阳渡三地曹姓 Y 染色体类型各不相同,他们的祖先分开可能有几万年的时间。因此,腰堡、乌巴海曹姓肯定不是出自武阳渡。

3. 李奉佐先生研究认为曹雪芹祖籍辽宁铁岭

(1)《曹雪芹关外真祖籍铁岭的十点证据》中的一个观点。

铁岭城南大凡河、腰堡等村仍居住着曹氏旧族的后裔,他们居住铁岭至今已五百多年,对于曹雪芹祖居铁岭之事世代相传。腰堡村曹忠宪、曹国泽、曹国平等人尚记得老辈人世代传说:“曹雪芹的老家是咱们铁岭腰堡。”

(2)“古三韩是今铁岭”的观点。

在曹寅 34 岁生日时,好友韩菼为他祝寿,在送给他的《寿序》中写明曹寅的籍贯是“三韩”。乾隆皇帝弘历在《三韩订谬》中指明:三韩在“奉天东北吉林一带”。在铁岭城南三十里的凡河城有明万历四十二年的《凡河城重修永宁庵碑记》和清太祖天命十年《重修永宁庵碑序》,二碑都明确记载凡河流域为“三韩”之境。凡河全域都在铁岭县境内。曹雪芹的老家腰堡在凡河沿岸十余里处。

4. 冯其庸先生研究认为曹雪芹祖籍辽宁辽阳[①]

冯其庸先生对曹雪芹家世的研究和《五庆堂重修曹氏宗谱》中的观点包括:

(1)五庆堂的始祖曹良臣和第二代曹泰、曹义都不是真正的五庆堂的

---

① 参见:http://blog.huanqiu.com/blog—52566—648445.html。

始祖,而是撰谱人强拉入谱或讹传窜入的。

(2)五庆堂的真正始祖是曹俊。

(3)曹雪芹的上祖与五庆堂的上祖是同一始祖即曹俊,曹雪芹的上祖是曹俊的第四房,五庆堂的上祖是曹俊的第三房。

(4)三房以下大批家谱上的人物都是有史可查的,连五庆堂所载从龙入关的人员的墓葬地点都是真实、可靠的。

(5)曹家在天命、天聪、崇德之间原是明朝的军官,他们是在当时的明与后金的战争中归附后金的。

(6)曹家在天命、天聪时期原是汉军旗,后来才归入满洲正白旗。

(7)曹家的籍贯确是辽阳,后迁沈阳,而不是河北丰润。

5. 进贤县学者研究认为曹雪芹祖籍江西进贤

进贤县的文史工作者发掘出民国版《曹氏家谱》,该家谱详细记录了进贤山东曹村唐代开基祖曹端礼始迁山东古曹国以及其后裔自唐、宋、元、明、清的世系及迁徙地,记载了南昌县武阳镇曹孝庆由进贤山东曹村迁出。这一发现直接否定了以前红学界广为人知的曹雪芹上祖为曹彬的结论,提出了曹雪芹家族迁徙流变的新的可能性。

6. 曹子英先生、曹领振先生研究认为曹雪芹祖籍河北鹿泉(原获鹿)①

曹领振先生提出曹雪芹上祖的名字全称应是曹公讳时(世)选,字希(锡)远,号宝山。降清怕连累在京做官的曹时正和在老家各地做官的亲人而更换了名中的"时"字。

近年对曹雪芹家族祖籍的研究出现了很多有力的证据,如"江宁府志""上元县志"等证实曹雪芹上至曹世选几代人入旗籍,籍襄平、辽阳、沈阳等地毋庸置疑,并留下了祖迹的记载。根据"辽阳说"主证之一五庆堂曹氏宗谱,曹世选上空五代人骤接第三世曹智名下,在第二世三人中有二人曹义和曹泰都不属于五庆堂族人。根据鹿泉曹谱,曹时选(曹世选)向上五代人,有二代人与五庆堂曹谱第二代曹义曹泰同名,如有一人同名可属巧合,在五代人中有二代人同名则印证了事物的因果关系。辽阳五庆

① 参见:http://news.sina.com.cn/c/2010-07-02/052717742559s.shtml,http://blog.sina.com.cn/s/blog_683ba6770100o241.html。

堂曹谱向我们透露了一个信息曹世选从鹿泉至东北，与五庆堂族人关系密切。从龙入关后被误记入五庆堂家谱，“辽阳说”应上接“鹿泉说”，曹雪芹祖迹与祖籍应是(获鹿曹氏家谱)九世曹义—十世曹泰—十一世曹瑀—十二世曹芳—十三世曹揖—十四世曹时选(曹世选)、曹希远(曹锡远)—十五世曹振彦—十六世曹玺—十七世曹寅—十八世曹頫—十九世曹雪芹。

7. 高国藩先生与童立群先生研究认为“江宁花塘村是大观园的原型”①

湖北鄂州职业大学的童力群教授在看到南京大学高国藩教授写的《江宁陆郎乡红楼梦传说采风记》后，也开始了对花塘村的研究，提出大观园原型就是花塘村。花塘村的地名迄今已有两三百年的历史，远远超出《红楼梦》正式出版只有两百余年的历史。其中有八十个地名与《红楼梦》有关系。比如说花塘一带有过曹、王、史、薛四大家族，至今还有曹、王、史、薛四家村，正好可以对应《红楼梦》里贾、王、史、薛四大家族。

8. 有研究报道辽宁兴城望川村曹姓祖先曹铨与曹雪芹是本家哥们儿②

望川村位于兴城西北部，村子里大多数人都姓曹，而且都是满族。当有外人问到他们的祖先，村民都会提到一个叫曹铨的人。在村子里的一处山地，至今仍保存着曹铨的坟墓，没有墓碑的坟墓显得有些简朴。

曹铨是谁？他和曹雪芹有什么关系？铁岭市离休干部曹泰东带领亲属来到旧门乡查访，并用家中珍藏的家谱《四等庄头曹国英谱》告诉人们：曹铨是曹雪芹的堂弟，是民间所说的未出五服的“本家兄弟”。

按照家谱提供的史料，曹铨的曾祖父和曹雪芹的曾祖父是亲兄弟。在当今红学界，有一个基本认定的观点是：曹雪芹家族祖籍在河北丰润。明永乐年间，曹家的先祖从丰润迁居辽东“铁岭卫”，当时铁岭隶属于设置在辽阳的辽东都指挥使司管辖，受这种观念影响，直至曹雪芹祖父曹寅的史料上写的都是辽阳人，学术界为此争论了几十年。曹泰东老先生认为，自己和曹雪芹的祖先都是铁岭人，明末清初归属皇太极麾下的汉军正白

---

①　参见：http://culture.china.com/zh_cn/talk/leader/10000895/20010919/10109583.html。

②　参见：http://news.sina.com.cn/c/2005-11-21/00047490624s.shtml。

旗,随清军征战。清军入关后,很多曹姓族人迁居关内,后来有的成了高官显贵,如曹雪芹的祖父曹寅、父亲曹頫。

9.《五庆堂谱》记录曹锡远以下名字,却无曹雪芹或曹霑名字①

《辽东曹氏宗谱》全名为《五庆堂重修辽东曹氏宗谱》,被红学界简称为《五庆堂谱》。该谱系手抄本,于 1962 年在北京市文化局组织的关于曹雪芹家世的调查中被发现,保存者为至今健在的曹仪简先生,他是该谱修制者曹惠庆、溥庆、荣庆、积庆、裕庆"五庆"兄弟中溥庆之三传孙。他将该谱正本捐献给国家,现存北京市文物局。

(三)复旦大学曹姓相关族群 DNA 数据分析

1. 复旦大学曹姓相关族群 DNA 数据

复旦大学从 2010 年 3 月到 7 月对国内声称与曹雪芹有渊源的各曹姓族群进行了取样检测(见表 8-2),这些族群的先祖与曹雪芹的先祖曾经关系密切且相互扶持。

Y 染色体为男性独有,其绝大部分片段不可重组,严格遵循父传子的遗传模式,因此,其传递规律与正常情况下的姓氏一致,同一个父系宗族的男性 Y 染色体具有极高的相似性。Y 染色体的谱系可根据 SNP(单核苷酸多态)标记划分为若干个单倍群。目前所检测的不同单倍群的标记产生时间很早,均在万年以上,远早于中国姓氏的产生,因此,不同单倍群的人必然具有不同的姓氏来源。根据 STR(短重复序列)位点组合得到的单倍型可以大致估算出相同单倍群内不同家族间的远近,即分化时间。单倍型距离远,则说明两个个体必然分开了很长时间。

表 8-2

地点	样本数量	Y 染色体类型	姓氏	说 明
东港	1	O2*	曹祖义	大孤山曹雪芹宗亲
铁岭	5	O2*	曹国平等人	腰堡镇腰堡村口传和曹振彦一谱
铁岭	4	C3*	曹姓	乌巴海和李千户
铁岭	1	O3a* L127	曹姓	县城
沈阳	1	C3*	曹姓	出自兴城,同铁岭乌巴海

① 参见:http://www.china.com.cn/chinese/zhuanti/259211.htm。

续表

地点	样本数量	Y染色体类型	姓氏	说　明
北京	1	R1a1a*	曹仪简	五庆堂谱
北京	1	O3a3*	曹姓	出自昌图
北京	1	C	曹姓	出自辽阳，祖籍定陶
北京	1	O3a4	曹姓	从龙入关，正蓝旗人，祖籍曹州府（菏泽定陶曹县）
南京	1	O3a3c*	曹姓	南京
武阳	1	O1a1	曹姓	曹骆村，数据与安徽歙县雄村、富阳等地曹姓相同
武阳	1	O2a1	曹姓	曹骆村
进贤	1	C3d	曹姓	罗溪山东曹，祖籍定陶
菏泽定陶	5	O3a4	曹姓	佃户屯曹楼村，曹叔振铎后代第86～88世
湖南	2	O3a3*	夏姓	夏侯渊后代，安化孝章谱
江西分宜	2	O1a1	夏侯姓	自安徽迁来
江西赣州	1	O1a2	夏侯姓	出自吉安
河北丰润	未测			
河北鹿泉	未测			

2. 曹操Y染色体类型的遗传学说明分析

检测结果证明：辽宁东港大孤山、铁岭腰堡两支曹姓的Y染色体检测结果均属O2*单倍群（M268+，M95－，M176－），且复旦大学通过大量现代曹姓结果推测曹操也属此单倍群。

【洲际会议摘要——曹操的Y－DNA，确认1800年前中国帝王曹操家谱的真实性，李辉。】

一个久远的家谱对研究Y染色体进化具有重大的价值。然而，家谱信息的真实性需要认真鉴定。这里，我们用纵跨中国1800年的70～100代人的完整记录，通过比较他们的Y染色体来确认一个久远家谱信息。家谱的族人自称是曹操（公元155－220年）的后代，其中，单倍型O2-M268是唯一的在其家族中明显显现的，所以可以确定它来自曹操。此外，分析表明曹操的Y染色体单倍型与其在早期曹氏家族的（单倍型

O3-002611)是不一样的。此项研究是利用基因研究古代历史的一个成功的案例。

O2* 在汉人中有 5%～8%的频率。这说明不能排除这两支曹姓为曹操后代,而两支所测的 17 个 STR 位点(见表 8—3)共有 8 个位点 12 步突变(在表 8—3 中,突变用粗体表示)。如果去除较容易发生重复和回复突变的高突变率位点(灰色阴影部分),其余 11 个 STR 位点共有 5 个位点、6 步突变。计算出的时间可能在 70 代以内,即在曹操所在的时代或之后分化,即两支可能同为曹操的后代。

表 8—3

	DYS 19	DYS 389I	DYS 389b	DYS 390	DYS 391	DYS 392	DYS 393	DYS 437	DYS 438	DYS 439	DYS 448	DYS 456	DYS 458	DYS 635	Y-GATA H4	DYS 385a	DYS 385b
东港曹祖义	15	14	16	24	10	13	13	14	10	13	18	15	14	21	13	12	17
铁岭曹国平	15	14	17	24	10	14	14	14	9	11	18	15	17	22	11	12	17

红学界周汝昌先生在其《曹雪芹新传》中曾论述曹雪芹是曹操后人。严中先生在其《红楼梦与南京》一书中也曾论述这一观点。但当时,对自称是曹雪芹宗亲的人员又缺乏科学的 DNA 检测手段,还是不能确定答案,这个问题终于在今天得以解决。

曹祖义先生通过复旦大学的 DNA 检测证明了大孤山曹大汉(曹積)弟兄及其后代是曹操的后裔,验证了曹雪芹在《红楼梦》中的记录,证明了曹雪芹是曹操六十四代孙,是曹操后裔无疑。现有资料显示曹祖义先生也是唯一辈分清楚的曹操正宗后裔(七十代孙)。

(四)笔者研究的结论

第一,曹祖义先生的观点是正确的,有复旦大学的 DNA 数据支持,同时证明敦诚的历史记录是正确的,即曹雪芹是曹操曹丕曹髦曹霸的后裔。

敦诚,字敬亭,号松堂,努尔哈赤第十二子阿济格之五世孙,是曹雪芹的好友。

敦诚的《四松堂集》中有一首诗《寄怀曹雪芹(霑)》,作于乾隆二十二年(公元 1757 年)。

少陵昔赠曹将军，曾曰魏武之子孙。
君又无乃将军后，于今环堵蓬蒿屯。
扬州旧梦久已觉，且著临邛犊鼻裈。
爱君诗笔有奇气，直追昌谷破篱樊。
当时虎门数晨夕，西窗剪烛风雨昏。
接罗倒着容君傲，高谈雄辩虱手扪。
感时思君不相见，蓟门落日松亭樽。
劝君莫弹食客铗，劝君莫扣富儿门。
残杯冷炙有德色，不如著书黄叶村。

从这首诗中可看出，敦诚认为：曹雪芹可能是曹操的子孙，可能是曹霸的子孙。

第二，周汝昌先生的“丰润说”是以曹振彦宗族为依据的，其对曹雪芹家的描述有错误。

如果曹雪芹家DNA是O2*，那么丰润曹家与曹雪芹家没有血缘关系，他们之间的关系很可能源于曹世选曹振彦，丰润曹家与曹世选家有可能是同宗本族。

丰润曹鼎望一支未测DNA，但其来源于南昌县武阳渡，估计是O1a1类型，不是曹操类型，而武阳渡曹姓与铁岭各曹姓DNA数据均对不上，说明周汝昌先生的观点与敦诚的记录不符。丰润是各族群出关入关的中转地带，应该存在很多种曹姓DNA类型，丰润伯曹义与曹鼎望很可能不是一支曹姓族群，铁岭腰堡曹国平一支祖上来自于丰润哪支曹姓族群也很难确定。

根据曹玺的历史资料(见后文曹玺章节)，可以认定曹振彦是曹彬的后裔，曹彬的DNA应该与武阳渡曹和夏侯曹是一致的。

第三，李奉佐先生的“铁岭说”有一定的历史价值，有助于厘清关内关外各曹姓的脉络分布，为清朝各族群融合的研究创造了条件。

第四，冯其庸先生的“辽阳说”站不住脚。辽阳尚未见曹操后裔Y染色体类型，《五庆堂谱》后人曹仪简先生的Y染色体类型与各家曹皆不相同。

几十年来，红学界对于曹雪芹祖籍的研究主要有两种观点：一种是以周汝昌先生为代表,认为明初曹家自江西武阳渡北上丰润,一支卜居铁岭;另一种是以冯其庸先生为代表,认为曹氏祖先“著籍”辽阳。但是这两种观点都没有曹世选父亲与祖父的资料。

第五,“进贤说”站不住脚。江西进贤 1 例曹端礼后人不是曹操后裔 Y 染色体类型,与武阳渡、铁岭均对不上,说明祖上与曹孝庆可能是并谱连宗关系。进贤—武阳渡—丰润—铁岭—北京(曹雪芹),这条曹姓行走路线接不起来。

第六,“鹿泉说”有一定的研究价值。其优势是讲得清曹世选上几代名字的出处等。河北鹿泉曹义一支未测 DNA,需要将来进一步研究。

第七,高国藩先生与童立群先生的“花塘说”站不住脚,因为 DNA 数据不支持,说明当地曹家与曹雪芹家可能是并谱连宗关系。

第八,兴城曹铨与曹雪芹没有血缘关系。兴城曹姓、乌巴海曹姓与曹雪芹家是不同的 Y 染色体类型。可能历史上其先祖与曹振彦一道从龙入关、相互照应、关系较好,从而两家建立的联系也未可知。

第九,《五庆堂谱》是各支曹姓的连宗并谱。

曹仪简先生的 Y 染色体类型与各曹姓都不一样,说明他们曹姓先祖之间在满清入关前相互照应、互为依靠、关系较好、共渡难关。丰润伯曹义的信息很重要,因为他驻军过铁岭,族谱上讲过也是曹彬的后代,需要进一步的研究。

第十,从曹姓文化中可以看出,中国历史进程就是一个民族大融合的过程。曹姓族群是一个合亲大家庭,曹姓文化包容、灿烂。在这个大家庭中,群星灿烂——在历史银河中熠熠闪烁,曹雪芹家族则是其中最杰出的一个代表,在中国文学史上可以说是首屈一指。

第十一,曹玺是曹振彦的养子,曹玺曹雪芹这一支是曹操后裔,而不是曹彬后裔。曹振彦一支嫡系后人尚未出现,谜团未最终解决,相关资料尚需完善,对其家族的推论还有待于商榷。

(补注:经过 2012 年补测,河北省鹿泉市曹领振先生的 Y 染色体类型是 O3a3c*,M134+。)

二、台湾铭传大学刊发曹雪芹身世大解密

2015 年 3 月 13 日,美国宾州州立大学杨庆伟教授与中国红学家曹

祖义先生、康栋东先生三位合写的论文“曹雪芹身世大解密：红楼梦古诗与 DNA 的科学验证 ”在台湾铭传大学的 2015 年中国文学之《学理与应用》国际学术研讨府发表。[23]

銘傳大學 2015 年中國文學之「學理與應用」國際學術研討會，銘傳大學應用中國文學系（所）主辦 會議時間：2015 年 3 月 13 日：會議地點：銘傳大學桃園校區觀光語文大樓 P104
《銘傳大學 2015 年中國文學之「學理與應用」國際學術研討會論文集》2015 年 5 月出版，銘傳大學應用中國文學系（所）編印，頁 33-46

曹雪芹身世大解密：紅樓古詩與 DNA 的科學驗証

楊慶偉[*]曹祖義[*]康棟東[**]

摘要

曹雪芹的譜系至今仍墮在歷史與傳說的五里霧中。本文使用復旦大學 DNA 的結果與薛寶琴的十首懷古詩來斷定曹雪芹的確是曹操的後裔。這事件在統計上因隨機而發生錯誤的可能性小於百萬分之五。本文是首先把在不同時空的事件，用機率串起來討論紅學中難題的一篇文章。一千五百年前這兩大文學家時空遙唱，嘆息著對盈虛之不可期卻又無可避免的宿命論。曹操北征烏桓經過遼海時寫下了“秋風蕭索，洪波湧起”豪氣乾雲的句子。根據最新的研究，本文作者也發現曹雪芹是在遼寧大孤山完成了千古名著紅樓夢，中有“寒塘渡鶴影，冷月葬花魂”的名句，與他的遠祖時空交叉，相互輝映而名留青史。

图 8—1　台湾铭传大学刊发文章(曹雪芹身世)截图

文章中部分内容如下：

摘要：曹雪芹的譜系至今仍墮在歷史與傳說的五里霧中。本文使用復旦大學 DNA 的結果與薛寶琴的十首懷古詩來斷定曹雪芹的確是曹操的後裔。這事件在統計上因隨機而發生錯誤的可能性小於百萬分之五。本文是首先把在不同時空的事件，用機率串起來討論紅學中難題的一篇文章。一千五百年前這兩大文學家時空遙唱，嘆息著對盈虛之不可期卻又無可避免的宿命論。曹操北征烏桓經過遼海時寫下了“秋風蕭索，洪波湧起”豪氣乾雲的句子。根據最新的研究，本文作者也發現曹雪芹是在遼寧大孤山完成了千古名著紅樓夢，中有“寒塘渡鶴影，冷月葬花魂”的名句，與他的遠祖時空交叉，相互輝映而名留青史。

……

在中國人口中大約只有 5％的人口具有 O2M268 的單倍羣；而大部份人(95％)的人不具備這個單倍羣。因為它在中國是一種罕見的 DNA

單倍羣,所以我們可以計算出因隨機而發生的錯誤機率。譬如根據復旦大學在 2011 年在現代人類學通訊的資料,我們計算了對數勝算比(logarithm odds ratio)發現,宣稱為曹操後裔的族群具有高 O2M268 的比率(40%)遠超過非曹操後裔的比率(4.98%):這項檢定錯誤的可能性(p value)只有百萬分之 4.53。根據超幾何(hypergeometric)分配,曹操後裔只是運氣好而具有此高比率的可能性只有十萬分之 9.312;卜阿松(Poisson)與二項式(binomial)分配的錯誤可能性分別為萬分之 1.314 及十萬分之 5.31。為了不誇大結果,我們採用最大錯誤機率的卜阿松分配的結果:p value=0.0001314。不管使用那一組數據,它們都很小。因此我們可放心地把 DNA 單倍羣 O2M268 當成曹操的標誌,來檢驗流傳已久的 7 種有關曹雪芹祖先的假說,其中當以周汝昌先生的河北豐潤說為圭臬。

……

依照這十首懷古詩的謎底為準,我們可以計算出曹雪芹家譜上的十位人名與謎底相符合的機率。為了不誇大計算的結果,我們只考慮謎底與譜名是否符合:隨機亂猜只有兩種可能性:對與錯,機率各為 1/2。就算我們把第五及第六謎題的解答(曹霖與曹文龍)當成牽強附會或隱喻性太高,將它們算為錯誤。加上第一題的赤壁懷古謎底(曹操)是常識,懷古詩只剩 9 首,根據二項分配的機率公式,9 題中猜對任何 7 題的機率是 0.07031。9 題中猜對 7、8、9 題的機率總和是 8.98435%,為了不誇大結果,我們把 8.98435%當成"純猜"中的機率。

……

我們把復旦大學 DNA 的檢驗與薛寶琴的懷古詩謎底當成兩件獨立事件,兩者皆為隨機現象的機率是(1.314/10000)×0.0898435=0.000011805:即十萬分之 1.1805。上世紀 1970 年代對安徽亳州的曹氏墳地的發掘,出土了大量的文物。出土文物中有一顆牙齒,據出土碑文考證來自曹操叔祖河間相曹鼎。在 2013 年復旦大學 DNA 精細的測定,結果顯示與曹操後裔一致:有 60.18%的機率為 O2M* 268 中的 PK4—,這正是曹操家族 DNA 的標記。它意味著曹雪芹是曹操後裔的錯誤可能性更加縮小為 0.000011805×(1—0.6018)=0.0000047:百萬分之 4.7。從古代 DNA、現代人 DNA 和紅樓古詩的謎底三方面來檢定，使得結果更加精確：曹雪芹的確是曹操的後裔；而紅樓古詩謎底的破譯使我們更加確定曹雪芹是紅樓夢的作者。

……

由古詩、現代曹氏的 DNA、曹操叔祖牙齒的 DNA 來看，曹雪芹極可能是曹操的後裔。這段歷史的謎霧也因此而雲開見日，應該可以蓋棺論定了。

第二节 关于复旦大学确定“曹操Y染色体类型是O2*”的社会和历史意义

复旦大学确定“曹操Y染色体类型是O2*”,这是一项划时代的研究成果,其影响深远:一是推动了我国的文史研究、家谱研究,为考古提供了借鉴;二是推动了中国古典小说《红楼梦》的研究,为确立我国小说在世界上的地位迈出了一大步;三是促使红学、曹学重新洗牌,确定了红学、曹学新的研究方法和方向。

一、对于鉴定曹操墓的意义

河南安阳曹操墓出现以后,引起了广泛的争论,如何科学鉴定墓主人的身份成为一项重大课题。

复旦大学确定“曹操Y染色体类型是O2*”以后,可以为安阳曹操墓中男性遗骨(头盖骨)提供准确的科学比对基准,用这个相对稳定的DNA标尺与安阳墓中残损的尸骨DNA片断进行比对,结果就很容易出现。

复旦大学这项研究是一个创新,是中国学术界首次将人类学、历史学与遗传学结合起来,跨学科进行研究,运用现代科学技术手段提高文史研究、家谱研究的准确性,为考古提供了借鉴,必能帮助确定安阳汉魏大墓主人是曹操还是夏侯惇或是其他人。

二、解开曹雪芹之谜

曹雪芹是曹操后裔吗?敦诚的记录对吗?这是红学争论百年难以解开的谜。在红学界中,周汝昌先生、严中先生支持“曹雪芹是曹操后裔”这种观点。

如果曹雪芹是曹操后裔,根据复旦大学“曹操Y染色体类型是O2*”成果,那么曹雪芹的Y染色体类型必定是O2*。

这一观点完整的证据链条包括:

1.《红楼梦》文本证

多位学者对《红楼梦》文本的研究证明,曹雪芹自称是曹操曹丕曹髦曹霸的后裔[22]，并在书中留下谶语，将来秦钟/亲宗后代中有一个智能者能够率先破解《红楼梦》，告诉世人这一真实的历史记录。辽宁丹东东港市大孤山曹祖义先生就是这一智能者，他是曹雪芹的宗亲，是“正宗曹操七十代孙”。大孤山曹家与曹雪芹家是本家，他们共同的始祖是曹锡章。

2. 资料证

根据曹祖义先生提供的资料显示：第一，其家族口口相传是曹髦的后代。曹髦是曹操的曾孙，三国魏国皇帝（公元254—260年在位）。第二，其家族谱中有“龙、宗、延”的范字，说明历史上有祖辈做过皇帝，可以直接追溯到曹丕。

3. DNA证

2010年3月2日，曹祖义先生亲临复旦大学进行取样，检测结果与曹植后裔等Y染色体类型相吻合，属于曹操类型。

曹祖义先生的Y染色体类型是O2*，17个STR位点数据如表8－4所示。

表8－4

	DYS 19	DYS 389I	DYS 389b	DYS 390	DYS 391	DYS 392	DYS 393	DYS 437	DYS 438	DYS 439	DYS 448	DYS 456	DYS 458	DYS 635	Y-GATA H4	DYS 385a	DYS 385b
曹祖义	15	14	16	24	10	13	13	14	10	13	18	15	14	21	13	12	17

《红楼梦》文本证、资料证、DNA证这三证不但能够各自为证，而且组成了完整的证据链条，相互吻合。这证明敦诚的历史记录是正确的。

目前，完整的证据链条证明：曹雪芹确实是曹操后裔。

三、对传统红学、曹学的评价

1. 传统红学、曹学的概况与评价：历时日久、前赴后继、表面繁荣、方向错误

(1)传统红学。①

红学主要包括曹学、版本学、探佚学、脂学，即对《红楼梦》的作者、版本、脂砚斋评以及“佚稿”的研究，才算是真正的红学。自《红楼梦》诞生的那一天起，红学的研究就开始了。脂批的作者脂砚斋等人可以说是最早

---

① 参见：http://baike.baidu.com/view/4089.htm。

的红学家。“五四”以后,胡适、俞平伯等用现代的考证方法来研究《红楼梦》,把红学研究向前推进了一大步,因此,人们把“五四”以前的红学称为“旧红学派”,而把胡适、俞平伯所倡导的红学称为“新红学派”。二百多年来,红学产生了许多流派,有评点派、评论派、题咏派、索隐派、考证派等。

(2)传统曹学。①

红学分支——曹学,鲁迅先生采取当时红学研究的一个最新成果,在他的《中国小说史略》里面就认为曹雪芹写《红楼梦》是一种自叙性的作品,是带有自传性的作品。鲁迅先生是这么说的,“叙述皆存本真,闻见悉所亲历”。《红楼梦》的特点是八个字:“正因写实,转成新鲜。”他写实写到力透纸背的程度,本来写实好像是最不新鲜的,虚构、想象是最新鲜的,因为他以最大力度来写实,写得非常之好,“转成新鲜”,反而赛过那些纯虚构的、纯幻想的作品。这是鲁迅先生对《红楼梦》的评价。于是在红学研究中出现了一个分支——曹学,通过研究曹雪芹的生平、经历来了解《红楼梦》。

(3)另有说法是把红学分成四派。第一派:评说派,诸如周春、徐凤仪、陈毓罴等;第二派:索隐派,诸如王梦阮、蔡元培;第三派:考证派,以胡适、俞平伯、周汝昌等为主;第四派:文学思想派。

这里重点分析一下考证派。考证派的代表人物如下:

胡适(1891—1962 年),汉族,徽州绩溪县上庄村人。现代著名学者、诗人、历史家、文学家、哲学家。因提倡文学革命而成为新文化运动的领袖之一。

胡适先生考证出了《红楼梦》的作者是曹雪芹,而曹雪芹是曹寅之孙;《红楼梦》是曹雪芹的“自传”;《红楼梦》后四十回是高鹗所补。很长一段时间以来,胡适的这些观点普遍被人接受。

俞平伯(1900—1990 年),原名俞铭衡,字平伯。现代诗人、作家、红学家。清代朴学大师俞樾曾孙。与胡适并称“新红学派”的创始人。

俞平伯先生有两句名言:其一是“红学愈昌,红楼愈隐”;其二是“胡适、俞平伯是腰斩《红楼梦》的,有罪。程伟元、高鹗是保全《红楼梦》的,有功。大是大非!”

---

① 参见:http://baike.baidu.com/view/1310667.htm。

周汝昌，天津人，本字禹言，号敏庵，后改字玉言，曾用笔名玉工、石武、玉青、师言、茶客等，是我国著名红学家、古典文学专家、诗人、书法家。有四十多部学术著作问世，其中代表作《红楼梦新证》是红学研究历史上里程碑式的著作，也是近代红学研究的奠基之作。

周汝昌先生的红学观点是：曹雪芹是曹彬的后裔；史湘云是脂砚斋的原型，脂砚斋是曹雪芹的妻子；曹雪芹的关外祖籍是铁岭，关内祖籍是丰润；全盘否定后四十回等。

吴恩裕先生搜集、整理了曹雪芹的传闻，著有《有关曹雪芹十种》《曹雪芹丛考》。

吴世昌先生对曹家家世方面做了新的探索，著有《红楼梦探源》《红楼梦探源外编》。

冯其庸先生著有《曹雪芹家世新考》，对曹雪芹的籍贯和世系做了研究。

其中，胡适先生把红学纳入了学术轨道，具有开创之功，他还积极提携后辈周汝昌先生等深入研究，展现出大学者的风范，可以说在红学研究中是一位起到划时代作用的重要人物。

俞平伯先生的参与促进了红学的繁荣，从而吸引了更多的参与者。

周汝昌先生潜心研究红学、曹学六十多年，从浩瀚的诗文集、志书、宫廷档案、墓志铭中勾稽摘录资料，在考证上多有发现，在探佚上广开思路，吸引人们从全新的、美好的角度思考《红楼梦》，是另一位起到划时代作用的重要人物。

吴恩裕先生、吴世昌先生、冯其庸先生等的研究进一步丰富了红学与曹学的外围资料。

(4)1979 年 6 月，耶鲁大学教授余英时先生在《近代红学的发展与红学革命》[①]中有“由于胡适的提倡，《红楼梦》的考证工作已和近代中国学术的主流——从乾嘉考据学到‘五四’以后的国故整理——汇合了。因此，从学术史的观点来看，‘红学’无疑地可以和其他当代的显学如‘甲骨学’或‘敦煌学’等并驾齐驱，而毫无愧色”。可见当时红学的繁荣。

迄今为止，传统红学、曹学的研究人数之多、论文之多、争论之多可谓

---

① 参见：http://www.360doc.com/content/16/0227/07/1058365_537701491.shtml。

“三多”,但是关于曹雪芹和《红楼梦》的最基本问题都没有解决。更有刘梦溪先生在其专著《红楼梦与百年中国》中将“脂砚何人”“芹系谁子”“续书作者”并称为红学的“三大死结”,“但脂砚何人?无论说是(曹雪芹)叔父也好,舅父也好,曹頫也好,棠村也好,曹雪芹自己也好,史湘云也好,都不过是一种猜测,而且是证据并不充分的猜测,不仅在研究者中间达不成一致,更主要的是每一种立说本身就没有实证的支持,……这三个死结,从已经知道的材料看,无论从哪个角度立说,对材料作怎样的分析,都无法对脂砚何人、芹系谁子、续书作者这三个问题,做出确切的回答,除非发现新的材料,否则这三个死结就将继续下去,谁都休想解开”。

如今在各种学术会议、各大红学论坛上的红学、曹学争论日趋复杂,以讹传讹、以误证误,使绝大部分学者迷失方向、徒耗精力。这也足见《红楼梦》文本解读之难、曹雪芹智慧之高。

所谓“失之毫厘,差之千里”,传统红学、曹学正是偏离了“曹雪芹是曹操曹丕曹髦曹霸后裔”这一根本大方向,才导致谬误百出,怎么讲都不通。

在红学界有一个奇怪的现象,懂一点儿《红楼梦》的人常常受到一点儿不懂的人的嘲笑。即使是名家,当面临真正的文本解读文章时,也是很难看懂的,有时不但不懂,而且还不信。

2. 网络媒体上关于《红楼梦》的观点及其弊病

以百度百科为例,《红楼梦》词条的解释如下:[①]

《红楼梦》,中国古代四大名著之一,章回体长篇小说,成书于1784年(清乾隆四十九年),梦觉主人序本正式题为《红楼梦》。其原名有《石头记》《情僧录》《风月宝鉴》《金陵十二钗》等。前八十回曹雪芹著,后四十回无名氏续,程伟元、高鹗整理。本书是一部具有高度思想性和高度艺术性的伟大作品,作者具有初步的民主主义思想,他对现实社会、宫廷、官场的黑暗,对封建贵族阶级及其家族的腐朽,对封建的科举、婚姻、奴婢、等级制度及社会统治思想等都进行了深刻的批判,并且提出了朦胧的带有初步民主主义性质的理想和主张。

评价:《红楼梦》是一部具有高度思想性和高度艺术性的伟大作品,代表古典小说艺术的最高成就之一,也是中国古代四大名著之一。它以荣

① 参见:http://baike. baidu. com/view/2571. htm。

国府的日常生活为中心，以宝玉、黛玉、宝钗的爱情婚姻悲剧及大观园中点滴琐事为主线，以金陵贵族名门贾、史、王、薛四大家族由鼎盛走向衰亡的历史为暗线，展现了穷途末路的封建社会终将走向灭亡的必然趋势。同时，以其曲折隐晦的表现手法、凄凉深切的情感格调、强烈高远的思想底蕴，在我国古代民俗、封建制度、社会图景、建筑金石等各领域皆有不可替代的研究价值，达到我国古典小说的高峰，被誉为"我国封建社会的百科全书"。

主旨：关于红楼梦旨义思想的研究历来众说纷纭，鲁迅定义为"人情小说"，脂砚斋《凡例》评：此书只是着意于闺中，故叙闺中之事切，略涉于外事者则简。王国维《红楼梦评论》：《红楼梦》一书与喜剧相反，彻头彻尾之悲剧也。胡适《红楼梦考证》：《红楼梦》这部书是曹雪芹的自叙传。蔡元培《红楼梦索隐》：揭清之失，悼明之亡。

作者介绍：在20世纪初，"《红楼梦》原作者究竟是谁"这个问题曾经引起中国学界的争论，这个争论至今仍然存在。但大多数学者取得了共识——《红楼梦》是由曹雪芹撰写的前八十回，高鹗与程伟元续全的，但也有观点认为八十回后是由无名氏所续，高鹗与程伟元不过是编纂者。

曹雪芹：满洲人，中国清代伟大的文学家、诗人，名霑（读作"zhān"），字梦阮，号雪芹，又号芹圃、芹溪，祖籍河北唐山（一说辽宁铁岭，一说辽宁辽阳），大约生于1715年（也有说法为1724年），卒于1763年或1764年。

曹雪芹在富贵荣华中长大。其先世原是汉族，后为满洲正白旗包衣（家奴）。曹雪芹的高祖因随清兵入关有功得受官职。曹雪芹的曾祖父曹玺、祖父曹寅、父辈的曹颙和曹頫相继担任江宁织造达60余年之久，颇受康熙帝宠信。曹家也因此成为当时财势熏天的"百年望族"；雍正初年，由于统治阶级内部斗争的牵连，曹家遭受多次打击，曹頫被革职入狱，家产抄没，举家迁回北京，家道从此日渐衰微。这一转折，使曹雪芹深感世态炎凉，更清醒地认识了社会制度的实质。从此他的生活一贫如洗，但他能诗会画，擅长写作，以坚韧不拔的毅力专心致志地从事小说《红楼梦》的写作和修订，披阅十载，增删五次，写出了这部把中国古典小说创作推向巅峰的文学巨著。

乾隆二十七年（1762年），幼子夭亡，曹雪芹陷于极度的忧伤和悲痛之中,到这一年的除夕(1763 年 2 月 12 日),因贫病无医而逝世(注:也有说法是死于次年除夕,即 1764 年 2 月 1 日,曹雪芹逝于 1763 年的说法见甲戌本脂砚斋甲午泪笔批:"能解者,方有辛酸之泪,哭成此书。壬午除夕,书未成,芹为泪尽而逝。余尝哭芹,泪亦待尽"),入葬费用由好友资助。

现存最早手抄本是乾隆甲戌年(1754 年)的,但只有不连续的 16 回。后来又发现了若干手抄本,较重要的如乾隆庚辰年(1760 年)抄本,今存 78 回。这些手抄本都题名《石头记》,并且有署名"脂砚斋"等人的许多评语,所以又被称为"脂评本",简称脂本;脂本何以出现并流传,尚有争议。

这些在网络媒体中流行的观点错误很多而且浅显,讲述的都是表面现象(贾雨村/假语存),实际历史上因为明清战争原因,曹玺成为曹振彦的养子,曹玺曹寅曹宣曹颙曹頫曹雪芹家与曹世选曹振彦曹尔正曹宜家组成一个合亲家庭。曹頫(脂砚斋)要求曹雪芹撰写《红楼梦》记录这段历史,以实现曹玺一家人回归曹操曹丕曹髦宗族的心愿,这就需要参照辽宁岫岩大孤山亲宗曹雲的家谱整理和补录曹玺一家人,曹頫曹雪芹把希望寄托在曹雲家亲宗后代智能者与小红身上,认为将来这两个人会向世人揭示《红楼梦》的秘密。借用曹祖义先生在《也谈红楼梦》中的说法:"《石头记》确属小说体裁的历史和文体解读著作,是这三部分的有机合成。"用《红楼梦》中的话说就是"虽其中大旨谈情,亦不过实录其事"。

3. 对于大多数传统红学、曹学的研究方法和成果,要以扬弃的态度视之

传统的主流研究方法是以考证为主,很少进行索隐。考证的成果则是汗牛充栋,集中表现在以下两个方面:

(1)曹雪芹的远祖是谁?

其代表性观点之一:曹雪芹是北宋大将曹彬后裔。

(2)曹雪芹的祖籍是哪里?

几十年来,红学界对于曹雪芹祖籍的研究主要有两种观点:一种是以周汝昌先生为代表,认为明初曹家自江西武阳渡北上丰润,一支卜居铁岭;另一种是以冯其庸先生为代表,认为曹氏祖先"著籍"辽阳。

关于"远祖问题",要么是敦诚错了,要么是持否定意见的红学家错了！如果敦诚错了，则敦敏、明义、永忠等人的文献资料都存疑，甚至不能引用。因此，从敦诚这里红学界就会分成两派，红学家面临抉择。

关于“祖籍问题”，武阳渡、铁岭、辽阳、五庆堂等曹姓人群Y染色体类型各不相同，没有追溯的可能。因此，很多传统的红学、曹学观点走投无路，红学家对此又要抉择。

可以说，复旦大学确定“曹操Y染色体类型是O2*”这一事件，直接促使了红学、曹学重新洗牌。

四、红学、曹学新的研究方法和方向

1. 红学、曹学新的研究方法和方向

（1）红学新的研究方法是掌握“萤火虫/影伙从”的文法，以文本探究本事为主，结合外部各种文献资料验证，再现曹雪芹家的百年历史。具体参考曹祖义先生的红学著作。

（2）曹学新的研究方向是：重新认识曹玺和曹振彦之间的关系，还原这个合亲家庭的本来面貌。曹玺是曹振彦的养子，曹玺曹雪芹家族是曹嵩曹操曹丕曹髦曹霸后裔。

2. 比较顽固的两种传统红学、曹学的研究方法和方向

（1）其一是否定“曹雪芹是曹操后裔”，否定敦诚的诗，认为敦诚误记。这部分学者会选用包括敦敏、明义、永忠等人的文献资料中他们认为有用的部分，而否定不能为其所用的部分。例如，部分学者会继续坚持《五庆堂谱》所记的正确性。这是没有看懂《红楼梦》二牍思想的表现，仅是在外围材料里兜圈子。

（2）其二是认为曹雪芹只是批阅增删者，而原作者另有其人，这也是没有看懂《红楼梦》二牍思想的表现，也是在外围材料里兜圈子。

五、研究意义

首先，复旦大学确定“曹操Y染色体类型是O2*”，这虽然是理工科领域的研究成果，却为中国古典小说《红楼梦》的研究提供了支持，为确立我国小说在世界文学上的地位迈出了一大步。

其次，复旦大学确定“曹操Y染色体类型是O2*”这一事件对于中华

文化的影响必将非常深远,运用现代科学技术,为文史研究、家谱研究打开了崭新的视角,树立了成功的案例,进而帮助红学界拨开了在中国文学史上最具影响力的曹雪芹家族的重重迷雾,让无数学者得以窥探一代文学巨匠曹雪芹卓越超前的思维方式,这必将激发学者们的创新意识,提高他们研究成果的"含真量",使他们成为中华文化复兴洪流中的一股巨大力量。

再次,复旦大学确定"曹操 Y 染色体类型是 O2*"这一成果将促使中国学术界继续把人类学、历史学与遗传学结合起来,跨学科进行研究,得出更多精彩的硕果。

第三节　曹雪芹与《红楼梦》

一、曹雪芹生平

曹雪芹(1715年—1763年),名霑,字雪芹,号梦阮,曹颙遗腹子,明清祖籍地为登州府宁海州河南村,即现山东省威海市乳山市下初镇河南村,系曹操曹丕曹髦后裔。清代伟大的文学家,著有《红楼梦》。

曹雪芹的曾祖父曹玺任江宁织造;曾祖母孙氏做过康熙皇帝玄烨的保母,即教养嬷嬷;祖父曹寅做过康熙皇帝的伴读和御前侍卫,后任江宁织造,兼任两淮巡盐监察御使,极受康熙宠信。康熙六下江南,其中四次由曹寅负责接驾,并住在曹家。1712年(康熙五十一年)曹寅病故,其子曹颙、嗣子曹頫先后继任江宁织造。曹家祖孙三代四人担任此职达60年之久,显耀一时。

曹雪芹一生命运不顺遂,还未出生时父亲曹颙就意外去世,自幼被嗣父曹頫管教甚严,幸有母亲、祖母的爱护。

在雍正五年前,曹家仍在江宁织造任上,曹雪芹的生活是比较好的,这段时间经历了书香门第的熏陶以及江南文化的熏陶,见识了"秦淮风月""繁华锦绣",为日后创作《红楼梦》积累了丰富的素材。

雍正上台后,曹頫因有其姐夫平郡王和其他亲属庇护,暂时逃过一劫,小心谨慎地继续担任江宁织造,但曹頫家和曹宜家(曹振彦孙子)的矛盾没有化解,曹宜与雍正关系较好,后设局在雍正五年将曹頫以袭扰驿站罪革职查办,导致曹家败落。

曹頫下狱治罪,"枷号"一年有余。这时,曹雪芹随着全家迁回北京居住,曹家从此一蹶不振。曹雪芹经历了生活中的重大转折,开始感受世态炎凉。

及至乾隆朝,曹家地位好转并改善,曹頫为了实现祖辈回归宗族的愿望,不使家史湮灭,决心安排曹霑撰写《红楼梦》,大约在乾隆五年或六年,曹頫带着曹雪芹先找到宁海州河南村(今乳山市下初镇河南村)亲宗,后找到辽东岫岩大孤山亲宗,向他们详细询问本宗族的历史,同时决定让曹雪芹留在大孤山写书,以避开北京曹宜后代的耳目,安心创作。曹雪芹以坚韧不拔的毅力,专心致志地从事《石头记》的写作,在大孤山一住十年,写完一百回全稿。

后曹雪芹携稿回到北京,经曹頫批阅,曹雪芹进行修改,前后历经近三年时间,于乾隆十九年(甲戌)推出一百回《脂砚斋重评石头记》,因为有脂砚斋批语为证。我们至今仅看到七十八回(或八十)抄本原貌。曹玺本来是曹振彦的养子,曹玺一支族人一直想回归曹髦宗族,但未能实现,还导致了曹玺家和曹振彦家后代的矛盾和分裂。曹雪芹用高超的艺术手法把这段历史隐写在书中,借以实现祖辈的愿望。可以说,曹雪芹毕其功于一役,把全部精力用在了撰写《红楼梦》上面,这是他的使命!

晚年,曹雪芹移居北京西郊,生活拮据,“举家食粥酒常赊”。1762年(乾隆二十七年),因幼子夭亡,曹雪芹过度悲伤致病,不久就卧床不起,于除夕之夜(乾隆二十七年1762年与乾隆二十八年1763年之交的2月12日壬午除夕)逝世。

曹雪芹的诗立意新奇,风格近于唐代诗人李贺,除了《红楼梦》中的诗词,他的诗现存题敦诚《琵琶行传奇》两句:“白傅诗灵应喜甚,定教蛮素鬼排场。”

曹雪芹的画与众不同,敦敏《题芹圃画石》赞说:“傲骨如君世已奇,嶙峋更见此支离。醉余奋扫如椽笔,写出胸中磈礧时。”

曹雪芹的小说规模宏大,结构严谨,情节复杂,描写生动,塑造了众多具有典型性格的艺术形象,更奇在内含另一套完整、逻辑严密的验算体系,堪称中国古代长篇小说的高峰,堪称二牍写史的奇峰,在文学、历史学上均占有特殊的地位。

曹雪芹年表:

康熙五十四年三月七日(1715年),曹頫呈康熙皇帝的奏折中说:“奴才之嫂马氏,因现怀妊孕已及七月,恐长途劳顿,未得北上奔丧,将来尚幸而生男,则奴才之兄嗣有在矣……”依据时间推算,这个将要出世婴儿应该就是曹顒的遗腹子曹霑。

康熙五十四年六月十二日子初初刻十分(乙未1715年7月11日23:10),曹雪芹出生[22],与史料记载的最长寿的人物彭祖是同一天生日。

雍正五年十二月二十四日(丁未 1727 年),雍正以"骚扰驿站"罪名,下令查封曹頫家产。

雍正六年(戊申 1728 年),因转移家产企图"赖债"被抄家。抄家后家眷离开江宁回到北京,住蒜市口十七间半房。

雍正十年(1732 年)后,曹頫安排曹雪芹写作《风月宝鉴》。

乾隆元年(丙辰 1736 年),朝廷赦免各项"罪款",家境改善。

乾隆四年(己未 1739 年),曹雪芹写作《风月宝鉴》渐成。

约乾隆五年六年(1740、1741 年),曹頫带着曹雪芹走访宁海州河南村亲宗与辽东岫岩大孤山亲宗。

约乾隆十六年(辛未 1751 年),曹雪芹在大孤山历经十年创作完成一百回《石头记》,携稿回京。

乾隆十九年(甲戌 1754 年),曹頫批阅,曹雪芹完成增删,《脂砚斋重评石头记》甲戌本传世。

乾隆二十一年(丙子 1756 年),曹頫仍在批阅,第七十五回脂批有:"乾隆二十一年丙子五月初七日对清。缺中秋诗,俟雪芹。"

乾隆二十二年(丁丑 1757 年),友人敦诚作诗《寄怀曹雪芹》,回顾右翼宗学夜话,相劝"不如著书黄叶村",估计此时曹雪芹已到西山,离开曹頫独立生活。

乾隆二十四年(己卯 1759 年),"己卯本"《石头记》有"脂砚"批语纪年。

乾隆二十五年岁在庚辰上巳前,曹雪芹与芳卿回大孤山探亲,此时曹大汉已经去世。返京时带回曹雪芹书箱。

乾隆二十五年(庚辰 1760 年),"庚辰本"《石头记》有"砚斋四阅评过"。

乾隆二十七年(壬午 1762 年),曹頫脂批有:"壬午重阳""索书甚迫"等语,重阳后再无批语。

乾隆二十七年(壬午 1762 年),除夕夜曹雪芹逝世,卒年四十八岁。

二、台湾铭传大学刊发《纪念曹雪芹诞辰三百周年暨生日解密》

2016 年 3 月 11 日,中国红学家曹祖义先生、美国宾州州立大学杨庆伟教授与上海学者康栋东先生三位合写的论文“纪念曹雪芹诞辰三百周年暨生日解密”在台湾铭传大学的 2016 年中国文学之“学理与应用”国际学术研讨会发表。[24]

銘傳大學 2016 年「中國文學之學理與應用」國際學術研討會，銘傳大學應用中國文學系（所）主辦；會議時間：2016 年 3 月 11 日；會議地點：銘傳大學桃園校區觀光語文大樓 P104；《銘傳大學 2016 年「中國文學之學理與應用」國際學術研討會論文集》2016 年 4 月出版，銘傳大學應用中國文學系（所）編印，頁 33-48。

紀念曹雪芹誕辰三百周年暨生日解密

曹祖義

中國遼寧省紅學家

楊慶偉

賓州州立 Clarion University 退休教授,前中正大學客座教授

康棟東

上海紅學家

摘要

自紅學誕生以來，曹雪芹誕辰是紅學界重要研究課題，引無數紅學家和紅迷為之不懈探討，最終都不得確定。此文用我們研究發現的《紅樓夢》“影夥從”寫作藝術手法（類似戚廖生所說“一手二牘”藝術手法，但高於它），倒逼假語返真（賈雨村甄士隱）。通過回目，歷史人物彭祖，寶玉生日解讀，結合曹家歷史資料，解密隱藏在《石頭記》中的曹雪芹具體生日時辰，讓這個結論與曹雪芹隱藏在《石頭記》中“十首懷古詩”一樣，在實踐檢驗中得到世人承認。

图 8—2　台湾铭传大学刊发文章(纪念曹雪芹诞辰)截图

文章中记载:

壹、導言

二零一五年是曹雪芹誕生三百周年紀念,他的《石頭記》又名《紅樓夢》已經風風光光地走進世界文學的殿堂。《石頭記》是世界文學寶庫中的奇葩,是華人的光榮。自十八世紀以來很多重要產品都是西人發明的,在文學方面,更有浪漫派、寫實派、現代主義、存在主義、後現代主義、超後現代主義如雨後春筍一般地佔據了世界文壇。華人拿什麼跟西方分庭抗禮呢? 只有《紅樓夢》。《紅樓夢》是中華文化集大成者,是用無與倫比的“影伙從”藝術手法鑄成的文學巨著。它已經領先西方文學藝術兩百七十餘年,而且繼續領先。這麼一位文壇巨匠,我們有必要在他誕生三百周年時候來紀念他。

最好的紀念方式就是我們要理解《石頭記》，只有徹底瞭解《紅樓夢》，才能真正體會到曹雪芹的偉大。經過多年研究我們覺得，要讀懂《紅樓夢》，首先要知道它是一部什麼樣的書。它是一部三位一體（trinity）的曠世巨著，是以小說故事為載體的歷史和文體的密碼作品，簡單說，是"故事、歷史、解讀"三部分的有機合成物。脂硯齋喻之"影伙從"藝術手法，戚蓼生謂之"一手二牘"手法。

……

曹雪芹能把自己真正的家譜寫進《石頭記》，同理曹雪芹也會把自己的生日也寫進書中。只是我們必須把曹雪芹記錄在《石頭記》中的生日如大海撈針一般找出來，這就是對曹雪芹誕生三百周年最好的紀念！

關於曹雪芹誕辰，中國紅學界普遍認為曹雪芹誕生於一七一五年，我們認為這個結論是正確的。但在曹雪芹生日上紅學家有多種說法，比較有影響的是陰曆四月二十六日。而我們研究結論是：曹雪芹於康熙五十四年六月十二日子初初刻十分，誕生於江寧織造署。這個生日時辰是曹雪芹自己說的，巧妙地隱藏在書中，我們只是把它解碼還原而已，可從下面從五個方面解讀：第一，回目，第二，彭祖，第三，芒種節，第四，時辰，第五，史証。

貳、回目的玄機

六十二回這數字就是曹雪芹生日的一條有力線索。六十二回寫的是寶玉過生日，也隱喻是曹雪芹過生日。回目六十二這個數字，可以說是曹雪芹六月十二日生日的速記縮寫。現代人可以簡略寫成 6.12，古代沒有標點符號，雖然有時也用個逗點，但都寫在文字旁邊，所以六月十二日簡略寫為"六十二"是古代常規行文的方式。

說曹雪芹把生日記錄在六十二回目上，有的人可能不認同，說《紅樓夢》是小說不是曹家歷史。對此，曹雪芹當初已想到以後讀者或者紅學家會有這樣的疑問，所以他在六十二回中多次輔導、教授讀者，使之明白。我們可以用下面的對話，來解析曹雪芹所設置的的玄機，且看六十二回書中這段：

探春道："我吃一杯，我是令官，也不用宣，只聽我分派。"命取了令骰令盆來，"從琴妹擲起，挨下擲去，對了點的二人射覆。"寶琴一擲，是個三，岫煙寶玉等皆擲的不對,直到香菱方擲了一個三。寶琴笑道:“只好室內生春,若說到外頭去,可太沒頭緒了。”探春道:“自然。三次不中者罰一杯。你覆,他射。”寶琴想了一想,說了個“老”字。香菱原生於這令,一時想不到,滿室滿席都不見有與“老”字相連的成語。湘雲先聽了,便也亂看,忽見門斗上貼著“紅香圃”三個字,便知寶琴覆的是“吾不如老圃”的“圃”字。見香菱射不著,眾人擊鼓又催,便悄悄的拉香菱,教他說“藥”字。

寶琴是誰?寶琴乃曹雪芹。曹雪芹是曹髦后裔探春二十代范世裡最末一代人,寶琴過生日當然是探春來主持。曹雪芹提醒大家,這裡是說我的生日,只能探春范世內找,而且不要想我生日以外的事,扯遠了可找不到生日頭緒了。

湘雲見香菱射不著,教她說“藥”字。一牘文字意思,點她芍藥花開處,讓她聯想紅香圃的圃。其實是點讀者,如此提醒還想不到紅香圃的圃嗎?二牘文字是腦筋急轉彎,是點“藥”的作用“治病”,其諧音原字是“字並”。老圃是“我不如老圃”的字並,同理,回目六十二是六月十二日的字並。

……

且看書中這段酒令:

一是明身份,寶琴是曹雪芹,已經補入曹雲家老譜,旗人家譜涉及不著。

二是輔導,為讀者指路解讀。如果這樣點你、提示還模糊不清,接下來還有第二套輔導方案,見書中:

下則寶釵和探春對了點子。探春便覆了一個“人”字。寶釵笑道:“這個‘人’字泛的很。”探春笑道:“添一字,兩覆一射也不泛了。”說著,便又說了一個“窗”字。寶釵一想,因見席上有雞,便射著他是用“雞窗”“雞人”二典了,因射了一個“塒”字。探春知他射著,用了“雞棲於塒”的典,二人一笑,各飲一口門杯。

雞窗——書房,這裡特指六十二回回目。雞人——會說人話。比喻六十二回的回目是報曉雞、報時六十二。探春知道他射著了,用了“雞棲於塒”的典。一口門杯是拆字,門——出入口,謎底是口加口(門)為“回”字,其實口本身也讀回。杯字拆開為:木、不兩字,“矯形”的諧音原字為:

目、布。指明生日布在回目上,即擺在這回門口上。

探春、寶釵兩人射覆,曹雪芹設計也十分巧妙,這是曹髦后裔第三個二十代范世與老譜中的始祖示范。寶釵是曹家探春范世曹雪芹家和親宗曹大漢家老譜上的始祖,是這個探春家譜(十首懷古詩)的窗口,與寫書人的生日嵌在書目門窗口上一樣,寶釵(曹錫章)寫在這個探春老譜最后七代人最上面——門口上,所以他知道回目六十二是標明雪芹生日,因此射“雞棲於塒”。

“雞棲於塒”這個典故出自《詩經·王風·君子於役》中:“雞棲於塒,日之夕矣,羊牛下來”。曹雪芹借用這個典故來隱寓自己的生日嵌在回目上,同時說明六月十二日出生那天太陽已經落山,我是屬“羊”的,你們要領會喲!

……

叁、曹雪芹與彭祖一天生日

彭祖是誰?上面已經提到,彭祖名翦又名錢鏗,古時候傳說長壽之人。古書記載他六月十二日生的,曹雪芹和他一天出生。看似巧合其實不算巧合,因為六月十二日出生的人多了,但在曹雪芹身上就不一樣了,把他作為一個重要秘碼隱在書中,作為自己生日輔証,此乃曹雪芹的高明處。

曹雪芹用彭祖諧音作引是多方面的,如“朋助”“碰祖”。“碰祖”還分兩塊,一是讀者碰祖,再是曹雪芹及家人碰祖。我們先看諧音“朋助”是怎麼寫的:

六十二回中,寶玉過生日有一個反常現象,即賈家頭號公子寶玉過生日,賈府長輩包括管家竟然誰也沒有管的,什麼也沒有安排,生日是小姐丫鬟湊份子辦的。這種情況按當時社會是說不通的,曹雪芹這樣寫的目的,是表明寶玉生日是大家湊錢、親戚朋友幫助即“朋助”給他辦的宴席。隱喻寶玉——薛寶琴的生日是“朋助”(彭祖)過得生日。回目是明寫,這裡是巧妙的暗喻曹雪芹和彭祖是同一天生日,輔助証明。

曹雪芹心裡清楚,通過“朋助“証明自己與彭祖一天生日,讀者也不一定看的懂或者不相信怎麼辦?所以他在“遮天大聖”誕辰相關的二十七、二十九回中又設了“碰祖”指引讀者。下面說說二十七回讀者“碰祖”隱喻

寫法:

說小紅碰祖,是說通曉紅樓夢的讀者碰到了通曉《紅樓夢》的祖師爺王熙鳳即脂硯齋,所以是碰祖。為了讓讀者充分理解這個說法,曹雪芹特意設計了小紅學話,見二十七回書中:

紅玉道:"平姐姐說:我們奶奶問這裡奶奶好。原是我們二爺不在家,雖然遲了兩天,只管請奶奶放心。等五奶奶好些,我們奶奶還會了五奶奶來瞧奶奶呢。五奶奶前兒打發了人來說,舅奶奶帶了信來了,問奶奶好,還要和這裡的姑奶奶尋兩丸延年神驗萬全丹。若有了,奶奶打發人來,只管送在我們奶奶這裡。明兒有人去,就順路給那邊舅奶奶帶去的。"

話未說完,李氏道:"噯喲!這些話我就不懂了。什麼'奶奶''爺爺'的一大堆。"

介紹一下李紈人物塑造:李紈——裡丸——眼珠——言祖。宮裁——公裁,公平裁決。丈夫賈珠假眼珠,假眼珠去了,真眼珠現。李紈是示意讀者要有眼珠,言祖的事更要有眼珠。公裁,即看的分明才是。李紈說"奶奶""爺爺"一大堆,讓你明白你也碰祖了。

如果今天誰覺得自己通曉《紅樓夢》,即成了小紅了,那麼就得先碰祖,碰見王熙鳳這個通曉《紅樓夢》的祖師爺。李紈旁証言祖,你碰祖了難倒還想不到彭祖嗎?想到彭祖還想不到曹雪芹和他一天生日嗎?其實,這是曹雪芹向讀者頭上敲一槌,望你夢醒。

……

肆、芒種節;曹家真宗接

……

芒種是二十四節氣之一,一般在公歷六月六日前後,太陽到達黃經75°的時候,有芒的麥子快收,有芒的稻子可種。四月二十六日是曹雪芹為了用"芒種節"這三個諧音字杜撰的,脂硯齋有評語可証,我們回過頭看二十七回評語那段:

凡交芒種節的這日,都要設擺各色禮物,祭餞花神,言芒種一過,便是夏日了,眾花皆卸,花神退位,須要餞行。庚辰本有脂硯齋在此評曰:無論事之有無,看去有理。

很明顯,脂硯齋知道芒種節真諦,因此他說,不管這芒種節有無,寫的合乎世俗道理就行。經查閱,一七一五年的芒種節是農歷五月初五(公歷6月6日),不是農歷四月二十六(公歷5月28日),所以不能簡單地按照四月二十六日來推斷曹雪芹的生日,而是腦筋急轉彎倒著看出的日子。倒看"二十六"三個字正好也是"六十二",巧了,正是縮寫的曹雪芹生日(后面兩字四月,倒看,閱是)。這個數字是曹雪芹特意而為之嗎?不是,是湊巧了。即曹雪芹到膠東這個日子倒看正好是曹雪芹生日縮寫,曹雪芹順其巧而用之。

……

伍、六十三回夜宴實錄曹雪芹誕生時間

寶玉生日夜宴,表明曹雪芹是晚上出生的。第六十三回通過多個人物對話,引出具體時辰。六十三回寶玉生日當天群芳開夜宴之前,林之孝家的帶領幾個管事的女人來查夜,書中有一段話是這樣寫的:

"還沒睡?如今天長夜短了,該早些睡,明兒起的方早。不然到了明日起遲了。"

這段文字一是說明氣候是陰曆六月份,"天長夜短"指的是夏日。書中寫道:"寶玉說:'天熱,咱們都脫了大衣裳才好。'……(眾人)一時將正裝卸去,頭上隻隨便挽著簪兒,身上皆是長裙短襖。"晚上穿得隻剩下長裙短襖,在封建社會裡,女的穿半截袖褂還滿嘴嚷熱,說明曹雪芹的生日是在夏夜。

經查,康熙五十四年農歷五月二十一日為夏至,六月初八是小暑,曹雪芹六月十二日夜間出生正在小暑期間,和書中描寫的天氣情況完全吻合。

二是明兒起的方早,說明曹雪芹是明兒最早時辰生的。

這兩條是先提示,讓讀者了解曹雪芹出生時季節為天長夜短的熱天。為後文宣布曹雪芹誕生時辰鋪平道路,所以接下來書中說:

襲人才要擲,只聽有人叫門。老婆子忙出去問時,原來是薛姨媽打發人來了接黛玉的。眾人因問幾更了,人回:"二更以后了,鐘打過十一下了。"寶玉猶不信,要過表來瞧了一瞧,已是子初初刻十分了。黛玉便起身說:"我可撐不住了,回去還要吃藥呢。"

這段文字乃曹雪芹生日時辰實錄。解讀一下:襲人——龍衣人——

龍裔人,喻曹丕、曹髦后裔。才要擲——要投胎。隱喻:就要生了。薛姨媽打發人來了接黛玉句意:薛姨媽打發人來接"帶雨"的外甥,生男。轉意,給這個名字"帶雨"的男孩接生。接著報了接生時間:"子初初刻十分"此時"黛玉便起身說:我可撐不住了"。黛玉撐不住可理解為黛玉站不住,矯形原字是——帶雨沾補駐。吃藥,意:治病——字並。兩個字並在一起,即沾補駐在雨下,兩個字並在一起為霔,挑明生的男嬰兒名霔。當初曹頫給曹雪芹起名,就是借助其家二始祖曹霖的范字"雨"字起的名,黛玉的諧音書中經常借用。再看影伙從三牘文字義:霔不駐了,意謂生了——曹雪芹誕生了,時間是:

康熙五十四年六月十二日子初初刻十分,世界上最偉大的文學巨匠誕生了!

"寶玉猶不信"這句,是在告誡讀者:你不信嗎?我寶玉(《石頭記》)——曹家歷史的見証人親自看過錶了,這是最真實的歷史記錄,準確無誤。時間寫的如此精密,我們是不是要想一想為什麼?因為曹雪芹誕生曹頫(王熙鳳——脂硯齋)是見証人。六十二回書中說:

李紈便覆了一個"瓢"字,岫煙便射了一個"綠"字。

"瓢"葫蘆的一半。"十首懷古詩"其九《蒲東寺懷古》俗物謎底為"葫蘆漂浮",影射曹顒、曹頫倆人的字。曹顒,字孚若;曹頫,字昂友,二人的字會意皆有"漂浮"的意思,所以曹雪芹用此物來隱喻其父和其叔。這個"漂浮"是雙棒葫蘆,恰好可以代表他們兄弟倆,因為雙棒葫蘆緊密相連,也說明他們都是曹雪芹的父親,"瓢"是葫蘆的一半,即兩個父親的另一個曹頫。綠——(録)錄,雪芹生日由曹頫記錄下來。因曹頫和雪芹當年都到了岫岩大孤山,邢岫煙(曹大漢)知道原委,馬上射"綠"。

第六十三回,回目"壽怡紅群芳開夜宴,死金丹獨艷理親喪"中這個群字,是君羊組成,又點此君是屬羊的。六十二、六十三兩回都標記曹雪芹屬羊,他必定是康熙五十四年生人,從而確定了他的歲數。

六十三回書中還透露了一個非常重要的信息:曹雪芹歷經十年風雨歲月,終於在大孤山完成了曠世巨著《石頭記》。(最新消息,大孤山又發現兩人,親眼目睹當年曹雪芹寫作用的,刻有"石頭記"三個大字的大石頭)

夜宴回目六十三：夜宴，意此回目要“倒看”，即三十六。這是表明曹雪芹寫完《石頭記》已經三十六歲了。曹雪芹到大孤山開始寫《石頭記》時為二十七歲，到《石頭記》完稿時整整十個年頭。（回目六十三減去倒看即三十六得二十七）六十三回一正一反。用的如此巧妙，証明了曹雪芹從二十七歲開始增刪《風月寶鑒》，寫完《石頭記》已經三十六歲了。《石頭記》的完稿寶玉才算其真正意義上的誕生，所以，開夜宴也是寶玉的真正生日。這個生日過的非常漫長，從曹雪芹二十七歲開始寫《石頭記》，到三十六歲完成，長達十年時間，其中的酸甜苦辣是難以想象的。正如《石頭記》開篇範例所說：

浮生著甚苦奔忙，盛席華筵終散場。悲喜千般同幻渺，古今一夢盡荒唐。

謾言紅袖啼痕重，更有情痴抱恨長。字字看來皆是血，十年辛苦不尋常。

陸、史証；曹頫奏折証實曹雪芹是曹顒遺腹子

曹家祖孫三代四人曹璽、曹寅、曹顒、曹頫總共做了五十八年的江寧織造。江寧織造署(府)是內務府三大織造之一，康熙皇帝六下江南，曹家接駕四次，就住在江寧織造署內。

曹顒於康熙五十三年末進京述職，在康熙五十四年正月初八意外去世，康熙心痛不已，為了曹家香火，康熙特命曹荃四子曹頫過繼曹寅為嗣，並繼任江寧織造。曹頫辦完曹顒喪事，回到江寧織造任職。曹家從曹寅開始就形成了向康熙匯報的慣例，大事小情均可以寫在奏折裡，曹頫也不例外，他於康熙五十四年三月七日給康熙的奏折說：

“奴才之嫂馬氏，因現懷妊孕已及七月，恐長途勞頓，未得北上奔喪，將來尚幸而生男，則奴才之兄嗣有在矣……”(甥，生男這裡有記述)

這個奏折有兩條非常重要信息，一是曹顒妻子是馬氏；二是馬氏已經有身孕到七個月。馬氏是誰我們不討論，身孕七月說明曹顒有遺腹子，可推斷他的預產期是農歷六月。

因奏章落款時間非常精準，依情理推算，以“十月懷胎”的常理計算，奏折說“已及七月”，按字意和民間說法，隻要滿七個月或到第七個月不管多幾天都可以這麼說。根據奏折時間上推三個整月應為六月初七，這個

嬰兒將於同年農歷六月七日左右出生,這和曹雪芹在書中說的六月十二日相吻合,這個奏折可作為曹雪芹生日的一個實証。

以上,通過五個方面揭秘了曹雪芹誕辰。曹雪芹誕辰為什麼會寫在"十首懷古詩"後面?因為曹雪芹要用六十二這組數字直接宣告自己的生日。有人會說,曹雪芹如此寫曹家歷史雖然構思巧妙、文學藝術手法高超,但意義恐怕不大吧?這個可以明確說,《石頭記》不但文學藝術理論是超過現代人的,而且裡面哲理和社會歷史觀也是超時代的,將來的解讀會把這些展現出來的。因此,我們在曹雪芹誕生三百周年時候不但要紀念他,而且還要繼續探討《石頭記》隱形文字下的本事,展示《石頭記》更輝煌的一面。

(对于此文,笔者与曹祖义先生商议内容补记:曹雪芹,康熙五十四年六月十二日子初初刻十分出生于江宁织造署(南京),对应时间为公元1715年7月11日23:10。根据中国传统过生日习惯,子时应算在7月12日,所以曹雪芹诞辰纪念日应设在每年的7月12日。)

三、曹雪芹诞辰300周年,波士顿举办纪念活动

2015年9月24日(美国当地时间,马萨诸塞州首府波士顿),为纪念红楼梦的作者曹雪芹三百周年诞辰,在波士顿公共图书馆中文读书讨论会举行了一场红楼梦座谈会。参加座谈的20多位书友来自我国不同地区,包括大陆红学家曹祖义先生、宾州州立大学教授杨庆伟先生以及波士顿杨庆仪女士、张玉书女士等文学爱好者。

三大华文报纸分别给予报道:侨报:"公图读书会谈红学 电脑加DNA开新页"(见图8-4);世界日报:"红楼梦座谈欲罢不能29日续摊";星岛日报:"电脑加DNA红学研究开新页"。

四、曹雪芹友人相关诗作

1. 敦诚

(1)《寄怀曹雪芹(霑)》(《四松堂集》稿本卷上)

图 8—3　波士顿图书馆纪念曹雪芹诞辰活动

您的位置： 首页 / 波士顿 / 公图读书会谈红学 电脑加DNA开新页

公图读书会谈红学 电脑加DNA开新页

Oct 16, 2015, 10:23 AM　　分享：

右第一人著格子衫者曹祖义先生，第二人杨庆伟教授，桌对面持笔者张玉书女士

【本报讯】为纪念红楼梦的作者曹雪芹三百周年诞辰，波士顿公共图书馆中文读书讨论会特于9月24号举行了一场红楼梦座谈会。参加座谈的20多位书友来自两岸三地，包括工程专业出身却写得一手好诗文的张玉书女士，前中国社科院资深历史学家朱大昀教授，甫从宾州州立大学退休的经济学教授兼业余族谱学家杨庆伟及业余作家文学爱好者多人，气氛热烈。

图 8—4　侨报报道(纪念曹雪芹诞辰活动)截图

少陵昔赠曹将军，曾曰魏武之子孙。

君又无乃将军后，于今环堵蓬蒿屯。

扬州旧梦久已觉(雪芹曾随其先祖寅织造之任)，且着临邛犊鼻裈。

爱君诗笔有奇气，直追昌谷破篱樊。
当时虎门数晨夕，西窗剪烛风雨昏。
接䍦倒着容君傲，高谈雄辩虱手扪。
感时思君不相见，蓟门落日松亭樽(时余在喜峰口)。
劝君莫弹食客铗，劝君莫叩富儿门。
残杯冷炙有德色，不如着书黄叶村。

(2)《赠曹芹圃(即雪芹)》(《四松堂集》卷一)

满径蓬蒿老不华，举家食粥酒常赊。
衡门僻巷愁今雨，废馆颓楼梦旧家。
司业青钱留客醉，步兵白眼向人斜。
阿谁买与猪肝食，日望西山餐暮霞。

(3)《佩刀质酒饮》(《四松堂集》卷上)

秋晓遇雪芹于槐园，风雨淋涔，朝寒袭袂。时主人未出，雪芹酒渴如狂。余因解佩刀沽酒而饮之。雪芹欢甚，作长歌以谢余，余亦作此答之。

我闻贺鉴湖，不惜金龟掷酒垆。又闻阮遥集，直卸金貂作鲸吸。嗟余本非二子狂，腰间更无黄金珰。秋气酿寒风雨恶，满园榆柳飞苍黄。主人未出童子睡，斝干瓮涩何可当。相逢况是淳于辈，一石差可温枯肠。身外长物亦何有？鸾刀昨夜磨秋霜。且酤满眼作软饱，谁暇齐鬲分低昂。元忠两褥何妨质，孙济缊袍须先偿。我今此刀空作佩，岂是吕虔遗王祥。欲耕不能买犍犊，杀贼何能临边疆？未若一斗复一斗，令此肝肺生角芒！曹子大笑称快哉，击石作歌声琅琅。知君诗胆昔如铁，堪与刀颖交寒光。我有古剑尚在匣，一条秋水苍波凉。君才抑塞倘欲拔，不妨斫地歌王郎。

(4)《挽曹雪芹》(《鹪鹩庵杂记》抄本)

四十萧然太瘦生，晓风昨日拂铭旌。
肠回故垄孤儿泣(前数月，伊子殇，因感伤成疾)，泪迸荒天寡妇声。
牛鬼遗文悲李贺，鹿车荷锸葬刘伶。
故人欲有生刍吊，何处招魂赋楚蘅？
开箧犹存冰雪文，故交零落散如云。
三年下第曾怜我，一病无医竟负君。
邺下才人应有恨，山阳残笛不堪闻。

他时瘦马西州路，宿草寒烟对落曛。

(5)《挽曹雪芹(甲申)》(《四松堂集》抄本卷上)

四十年华付杳冥，哀旌一片阿谁铭？

孤儿渺漠魂应逐(前数月，伊子殇，因感伤成疾)，新妇飘零目岂瞑？

牛鬼遗文悲李贺，鹿车荷锸葬刘伶。

故人惟有青山泪，絮酒生刍上旧坰。

2. 敦敏(《懋斋诗钞》)

(1)芹圃曹君霑别来已一载余矣，偶过明君琳养石轩，隔院闻高谈声，疑是曹君；急就相访，惊喜意外！因呼酒话旧事，感成长句。

可知野鹤在鸡群，隔院惊呼意倍殷。

雅识我惭褚太傅，高谈君是孟参军。

秦淮旧梦人犹在，燕市悲歌酒易醺。

忽漫相逢频把袂，年来聚散感浮云。

(2)题芹圃画石

傲骨如君世已奇，嶙峋更见此支离。

醉余奋扫如椽笔，写出胸中磈礧时。

(3)赠芹圃

碧水青山曲径遐，薜萝门巷足烟霞。

寻诗人去留僧舍，卖画钱来付酒家。

燕市哭歌悲遇合，秦淮风月忆繁华。

新仇旧恨知多少，一醉毷氉白眼斜。

(4)访曹雪芹不值

野浦冻云深，柴扉晚烟薄。

山村不见人，夕阳寒欲落。

(5)小诗代简寄曹雪芹

东风吹杏雨，又早落花辰。好枉故人驾，来看小院春。

诗才忆曹植，酒盏愧陈遵。上巳前三日，相劳醉碧茵。

(6)河干集饮题壁兼吊雪芹

花明两岸柳霏微，到眼风光春欲归。

逝水不留诗客杳，登楼空忆酒徒非。

河干万木飘残雪,村落千家带远晖。
凭吊无端频怅望,寒林萧寺暮鸦飞。

3. 张宜泉(《春柳堂诗稿》光绪刊本)

(1)怀曹芹溪

似历三秋阔,同君一别时。
怀人空有梦,见面尚无期。
扫径张筵久,封书界雁迟。
何当常聚会,促膝话新诗。

(2)和曹雪芹西郊信步憩废寺原韵

君诗曾未等闲吟,破刹今游寄兴深。
碑暗定知含雨色,墙颓可见补云阴。
蝉鸣荒径遥相唤,蛩唱空厨近自寻。
寂寞西郊人到罕,有谁拽杖过烟林。

(3)题芹溪居士

姓曹名沾字梦阮,号芹溪居士,其人工诗善画
爱将笔墨逞风流,庐结西郊别样幽。
门外山川供绘画,堂前花鸟入吟讴。
羹调未羡青莲宠,苑召难忘立本羞。
借问古来谁得似,野心应被白云留。

(4)伤芹溪居士

其人素性放达,好饮,又善诗画,年未五旬而卒。
谢草池边晓露香,怀人不见泪成行。
北风图冷魂难返,白雪歌残梦正长。
琴裹坏囊声漠漠,剑横破匣影铓铓。
多情再问藏修地,翠叠青山晚照凉。

五、曹雪芹采用"萤火虫"文法在《红楼梦》中记录曹家先祖

1. 曹锡章

明末清初人,祖籍登州府宁海州河南村,即现山东省威海市乳山市下初镇河南村,曹玺曾祖父,系曹操曹丕曹髦后裔,是《红楼梦》中薛宝钗的

原型。[22]

薛宝琴十首怀古诗第四首《淮阴怀古》“壮士须防恶犬欺，三齐位定盖棺时。寄言世俗休轻鄙，一饭之恩死也知”的真正谜底便是曹锡章。俗物谜底：玳瑁，意思是用曹锡远代曹世选来续成曹家家谱，曹锡远本名是曹锡章。

2. 曹霖

明末清初人，祖籍登州府宁海州河南村，即现山东省威海市乳山市下初镇河南村，曹玺祖父，系曹操曹丕曹髦后裔，是《红楼梦》中林黛玉的原型。[22]

薛宝琴十首怀古诗第五首《广陵怀古》“蝉噪鸦栖转眼过，随堤风景近如何。只缘占得风流号，若得纷纷口舌多”的真正谜底便是曹霖。俗物谜底：画眉，曹霖名字未见于历史资料，曹霖可能是明军下层军官，后金军（清）攻明时战死于沙场。

3. 曹文龙

明末清初人，祖籍登州府宁海州河南村，即现山东省威海市乳山市下初镇河南村，曹玺父亲，系曹操曹丕曹髦后裔，是《红楼梦》中薛蟠的原型。[22]

薛宝琴十首怀古诗第六首《桃叶渡怀古》“衰草闲花映浅池，桃枝桃叶总分离。六朝梁栋多如许，小照空悬壁上题”的真正谜底便是曹文龙。俗物谜底：灶王爷，意思是振彦去、添文龙，曹文龙名字未见于历史资料。

4. 曹雪芹家传承

曹雪芹家传承如图 8－5 所示。

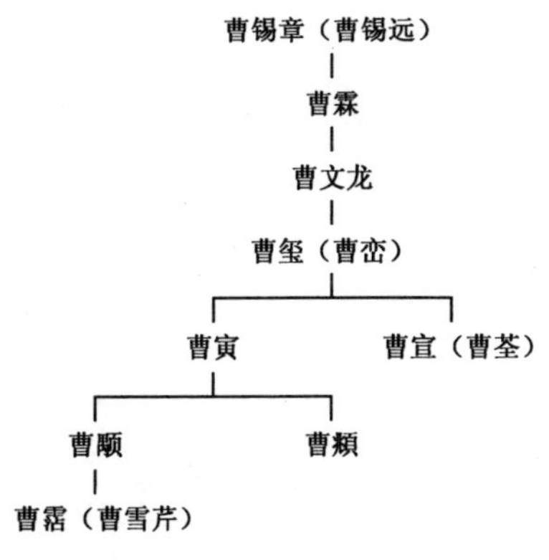

图 8－5　曹雪芹家传承

对于《红楼梦》的研究展望,引用曹祖义先生的话语:“研究《红楼梦》研究什么?就是研究伟大的中华文化,伟大的中国人思维;通过研究《红楼梦》文法和本事,使我们不但在文学艺术上享受了世界上最瑰丽的文笔,而且享受了绮丽文字下的曹家故事,享受了伟大的曹雪芹亲自教授解读《红楼梦》的方法;享受了曹雪芹卓越的超越现代的历史观和辩证观。曹雪芹的文学艺术二百六十多年前已经是世界高峰,现在还是世界高峰,当代的西方文学理论已经落后了中国三百余年,还将继续落后,因为《红楼梦》是极难超越的,千年后也难再出现一人。这都源于曹魏家族;曹魏的文化。古有曹雪芹先祖曹操、曹丕及弟兄曹植曹冲,还有先辈曹霸,他们睿智过人,在中国历史上有着辉煌的一页,正是如此,他们的后人曹雪芹才能成为世界上最伟大的文学家,才能写成《石头记》。”

第九章　曹玺家

一、曹玺(曹峦)生平

曹玺(约1629—1684年),字完璧,清初人,曹雪芹的曾祖父,祖籍登州府宁海州河南村,即现山东省威海市乳山市下初镇河南村,系曹操曹丕曹髦后裔,是《红楼梦》中贾母的原型[22]。

曹玺儿时(约1639年)在明清战争中被俘,被军官曹振彦收为养子,取名曹尔玉,后来叫曹玺(传说是顺治皇上口误叫成曹玺),曹玺与曹世选、曹振彦祖孙三代之间相处得很好,有着深厚的感情。

曹玺曾任工部尚书。顺治年间,曹玺的妻子孙氏成为皇子玄烨(康熙)的教养嬷嬷,地位是很高的,可以说亲如生母,不仅要将皇子养大,而且要从小对他进行教育。因为这层关系,康熙二年曹玺受到重用,监理江宁织造至卒。在曹玺这代,曹家完成了从军功之家到诗书之族的过渡。

冯景《解春集文钞》卷四《御书萱瑞堂记》记载:"康熙己卯夏四月,皇帝南巡回驭,止跸于江宁织造臣曹寅之府;寅绍父官,实维亲臣、世臣,故奉其寿母孙氏朝谒。上见之,色喜,且劳之曰:'此吾家老人也。'赏赉甚厚。会庭中萱花开,遂御书'萱瑞堂'三大字以赐。"

虽然曹玺成了曹振彦的养子,但是由于曹玺及其子孙念念不忘自己的祖宗,不忘自己的曹操曹丕曹髦宗族身份,希望有一天能回到自己的宗族上去。曹振彦去世以后,曹玺、曹寅向康熙进行了请示,康熙建议把曹玺的曾祖父曹锡章改成曹锡远代替曹世选写进朝廷档案和八旗家谱中。

之前曹玺填写履历、档案必须要按照曹振彦的籍贯出身来填写,曹玺所填的籍贯实际上是曹振彦的籍贯,或者是曹振彦的驻兵之地,根本就不是曹振彦上几代的明朝祖籍,更不是曹玺本来的祖籍。由于这样的原因,曹玺的祖籍与曹振彦的祖籍实际上都模糊不清,因此才产生很多地方争曹雪芹祖籍的现象。可令人没有想到的是,曹振彦的祖籍毕竟不是曹雪芹真正的祖籍。

曹玺、曹寅、曹宣活着时一直在为回归本宗族努力,这导致了合亲两家的隔阂,到了曹頫这一代,这种迹象逐渐显露出来,形成了曹宜(曹振彦孙子、曹尔正儿子)和曹頫之间的家族矛盾。康熙年间,康熙帝极力维护曹頫家,所以曹宜无法使坏于曹頫。康熙已死,曹宜的靠山雍正当了皇帝,曹宜开始挑拨雍正打击曹頫,使曹雪芹家彻底败落下来(详见后文)。

曹玺在康熙二十三年(1684 年)病逝于江宁(今南京)织造任上,享年约 55 岁。

清代《皇朝通志》卷七十四《氏族略·满洲旗分内尼堪姓》记:“曹氏:曹玺,正白旗包衣人,世居沈阳地方,任(内)工部尚书。”

《江宁府志·曹玺传》:“曹玺,字完璧,宋枢密武惠王裔也。及王父宝宦沈阳,遂家焉。”

《上元县志·曹玺传》:“曹玺,字完璧,其先出自宋枢密武惠王彬。后著籍襄平。大父世选,令沈阳有声。”

《八旗满洲氏族通谱》卷七十四《附载满洲旗分内之尼堪姓氏》:“曹锡远,正白旗包衣人,世居沈阳地方,来归年份无考。”

二、曹寅生平

曹寅(约 1658—1712 年),字子清,号荔轩,又号楝亭,清初人,隶属正白旗,曹玺之子,曹雪芹之祖父,祖籍登州府宁海州河南村,即现山东省威海市乳山市下初镇河南村,系曹操曹丕曹髦后裔,是《红楼梦》中薛姨妈的原型。[22]

曹寅能诗及词曲,是文学家,官至通政使、管理江宁织造、巡视两淮盐漕监察御史等。著有《楝亭诗钞》,亦名《西农词》《词钞》《诗别钞》《文钞》《续琵琶记》等。刊秘书十二种,为《梅苑》《声画集》《法书考》《琴史》《墨经》《砚笺》,刘后山(当作刘后村)《千家诗》《禁扁》《钓矶立谈》《都城纪胜》《糖霜谱》《录鬼簿》;又汇刻前人文字、音韵书为《楝亭五种》,艺文杂著为《楝亭书十二种》,校勘颇精。

顺治十五年(1658 年),曹寅出生。

曹寅母亲孙夫人是康熙的教养嬷嬷,对康熙有养育之恩。曹寅与康熙从小玩到大，过从甚密，感情深厚。

康熙非常看重曹寅，委派他长期在南方任“织造”一职，名义上是掌管宫廷内部的织造事务，而实际上权势很大，可以密折上奏地方诸事，地方大员等对曹寅都敬重有加。

袁枚所著《随园诗话》中记载：“康熙间，曹楝亭为江宁织造，每出，拥八驺，必携书一本，观玩不辍。人问曰：‘公何好学？’曰：‘非也。我非地方官，而百姓见我必起立，我心不安，故藉此遮耳目’”。其地位之显赫可见一斑。康熙在位曾六次南巡，其中四次是曹寅在职出面接驾，并以其织造府作为皇帝行宫。

曹家不论与康熙皇帝家族的关系，还是与满族亲戚的关系都十分密切。曹寅的两个女儿，也就是曹雪芹的两个亲姑姑分别嫁给了政府官员，其中一位“适镶红旗平郡王讷尔苏”，另一位“适王子侍卫某”。

曹寅是一名重要作家，主持编辑了《全唐诗》，同时留下了几部戏剧作品，其中著名的《续琵琶》传奇以曹操赎蔡琰(字文姬)修史为主线，演绎了蔡文姬悲欢离合的故事，并描写了曹操的整个政治生涯，重新客观、公正地评价了先祖曹操的历史功绩。

康熙五十一年(1712 年)，康熙得知曹寅得疟疾，便马上赐金鸡纳霜(即奎宁)药，并破例用驿马星夜送去，送到时曹寅已病逝于江宁。

曹家在曹寅这代，可以说达到了鼎盛。

三、曹宣生平

曹宣(？一约 1708 年)，字子猷，用典出自《诗经·大雅·桑柔》篇“秉心宣猷”之语，号筠石，后更名为曹荃，清初人，隶属正白旗，曹寅弟，曹頫的亲生父亲，曹雪芹的叔祖父，祖籍登州府宁海州河南村，即现山东省威海市乳山市下初镇河南村，系曹操曹丕曹髦后裔，是《红楼梦》中王夫人的原型。[22]

时人评价其能诗善画，而寿不永。

曹宣有四子，其中，曹頫过继到伯父曹寅名下。

曹宣年表：

康熙三十年，侍卫。

康熙三十六年,奉使到过真州,兄长曹寅追忆他是"忆汝持节来,锦衣貌殊众",是皇帝派往江南的特使,其当时的官阶尚无文献可证。

康熙四十年,曹宣任司库,司库为七品官职。除《八旗满洲氏族通谱》载曹宣"原任司库"外,在另一种满文《奏销档》中有康熙四十年的曹荃奏折一件,也说明他的身份是司库。

约康熙四十七年,曹宣去世。

四、曹颙生平

曹颙(1689—1715年),字孚若,出自《易经》"盥而不荐,有孚顒若",小名连生,清初人,隶属正白旗,曹寅子,曹雪芹的亲生父亲,祖籍登州府宁海州河南村,即现山东省威海市乳山市下初镇河南村,系曹操曹丕曹髦后裔,是《红楼梦》中薛蝌的原型[22]。

曹颙文武双全,深得康熙器重,康熙五十四年(1715年)曹颙在京意外去世,曹颙死后康熙的谕旨有这样的话:"曹颙自幼朕〔眼〕看其长成,此子甚可惜!朕在差使内务府包衣之子内,无一人及得他,查其可以办事,亦能执笔编撰,是有文武才的人,在织造上极细心紧〔谨〕慎,朕甚期望。其祖其父,亦曾诚勤。今其〔家〕业设〔若〕迁移,则立致分毁。现李煦在此,著内务府大臣等询问李煦,以曹荃之子内必须能养曹颙之母如生母者才好。原伊兄弟亦不和,若遣不和者为子,反愈恶劣。尔等宜详细查选,钦此。"

李煦(曹寅是其妹夫,在任苏州织造达三十年之久)即回奏:"曹荃第四子曹頫,可为曹寅之妻养子。"奉旨:"好。钦此。"又向曹颙的家人名叫罗汉者询问调查,亦称"曹荃之子曹頫忠厚,是母慈子孝……",由此遂定过继曹頫。

曹寅曾言:"予仲多遗息,成材在四三。"说明他二弟子猷死后有好几个儿子遗下,曾为曹寅所怜爱并抚养,随在江宁织造任所长大,其中,曹寅特别称赞第三、第四两个侄儿。第四子是曹頫,曹寅在《楝亭诗别集》卷四提及"辛卯三月二十六日闻珍儿殇,此书忍恸,兼示四侄……"中的"四侄"。

曹颙妻马氏,有遗腹子曹霑(字雪芹)。曹寅之继子曹頫继任江宁织造后于康熙五十四年三月初七上表谢恩，其中有一段为“奴才之嫂马氏，因现怀妊孕，已及七月，恐长途劳顿，未得北上奔丧。将来倘幸而生男，则奴才之兄嗣有在矣”。曹頫在这里所说的兄指曹颙，马氏指曹颙的遗孀。

曹颙年表：

康熙二十八年(1689年)，曹颙出生。

康熙五十年(1711年)，由内务府总管赫奕带领引见，未被录取，但留在北京。

康熙五十一年(1712年)初，随父曹寅南返，同年曹寅病逝。

康熙五十二年(1713年)，曹颙继任江宁织造。

康熙五十四年(1715年)，曹颙在京意外去世，应该是与曹宜家有关。

五、曹頫生平

曹頫(约1699—?)，字昂友，号竹居，清初人，隶属正白旗，曹寅之弟曹宣第四子，曹颙病故后，曹頫过继到伯父曹寅名下，成为曹雪芹的嗣父，祖籍登州府宁海州河南村，即现山东省威海市乳山市下初镇河南村，系曹操曹丕曹髦后裔，是《红楼梦》中王熙凤的原型，也是脂砚斋批语的执笔者。[22]

曹頫有读书的天分，据康熙六十年(1721年)刊《上元县志·曹玺传》记载，曹頫“好古嗜学，绍闻衣德，识者以为曹氏世有其人云”。从曹寅写给后辈励志诗中可以看出，“四侄”曹頫从小就爱学习，能得到伯父的赞赏。

曹寅极受康熙的宠信，康熙六次南巡，最后四次都是由曹寅负责接驾，为此挪用了巨额织造署经费和两淮盐课银两，临死尚未还清，给儿子任上带来沉重的压力。曹颙死后，曹頫过继给曹寅家，成为曹雪芹的嗣父，并接任江宁织造，担当起重任。在康熙朝尚能得到庇护，但在康熙去世后，失去了庇护。

雍正上台后，曹頫因有其姐夫平郡王和其他亲属庇护，暂时逃过一劫，小心谨慎地继续担任江宁织造，但曹頫家和曹宜家(曹振彦孙子)的矛盾没有化解，曹宜与雍正关系较好，后设局在雍正五年将曹頫以袭扰驿站罪革职查办，导致曹家败落。曹頫下狱治罪，“枷号”一年有余。在雍正六年抄家后，全家搬到北京，居住在蒜市口十七间半，安于现状多年。

雍正十年后,曹頫安排曹雪芹写作《风月宝鉴》。待到乾隆朝曹家地位好转改善,曹頫安排曹雪芹写作《石头记》,采用部分《风月宝鉴》文字,以记录曹家的百年历史。在曹頫的指导下,曹雪芹用高超的艺术手法把这段历史隐写在书中,借以实现祖辈的愿望。曹玺本来是曹振彦的养子,曹玺一支族人一直想回归曹髦宗族,但未能实现,这导致了曹玺家与曹振彦家后代的矛盾和分裂。

曹頫去世时间不详。

曹頫年表:

约康熙三十八年(1699 年),曹頫出生。

康熙五十三年冬(1714 年),曹寅之子曹颙在京意外去世。

康熙五十四年二月(1715 年),曹頫过继给曹寅家,并袭江宁织造职。

雍正五年(1727 年),因骚扰驿站获罪,

雍正六年(1728 年),因转移家产企图"赖债"被抄家。抄家后携家眷离开江宁回到北京,住蒜市口十七间半。

雍正十年(1732 年)后,曹頫安排曹雪芹开始写作《风月宝鉴》。

乾隆元年(1736 年),朝廷赦免各项"罪款",家境改善。

乾隆四年(1739 年),曹頫《风月宝鉴》初稿。

约乾隆五年六年(1740、1741 年),曹頫带着曹雪芹走访宁海州河南村亲宗与辽东岫岩大孤山亲宗。

约乾隆十六年(1751 年),曹頫命曹雪芹在大孤山历经十年创作完成《石头记》,携稿回京后又曹頫批阅。

乾隆十九年(1754 年),曹頫批阅,曹雪芹完成增删,《脂砚斋重评石头记》甲戌本传世。

乾隆二十一年(1756 年),曹頫仍在批阅,第七十五回脂批有:"乾隆二十一年丙子五月初七日对清。缺中秋诗,俟雪芹。"

乾隆二十四年(1759 年),"己卯本"《石头记》有"脂砚"批语纪年。

乾隆二十五年(1760 年),"庚辰本"《石头记》有"砚斋四阅评过"。

乾隆二十七年(1762 年),脂批有:"壬午重阳""壬午九月,索书甚迫"等语,重阳后再无批语。

第四篇　曹雪芹后代

第十章　曹祖义

第一节　DNA证明曹祖义是曹操正宗后裔

一、曹祖义是曹操正宗后裔

1. 曹祖义是曹操曹丕曹霖曹髦的后裔

曹祖义，1953年1月生，辽宁省东港市人，中国红学会会员，曹操第七十代孙，著有《红楼梦与大孤山》一书。1970年参加工作，历任企事业单位党团书记、厂长、经理等职。

图10－1　曹祖义(2010年在美国纽约，曹祖义先生提供)

2. 何谓正宗后裔

正宗曹操后裔是指曹操曹丕的后裔，因为只有曹丕承袭了魏王，并且建立了魏国，因此，曹丕的后裔便是皇宗后裔，所以称正宗的曹操后裔。曹祖义先生是曹操曹丕曹髦的后裔，因曹髦不但是曹丕的孙子，而且具有曹魏的风骨,最后不甘做傀儡而拼死在帝位上,从这个角度说,称他的后裔为曹操正宗后裔更是恰如其分。这里要说明的是,正宗后裔不一定是嫡传的。尤其是曹操后裔经近千年的流散迁徙,很多曹操后裔的家谱已经断代,所以确定嫡传子孙是很难的。就曹魏历史而言,曹髦后裔也是唯一能代表曹操曹丕的后裔,因为魏明帝曹睿没有后嗣,按序也顺理成章。

曹操其他儿子的后裔应称为“侧宗”和“旁宗”后裔。

所谓“侧宗”,是指曹植曹彰的后裔,曹植曹彰是开国皇太后所出,与曹丕是同母亲兄弟,因曹丕封王,所以为“侧宗”。

曹操其他庶出子孙的后裔便为“旁宗”。

现在鞍山岫岩和丹东东港市大孤山的曹家全是曹操正宗后裔。

二、DNA检测证明曹祖义先生是曹操正宗后裔

曹祖义先生的家谱信息显示是曹髦后裔,其家族家谱的范字二十代一范,就是以曹髦二十岁年华为周期制定的。家谱第三个谱联上有“龙宗延”字样,显示出他是曹丕曹髦的后裔,因此,从家谱角度看可以推测曹祖义先生是皇室后裔。

2010年初,复旦大学现代人类学实验室向全国征集曹姓男子染色体以确定曹操Y染色体类型,笔者参与了曹操DNA课题研究的部分工作,向课题组推荐辽宁丹东东港(曹操曹丕曹霖曹髦后裔)曹祖义先生赴沪检测。2010年3月2日,曹祖义先生亲自来到复旦大学,为课题组贡献一份DNA样本。经检测确认其Y染色体类型属于O2*单倍群(M268+, M95-, M176-),证明其是曹操后裔。根据曹祖义先生的家谱,笔者可以大胆推定曹祖义先生是曹操正宗后裔无疑。

复旦大学现代人类学实验室在2010～2011年进行曹操DNA课题研究,找到曹操后裔分布在辽宁东港、辽宁铁岭、江苏盐城、安徽舒城、安徽绩溪和湖南长沙的6个家族,从而确认曹操的Y染色体类型是O2-M268,可能性为92.71%,相关的研究结论已发表在12月22日在线出版的人类遗传学领域的权威杂志《人类遗传学报》并得到国际同行的认可,被国内外媒体广泛关注。曹祖义是这6个家族中首先报名检验DNA的

曹操后裔，这说明曹祖义本身就具有正宗后裔的气魄胆量和认知能力。他也被媒体广泛关注并被大量报道。

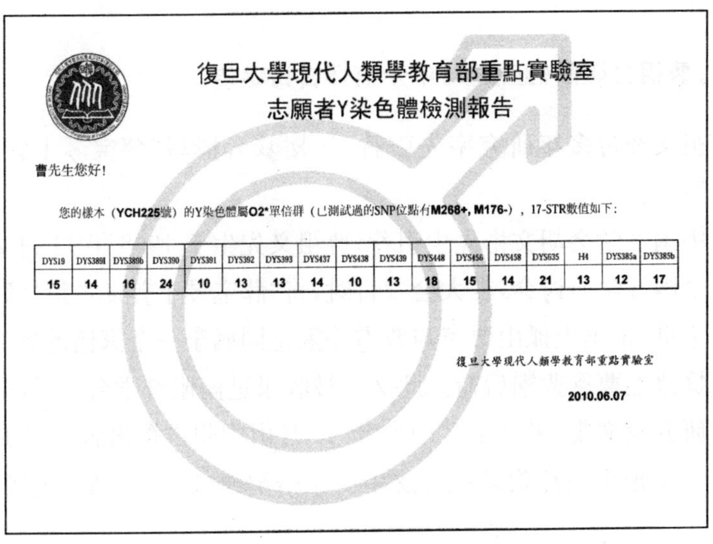

復旦大學現代人類學教育部重點實驗室
志願者Y染色體檢測報告

曹先生您好!

您的樣本（**YCH225**號）的Y染色體屬**O2***單倍群（已測試過的SNP位點有**M268+, M176-**），17-STR數值如下：

DYS19	DYS389I	DYS389b	DYS390	DYS391	DYS392	DYS393	DYS437	DYS438	DYS439	DYS448	DYS456	DYS458	DYS635	H4	DYS385a	DYS385b
15	14	16	24	10	13	13	14	10	13	18	15	14	21	13	12	17

復旦大學現代人類學教育部重點實驗室

2010.06.07

图 10—1　曹祖义先生 DNA 检测报告(严实博士出具)

第二节　曹祖义破解《红楼梦》

一、曹祖义破解《红楼梦》中十首怀古诗谜语

曹祖义经过多年研究率先破解《红楼梦》,撰写"薛宝琴十首怀古诗'解味'"一文。

经中国红学会胡文彬先生引荐,曹祖义先生于1998年11月20日出席北京全国红学研讨会,在大会发言时,将"薛宝琴十首怀古诗'解味'"一文公布于世,指出大孤山曹家与曹雪芹家是同属于一个家谱的族人,族人都是曹操曹丕曹髦曹霸后裔。此文后被收录进南阳红学会二月河主编的红楼梦研究论文集《采红集》(1999年10月由中州古籍出版社出版)。

曹祖义把曹雪芹隐藏在诗谜中的家谱解密成功,详细参见第八章第一节。

这一解密无可争辩地证明了曹雪芹是曹操曹丕曹髦后裔,曹操六十四代孙,与曹祖义的岫岩先辈是本家关系。历史上有很多文献证明曹雪芹是曹操后裔,在这里得到了验证。

图10—3　曹祖义在北京参加红学研讨会(摄于1998年11月,曹祖义提供)

图 10－4　曹祖义与周汝昌先生合影(摄于 1998 年 11 月,曹祖义提供)

二、曹祖义推出红学专著《红楼梦与大孤山》

(1)2006 年 9 月,曹祖义先生的红学专著《红楼梦与大孤山》出版发行,书中包括“也谈红楼梦”“王熙凤解味”“薛宝琴十首怀古诗解味”“宝钗、宝玉、黛玉诗谜解味”“曹雪芹的祖籍与宗族”“曹雪芹的诞辰”“红楼梦的摇篮——大孤山”等章节。

曹祖义先生研究认为:《红楼梦》是曹雪芹家的百年历史,《红楼梦》中也有他们家的历史人物和故事,《红楼梦》从四十八回到五十三回是曹雪芹在大孤山用曹大汉家家谱补他们家家谱的全过程,十首怀古诗就是曹雪芹亲撰的家谱。邢岫烟——行岫岩,是岫岩、大孤山曹大汉弟兄的化身。当年曹宗孔兄弟二人在大孤山岫岩落脚生的后代,因行岫岩生的,所以曹雪芹称谓“邢岫烟”。

(2)2007 年 9 月,《中华文化画报》副主编姜玉芳到东港市大鹿岛采风,当地领导介绍曹祖义著的《红楼梦与大孤山》一书,读后深受书中观点触动,回北京后,便通过朋友和曹祖义取得联系,约“红楼梦与大孤山的渊源”一稿,并予以刊登。10 月 16 日,由中国艺术研究院出版的《中华文化画报》(国家核心期刊)第 10 期第二个专题栏发表了曹祖义的“红楼梦与大孤山的渊源”一文。编者在编前按语中说:“辽宁丹东东港市因为地处中国海岸最北端,被称为海角,在海角有一个镇子叫大孤山。在中国众多沿海旅游景点中,大孤山名不见经传,所谓闺中人不识。我们的记者日前去到海角,悄悄地揭开了它既朴实又神秘的面纱。《红楼梦》与大孤山有什么关系?曹雪芹在大孤山写作《红楼梦》?——《红楼梦》好似一个永远的谜,引无数墨客为之魂牵。有关《红楼梦》的考证,万千红楼梦中人给出了千万种揭秘说法,海角人写的这篇文章也可备一说。”在文章中间还插有大量照片,有大孤山古建筑群、钟楼、大孤山娘娘庙、大孤山古建筑群砖雕、曹大汉家谱等。

图 10—5 《中华文化画报》报道

(3)南阳红学会创办《掬红一叶》学刊,2009 年 2 月刊登曹祖义先生的“《红楼梦》与大孤山的渊源”一文。同年 6 月 7 日,南阳红学会副会长齐朝荣、唐金清以及秘书长惠国忠在曹祖义的陪同下考察丹东大孤山。

附曹祖义诗作:

七律·南阳红学会考察大孤山曹雪芹著书地(中华新韵)

石头记录大孤山,梦里书中悟史传。
怀古解谜芹后裔,启新学会著集刊。
朝荣齐倩国忠惠,圣水金清栊翠庵。
登庙考察创作地,南阳东港尽开颜。

(2017 年 7 月 10 日撰)

七绝·鉴宝(补赞)

菡萏香浮翠叶全,
东风欢起绿波间。
孤山灵景君先视,
一众开心进玉关。

(2017 年 7 月 13 日撰)

注解:借用李璟词《摊破浣溪沙》之反看璟灵(灵景);赞:先先贝,进门观贝(鉴賨),齐朝荣、唐金清、惠国忠有先见(鉴賨)之明,认识到曹祖义解读《红楼梦》文章的宝贵,令人赞叹!智慧之星,开心彗星,兟、甡一众;玉关:玉门关。

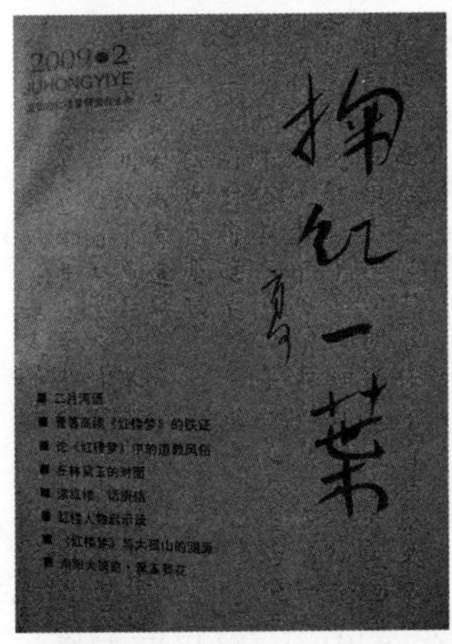

图 10—6　《掬红一叶》报道“南阳红学会大孤山考察纪行”

(4)2017年6月8日丹东辽东学院李文生教授带队在曹祖义的陪同下考察大孤山。

附曹祖义诗作:

七律·丹东民革考察大孤山曹雪芹著书地(中华新韵)

橐驼栊翠圣泉庵,有凤来仪会友贤。
梦阮遗息托藕榭,硕碑霞骨罩炉烟。
一拳石寄芹溪画,三品崖藏大汉龛。
棘径险坡迎烈日,文生率部首察勘。

图10—7 考察大孤山合影

附笔者诗作:

七绝·热游大孤山
细雨梦回鸡塞远,
小楼吹彻玉笙寒。
璟灵倘使知君意,
亦上孤山汗冕冠。
(2017年6月29日撰)

注解:借用李璟词《摊破浣溪沙》;仿清敦诚所记曹雪芹诗“白傅诗灵应喜甚,定教蛮素鬼排场”;曹峦(玺)归汉,峦:亦上(孤)山。

三、评语

首先曹祖义能解开这些谜题,包括红楼梦的写作艺术手法,如果曹雪芹不在大孤山写的红楼梦,不是曹雪芹本家不可能做到。根据曹祖义先生的家谱记载,曹雪芹的祖籍应在山东登州府宁海州河南村西南乡,清朝末期为山东登州府宁海州河南村深水乡神山社二甲（现为山东威海乳山市下初镇河南村），又祖籍四川小云南。

经查证，乳山市下初镇河南村曹家家谱上有曹雪芹曾祖父的名讳，同时经过对河南村曹姓人DNA检验，证明也是曹操曹丕后裔，且和曹祖义血缘很近。这就证明了乳山市下初镇河南村是曹雪芹祖籍地无疑。

其次，其他说是与曹雪芹相关的曹家，DNA检验表明几乎都没有关系。复旦大学把国内与曹雪芹有关的曹姓人群进行了DNA检测，现有的曹姓DNA数据支持曹雪芹祖籍“乳山说”，而不支持“丰润说”“辽阳说”等众多学说。

再次，曹操后裔很多，曹操正宗后裔现在也不少，那谁能代表曹操正宗后裔呢？现在我们得知，曹祖义在曹家历史，尤其是在曹雪芹的《红楼梦》研究上，有着突出的功力，他不但是曹操正宗后裔，关键是他能把曹家的事说明白，因此，他有资格、有能力作为曹操正宗后裔的代表，作为曹魏子孙的代表。

近年来关于曹操的故事有很多，这都源于曹操是一个伟大的历史人物，他的故事家喻户晓，他的形象无数次被搬上舞台，他的家乡以及他建立功业的地方也都成了人们瞻仰和旅游的地方。由于曹操及三曹在中国历史上的贡献，人们的视角也触及到了他们的后代身上，而过去由于资料和科学技术以及消息的闭塞，往往根据一个曹姓的家谱或者传说，就认定为曹操后裔，并让其以曹操正宗后裔身份出席在纪念曹操等各种活动上，这样贻笑大方的事就不可避免了。

曹操的故事将继续演义下去，曹操的家乡和建功立业的地方还将得到开发和利用，这就不免要涉及曹操的后人，以推动这些项目的发展。为了避免过去乱拉曹操后人参加活动，造成适得其反的效果，我们有必要把曹操后裔尤其是正宗后裔的认定说清楚。

第三节 曹祖义是曹雪芹后代

曹祖义是曹操七十世孙,同时也是曹雪芹七世孙,即曹雪芹第六代孙。诸多证据形成证据链条,环环相扣。敦诚有一首诗《寄怀曹雪芹·霑》作于乾隆二十二年(1757 年),写到“少陵昔赠曹将军,曾曰魏武之子孙”,敦诚推断曹雪芹应该是曹操曹霸后裔。复旦大学 DNA 检测证明岫岩与东港曹姓族群是曹操后裔。从历史资料与 DNA 证据角度可以推断乾隆年间岫岩辖区房身沟(今辽宁鞍山岫岩县)与大孤山(今辽宁丹东东港市)的曹姓是曹雪芹的本家宗亲。

经过历年研究判断,在曹雪芹的本家宗亲的家谱上,所记曹连增实为(芳卿所生)曹雪芹遗腹子,被托孤给曹信收养,记为曹延聪“名义之子”。

首先,芳卿是曹雪芹的续妻。曹雪芹书箱可以证明这一观点。

其次,芳卿是大孤山人。大孤山“一拳石”和相关诗词可以证明这一观点。

(1)大孤山“一拳石”上面部分与贵州省博物馆藏《种芹人曹霑画册》中第 5 幅秋海棠中石头(中印“是什么”)形状相同,有当地老人见证。

(2)曹雪芹书箱上有诗《题芹溪处士句》:“并蒂花呈瑞,同心友谊真。一拳顽石下,时得露华新。”

(3)曹雪芹有诗《题自画石》:“爱此一拳石,玲珑出自然。溯源应太古,堕世又何年?有志归完璞,无才去补天。不求邀众赏,潇洒做顽仙。”

两首诗都提到“一拳石”,这个应该是大孤山“一拳石”(曹家堡上面峭石),据此认定曹雪芹与芳卿是在大孤山相识、相知。

再次,敦诚有诗《挽曹雪芹》“四十萧然太瘦生,晓风昨日拂铭旌。肠回故垅孤儿泣(前数月,伊子殇,雪芹因感伤成疾),泪迸荒天寡妇声。”记录曹雪芹曾有一子在他去世之前数月去世,而孩子去世,按“不孝有三,无后为大”的孔孟之道,当时曹雪芹夫妻肯定会决定再养,因而有遗腹子的可能性非常大。

1763 年,壬午除夕,曹雪芹去世后不久,怀有身孕的芳卿回到大孤山后,生下一男孩,取名曹连增。估计不到一周岁时,托孤给曹信收养,后人整理家谱时按辈分记录为曹延聪之子(名义之子)。曹雪芹在大孤山的十年,为岫岩大孤山亲宗曹家拟成了曹髦后裔第四个二十代范字谱联:“莲庭(连廷)际广天,祖传德集先,成己寅善起,世泽庆丰年。”延字辈的后代开始范这个谱联。曹雪芹也不曾想到他的遗腹子曹连增及其后代也按这个谱联起名派字,冥冥之中实现了曹玺家回归曹髦宗族的心愿。

家谱记载曹祖义是曹连增的后代。

根据大孤山曹家家谱、岫岩曹家家谱和《红楼梦》中曹雪芹撰写的家谱,根据曹祖义家口口相传的家族信息资料,根据大孤山和乳山河南村已检测的曹操后裔 DNA 数据,推断曹祖义应是曹雪芹后代。

曹祖义具有家族传承信息,检验 DNA 前公开声明自己是曹操后裔,自己的 DNA 类型就是曹操 DNA 类型,态度坚定自信,还具有对《红楼梦》的高超解读能力,这些可以说是曹雪芹后代的特征和印证。

曹信和曹延聪的历史作用非常重要,其一是承担曹髦后裔家族传承的责任,其二是接续曹雪芹家族的信息和人脉回归到本宗族。曹信后人中亦出现抗日英烈曹镇(曹际忠)等人物,彼等家族真不愧是曹操后代!

《红楼梦》是文学艺术,也是一个二百六十多年的家族迷局,《红楼梦》的迷局终将大白于天下。

2010～2013 年复旦大学课题组主导了重大历史文化事件——确认曹操 DNA,对“曹雪芹是曹操后裔”观点起到了决定性的科学支持作用。

因为 2009 年曹操墓的出现,复旦大学成立课题组,对全国有代表性的曹姓族群进行了取样,建立了曹姓 DNA 数据库,分析了曹操后裔的数据,确定了曹操的 Y 染色体类型是 O2*,同时把与曹雪芹有关的曹姓人群也进行了 DNA 检测,从科学数据上为《红楼梦》书中的记录提供了支持——曹雪芹是曹操第六十四代孙(曹祖义先生的红学观点)。这是中国学术界首次将人类学、历史学与遗传学结合起来,跨学科进行研究,出乎意料地收获了精彩的硕果。

2016 年出现的一些关键证据使笔者坚信了多年来的判断,即曹祖义应是曹雪芹后代。

根据岫岩曹传清 2016 年 9 月 16 日提供的家谱扫描件看,曹宗孔一支、曹信第五个儿子曹延玲的儿子是曹连发,曹连发三个儿子起名曹廷官、宦、家，以记录的方式传承家族信息。这在文献上证明曹祖义家口头传承的信息："我父亲说我们是官宦之家，可曹信父亲来大孤山前不是官宦之家。""官宦之家，曹信后代其他家也说过。"据此推测判断曹祖义之前8代以内的一先祖是来自于另一官宦曹家。

根据《红楼梦》的记录，曹雪芹在大孤山历时十年撰写《石头记》初稿，期待后人解读，而曹祖义先生正是率先破解的曹家成员，其破解能力应是基于基因遗传。

下面从历史文献角度推断曹祖义身份，厘清历史的来龙去脉。

一、曹雪芹和续妻芳卿在大孤山留有后代曹连增

1."曹雪芹书箱"证明曹雪芹续妻是芳卿

20世纪80年代初，在北京一个张姓家中，发现了"曹雪芹书箱"。箱门内面糊的一张纸上写有"春柳堂藏书"几个字，"春柳堂"是曹雪芹的朋友张宜泉的斋馆号。

张宜泉著有《春柳堂诗稿》，内有关于曹雪芹的诗，是研究曹雪芹的重要文献。据明清木器专家王襄先生鉴定，此书箱确为乾隆时书箱款式。红学家冯其庸先生推断该书箱是曹雪芹或其续弦夫人逝世后，由张宜泉保存下来的。

这是一对木制的书箧，左右宽70.5cm，上下高51cm，前后深23cm。在两个书箧的正面，左右相对刻有兰花。右边的兰花下有一拳石，兰花上端有行书题刻——题芹溪处士句：并蒂花呈瑞，同心友谊真。一拳顽石下，时得露华新。左边一幅兰花上端题刻：乾隆二十五年岁在庚辰上巳。左边一幅兰花的右下角题刻：拙笔写兰。还有两句题刻：清香沁诗脾，花国第一芳。左边书箧的箧门背面，用章草书写着"为芳卿编织纹样所拟诀语稿本""为芳卿所绘彩图稿本""芳卿自绘编锦纹样草图稿本之一""芳卿自绘编锦纹样草图稿本之二""芳卿自绘编锦纹样草图稿本"五行书目，判断是曹雪芹的亲笔字。

由此清单可见，此箱的主人是一个名为"芳卿"的女子，箱中物品是她与丈夫所绘的编织一类的草图和歌诀稿本，即所谓"花样子"。清单共五行字，五行字左边，则是用娟秀的行书写的一首七言悼亡诗，括号里的文

图 10—8 曹雪芹书箱

字是书写当时被勾掉的：不怨糟糠怨杜康，乩诼玄羊重克伤。（丧明子夏又逝伤，地圻天崩人未亡。）睹物思情理陈箧，停君待殓鬻嫁裳。（才非班女书难续，义重冒）织锦意深睥苏女，续书才浅愧班娘。谁识戏语终成谶，窀穸何处葬刘郎。

这对书箧应是曹雪芹结婚时芳卿的嫁妆或亲友们送给他们的贺礼。

芹溪是曹雪芹的曾用名，书箱为芳卿所有，七言悼亡诗是妻子的口吻，可知曹雪芹有一个名叫“芳卿”的妻子。

曹祖义研究认为：这对书箱在乾隆十六年早已做好，芳卿进京时不方便携带，故留在大孤山。待乾隆二十五年曹雪芹与芳卿回大孤山探亲时才刻字画，并携带返京。（芳卿进京结婚时）可能是曹雪芹先走的，在当时这是有讲究的。

2. 分析判断芳卿是大孤山人，曹连增被托孤给曹信

1763 年，壬午除夕，曹雪芹去世后不久，芳卿怀有身孕，回到大孤山后生下一男孩，取名曹连增（曹家“增”个人的意思），托孤给曹信抚养，与曹信一家生活在一起。曹连增日后自然称呼曹信为“爷爷”，当时不可能称呼曹延聪为“父亲”，因为他还是小孩，只能称呼他“叔叔”，故才有代代家传的“孤儿之说”。大孤山曹家因甲午战争立紧急家谱时，曹连增则记在曹延聪次子名下,为“名义之子”。

曹雪芹在大孤山的十年,曾给曹積、曹信等宗亲后代起二十代范字谱联“莲庭(连廷)际广天,祖传德集先,成己寅善起,世泽庆丰年。”大孤山延字辈的子孙范字都以这个谱联为准。曹雪芹也不曾想到他的遗腹子曹连增及其后代能够范这个谱联,岂知冥冥之中实现了曹玺家回归曹髦宗族的心愿。

曹雪芹于1763年2月12日去世时48岁,曹信不超过35岁。如果曹信18岁结婚,其长子曹延明当时小于16岁,曹延聪行三,当时小于13岁。据说曹连增是1岁内托孤,肯定由曹信夫妇抚养,但不能记录在曹信名下,曹延聪还未结婚,于是与曹信生活在一起,照看曹连增是正常家务活,所以关系密切。

曹祖义分析说:这就是养子和托孤抚养的不同。托孤主要是曹信,但曹信比曹连增大两辈,不能记录在他名下。因曹延聪当时很小,应该没结婚,更不可能与曹信分家,所以与曹连增关系密切,为后来记录在曹延聪名下有了说道。日后曹延聪亲儿子曹连相在战事紧急时所立家谱上记录为长子,说明曹连增不是曹延聪的亲儿子。

曹雪芹去世那年,曹信应当时不超过35岁,因为三哥曹積(大汉)去世时32岁左右(1757年左右)。曹信是老五,中间除了哥哥,有没有姐姐尚不知道。关于曹大汉去世时的年龄,曹家堡都说三十多岁,曹大汉直系后代曹祖德说就三十来岁。因此,曹大汉就一个儿子,在当时三四十岁的妇女生育正常,如果在世,应该还会有儿子。

3. 大孤山“一拳石”

(1)图10—8中间竖起的石头为大孤山一拳石,是曹雪芹与芳卿相知相会的地方。参见曹雪芹书箱上的诗《题芹溪处士句》:“并蒂花呈瑞,同心友谊真。一拳顽石下,时得露华新”,及曹雪芹的诗《题自画石》:“爱此一拳石,玲珑出自然。溯源应太古,堕世又何年？有志归完璞,无才去补天。不求邀众赏,潇洒做顽仙”。

图 10—9　大孤山一拳石(曹祖义先生提供)

(2)台湾的黄一农教授于 2016 年 9 月针对贵州省博物馆藏《种芹人曹霑画册》发表了重要的考证文章“曹雪芹唯一存世的画册再现”(原载于 2016 年 9 月 2 日的《文汇学人》),其中的画册照片第 4 幅茄子中有印③“是什么”,第 5 幅秋海棠中怪状石上有印⑦“是什么”。两个印刻法近似,推测是曹雪芹的立意用印,在此设问。

根据曹祖义先生推断,图 10—9 中第⑤幅的石头部分是大孤山“一拳石”上面的拳头部分,在大孤山一拳石照片那块石头上面。杨德山老人见过,说就是这块石头,就像拳头放在上面一样,因为石头上突出一块像猪耳朵,1949 年以前当地人也叫猪八戒石。后来可能因地震掉了。现在大孤山人叫将军石,是没了顶上像拳头那块石头的原因。曹雪芹画中“是什么”印可能是曹雪芹平常画画有寓意用的。这是曹雪芹从大孤山画好拿回北京的,因为他此年前曾回大孤山一趟。

因杨姓老人健在,读者可以核实。这是支持本观点的一个重要证据。

4. 曹雪芹曾有一子在他去世之前数月去世,孩子去世,决定再养,因而有遗腹子

敦诚诗文可以提供部分证明。

(1)吴恩裕先生在张次溪藏《鹪鹩庵杂诗》中发现了敦诚挽曹雪芹诗两首,内容如下:

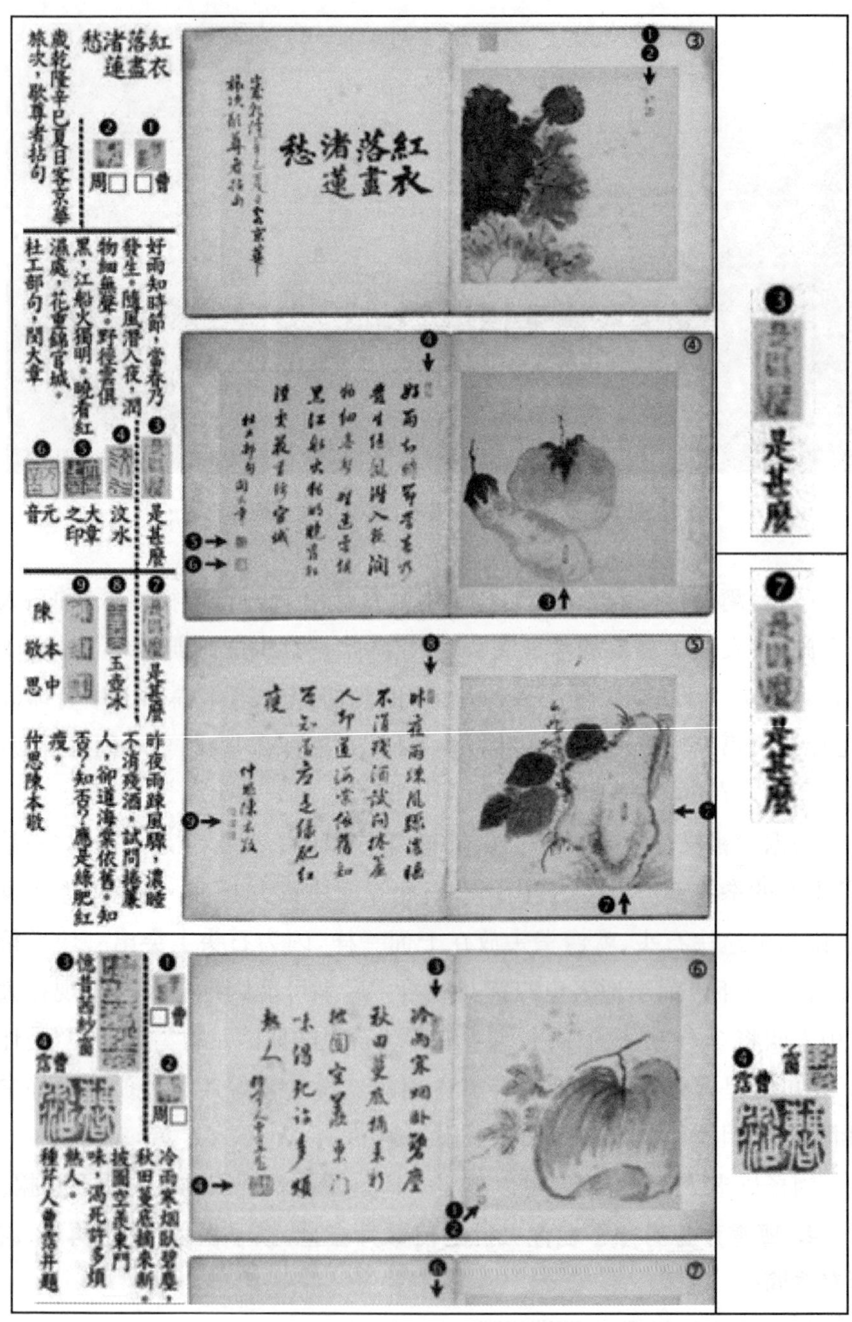

图 10—10 《种芹人曹霑画册》截图

其一

四十萧然太瘦生，晓风昨日拂铭旌。

肠回故垅孤儿泣（前数月，伊子殇，雪芹因感伤成疾），泪迸荒天寡妇声。

牛鬼遗文悲李贺，鹿车荷锸葬刘伶。

故人欲有生刍吊，何处招魂赋楚蘅？

其二

开箧犹存冰雪文，故交零落散如云。

三年下第曾怜我，一病无医竟负君。

邺下才人应有恨，山阳残笛不堪闻。

他时瘦马西州路，宿草寒烟对落曛。

（2）另外，在敦诚《四松堂集》中有诗文：

四十年华付杳冥，哀旌一片阿谁铭？

孤儿渺漠魂应逐（前数月，伊子殇，因感伤成疾），新妇飘零目岂瞑？

牛鬼遗文悲李贺，鹿车荷锸葬刘伶。

故人惟有青山泪，絮酒生刍上旧坰。

二、曹祖义是曹操后代，也是曹雪芹后代

辽宁丹东东港市大孤山曹祖义先生于2010年3月在复旦大学进行DNA检测，确认其Y染色体类型是O2*（M268＋，PK4－，M176－），证实是曹操后裔，2010年至今媒体对其进行了大量报道。

曹祖义家族传承：曹祖义先祖是曹连增，高祖是曹廷文；曹连增是曹雪芹遗腹子，因曹信抚养，记在曹延聪名下，虽然年龄比曹连相（祥）大，但大孤山家谱将其记为老二。曹雪芹与曹延聪平辈，范延字。曹祖义是曹雪芹后代。

图10－10展示的是曹雪芹在《红楼梦》中亲撰的家谱和大孤山宗亲家谱。此谱左侧是曹玺曹雪芹家真正的家谱，是按曹雪芹在《红楼梦》中亲撰的家谱样子复原的（参见曹祖义先生的研究文章），右边是其“亲宗”家谱。曹雪芹家与其“亲宗”辽宁岫岩房身沟和丹东大孤山曹家在起名范字上是一脉相承的，他们是同宗谱的本家人。家谱上是隔代双名单名相范的，双名范字有“九锡龙宗延”字样（九锡是对应公元213年汉献帝册封

曹操魏公加九锡,龙宗是对应曹丕称帝),说明曹家的祖先是当过皇上的,中国历史上曹姓当皇上的只有曹丕和他的后人,那么曹雪芹家和大孤山曹積(曹大汉)、曹信家族都是曹操曹丕曹髦的后裔。曹雪芹是曹髦第 60 代孙,是曹操第 64 代孙。曹祖义是曹髦第 66 代孙,是曹操第 70 代孙。

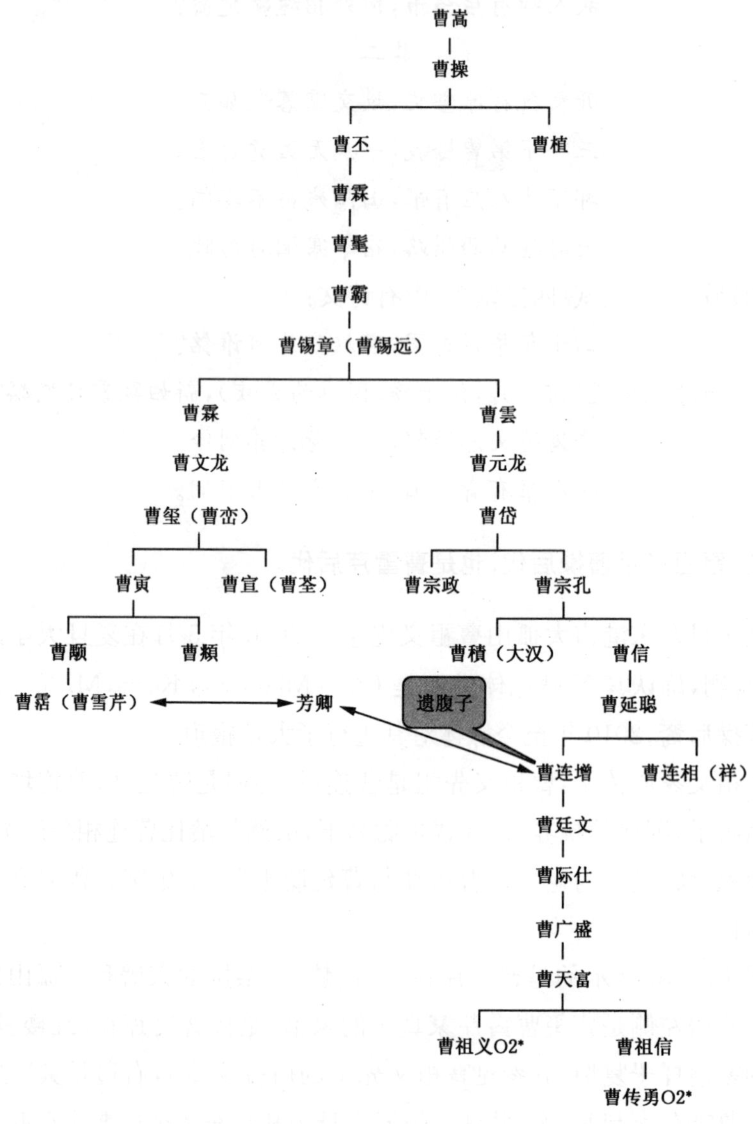

图 10—11 曹操曹雪芹家族传承

三、曹祖义家族传承的信息印证

1. 大孤山曹家家谱

根据图 10—11 中所展示的照片,可见大孤山曹家家谱立于光绪二十年十月十二日,因"兵九月二十九日……、十月……、初八日外国进孤、初九日外国火船进孤、初十日火船出口"。

大孤山曹家当时立这个谱联是因为甲午战争,1894 年北洋海军在大孤山海面上被日军打败,日军已经打进了大孤山,一旦战争持久打下去,后果不堪设想,曹家子孙流散是必然的,所以曹家紧急立了此谱联。

甲午战争以 1894 年 7 月 25 日(清光绪二十年,甲午年农历六月二十三日)丰岛海战的爆发为开端,至 1895 年 4 月 17 日《马关条约》签字结束。这场战争以中国战败、北洋水师全军覆没告终。清朝政府迫于日本军国主义的军事压力,签订了丧权辱国的不平等条约——《马关条约》。

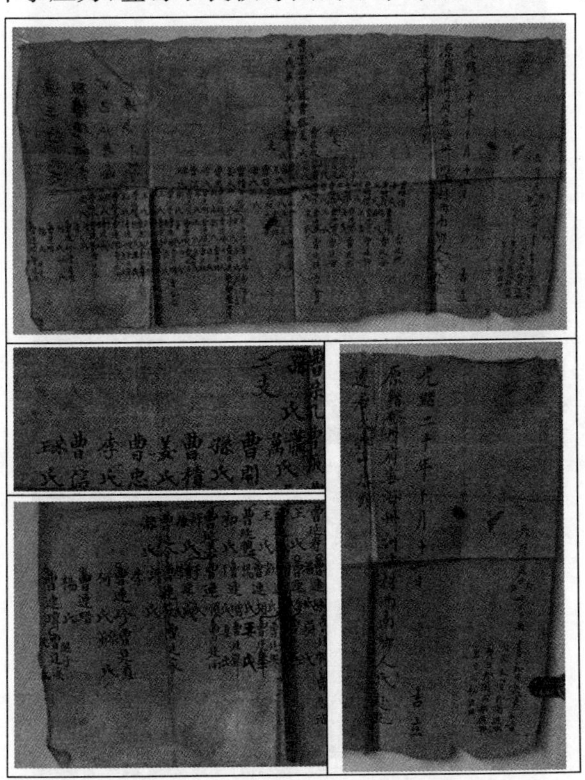

图 10—12 大孤山曹家家谱照片

2. 岫岩曹家家谱

(1)辽宁岫岩曹家家谱记载显示元朝祖籍“四川小云南”。

鞍山市岫岩县雅河街道河北村房身组的曹世成(祖字辈)先生与侄子曹传清先生的祖传家谱明确记载“吾曹氏原籍四川小云南人氏后”,经调查这支曹姓族群先祖是明初从四川小云南迁至登州府宁海州河南村(今山东省威海市乳山市下初镇河南村),在康熙五十余年间又迁至辽东岫岩城南岔沟房身沟。

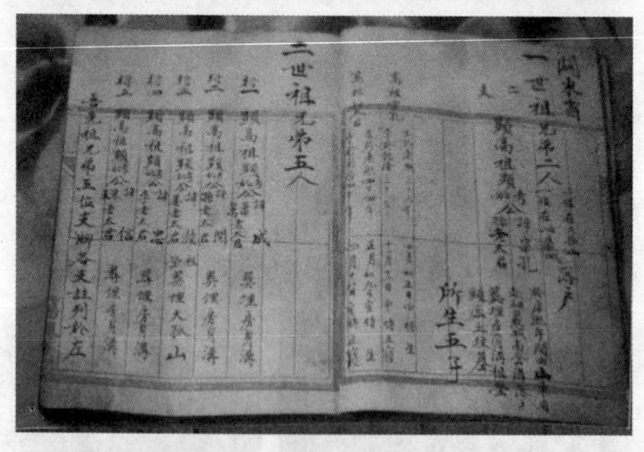

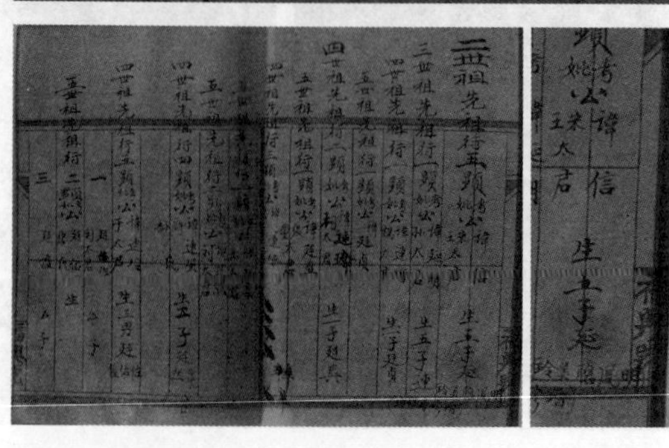

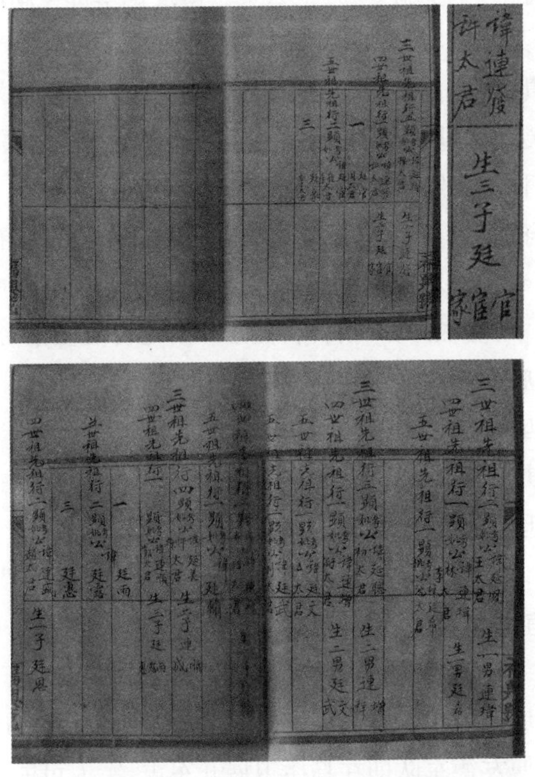

图 10—13　岫岩曹家家谱(节选)照片

(2)根据历史记载：

明洪武元年(1368 年)，傅友德随徐达挥师北上，破沂州，下青州，攻莱阳，取东昌，很快就平定了山东。

洪武四年(1371 年)，朱元璋任命傅友德为征虏前将军，与征西将军汤和分道伐蜀，平定四川。

明洪武六年(1373 年)，改叙州路为叙州府，治宜宾等县。

明初改永宁路为永宁安抚司，洪武八年(1375 年)复为永宁宣抚司，辖境相当于今四川省叙永、古蔺等县，属四川行省。

明朝建立之初，贵州尚未归附，云南为元梁王把匝剌瓦尔密盘踞。期间明军与元军处于对峙状态，四川永宁处于边界，则驻有大量明军和军人家属(军户)。

洪武十四年(1381 年)秋九月初一，朱元璋命傅友德为征南将军，蓝玉、沐英为副将军,率步骑30万征云贵。傅友德率部至湖广,便分遣都督胡海等领兵5万经永宁(今四川叙永)赴乌撒(今贵州威宁),自率大军经辰州、沅州奔贵州,克普定、普安后直逼云南曲靖。平定曲靖后,傅友德又分遣蓝玉、沐英率师进军昆明,自率数万兵马奔乌撒,驰援胡海等部。傅友德仅用百余日就平定了贵州、云南。

据《登州府志》附录中之《乌撒考》中记载:"明永乐二年(1404年),朝廷曾将乌撒卫的大批汉族军士和军户调往山东,他们从陆路到重庆,乘船渡三峡顺流而下,直抵江苏的扬州,然后转大运河北至淮阴,弃舟陆行,取道赣榆、诸城、胶州而达即墨各地。"

《明史・四川土司传》记载:乌撒,元置军民总管府。明洪武十六年(1383年),蛮夷复叛,傅友德、沐英,因乌撒、乌蒙、东川、芒部四府离四川较近,上报朝廷,请将四府改隶四川获准。

综上可见,洪武十四年(1381年)九月初一前"小云南"主要指四川永宁(今叙永及宜宾南),明军在此集结部队。平定云贵后,明朝在云南镇雄、贵州威宁一带始设乌撒卫(曾经归属四川管辖)和"小云南"连成一片,"小云南"的地域范围扩大,除四川永宁,还包括今云南昭通镇雄、贵州威宁等地。部分傅友德军队即在乌撒卫展开军屯,军人可能来源于多个省,他们驻守至永乐初年,期间分批次迁徙至多地,其中很多军户迁徙至山东登州府宁海州(胶东半岛)戍边,极大地补充了当地人口。

笔者研究认为:"小云南"是指元末四川叙州路、永宁路南部地区,即明初叙州府及永宁宣抚司南部地区,这个地区嵌入云南东靠贵州,所以称"小云南"。"小云南"如今辖区在四川省泸州市叙永县至宜宾筠连一线,叙永县在当时称为永宁。明洪武十五年以后"小云南"地域范围扩大至乌撒卫地区,即今云贵交界一带。

"小云南"地处四川云南交界。岫岩曹家现在可以认定是曹霸后裔,曹霸避"安史之乱"到了成都,岫岩曹家祖先一直在此居住。在蒙古军攻打成都前,曹家祖先再次避战乱往南迁徙,可能先进入云南境内,大约于1310年又回到四川叙州路或永宁路南边,即"小云南"地区。"小云南"很可能是元朝期间躲避战乱到云南的四川汉人从云南回到四川这个地方后叫出来的,岫岩曹家祖籍记录为"四川小云南",说明居住了很久,否则不会称祖籍，所以元末以前就有“小云南”这个称谓。

(3)云南、贵州历史上是我国少数民族居住地，而自称祖先是“小云南”的山东人、辽宁人却又大多是汉人，说明“小云南”移民主要是汉人，可能主体为明朝军户移民。时至今日，笔者推测“小云南”移民后裔可能超过1500万人，胶东半岛2000余万人口中估计有超过1/3(700余万人)是“小云南”移民后裔，辽东地区估计有500余万人是“小云南”移民后裔。

3. 家谱传承信息之“长子、次子”

岫岩家谱把曹连增记为长子，即曹连增在曹连相(祥)右侧，说明岫岩家谱整理者按照年龄大小记录长子、次子，认为曹连增年龄大，以为是长子，说明其不知道曹连增不是曹延聪的亲儿子。

大孤山家谱把曹连增记为次子，即曹连相(祥)在曹连增右侧，说明大孤山家谱的前后整理者知道曹连增不是曹延聪的亲儿子，故不按照年龄大小记录长子、次子，而把曹延聪亲儿子曹连相(祥)记录为长子，并记录了曹连相的儿子曹廷举。然而，曹连增的儿子曹廷文没有被记录，不像其他曹信后代廷字辈记录在案，说明曹信后代知道曹连增不是曹信的后代，记上曹连增就可以了，曹廷文和他的后代有没有被记上家谱与曹信家关系不大，所以就没记录。曹祖义家老辈人也常说：咱家与曹家堡本家亲缘关系没有他们之间近，上两辈子人来往并不密切，就是知道而已。

4. 家族传承信息之“官宦家”

(1)家谱记录传承。

曹信有五子：曹延明(参见岫岩家谱)、曹延凤、曹延聪、曹延美、曹延令(岫岩家谱记为玲)。

岫岩曹家家谱中记的曹延玲在大孤山曹家家谱上记为曹延令，因曹信家族成员住大孤山，所以大孤山曹家家谱记录应更为准确。

老五曹延令的儿子是曹连发，曹连发三个儿子起名曹廷官、宦、家，以记录的方式传承家族信息。

曹祖义的先祖曹连增记为老三曹延聪的儿子，分析判断曹连增被托孤给曹信收养后，曹信家族内“连”字辈分的人便有“官宦家”的信息传承意识了。

曹延聪的另一个儿子在大孤山家谱中记为曹连相，在岫岩家谱记为曹连祥。

(2)历代口口传承。

曹祖义介绍说:“我父亲说我们是官宦之家,可曹信父亲来大孤山前不是官宦之家。”“官宦之家,曹信后代其他家也说过。”

曹信曹大汉肯定不是官宦之家。曹雪芹家是官宦之家,前辈曹玺、曹寅、曹宣、曹颙、曹頫都是内务府官员,旗籍为正白旗。

5. 家族传承信息之“祖上是孤儿”

曹祖义家曾有“祖上是孤儿”的说法。

芳卿可能去世得早,因曹雪芹曾与曹信有渊源,幼子曹连增被托孤给曹信收养。1763 年时曹延聪还小,不到结婚的年龄,托孤之事发生在之后一年。曹连增长大后称呼曹信为“爷爷”,当时不称呼曹延聪为“父亲”,而是称呼“叔叔”,故才有代代家传“孤儿之说”。

曹连增是曹延聪的记名儿子,不是曹延聪的亲生儿子。

6. 家族传承信息之“曹连增坟茔独立”

曹信葬在岫岩,没有葬在大孤山。

曹连增、曹庭文、曹际仕三人坟茔同在大孤山曹家东大茔,但独立一处,没有与曹延聪、曹连相葬在一处。如果曹连增是家中嫡长子,按常理肯定与曹延聪葬在一处。这条信息印证了曹信只是抚养了曹连增所以记在曹延聪名下的判断。

7. 家族传承信息之“半拉旗”

早年大孤山老百姓都知道曹家是“半拉旗”。清朝设八旗制度,旗人不多,且社会政治地位很高,曹家“半拉旗”的信息说明家族中有旗人亲戚,且有身份地位,这与曹雪芹家是正白旗的信息相符。关键是大孤山不是满人和八旗的居住地与驻扎地,当时全是汉人居住小镇,出现“半拉旗”足以说明曹雪芹来过大孤山。

8. 曹祖义整理“曹雪芹后代”一文

曹操正宗第七十世孙曹祖义是曹雪芹嫡传第八代孙。

曹祖义生于 1953 年 1 月,其父亲从 1959 年到“文革”前因在外地工作,一年很少在家里,有时候回来休假在谈话中会讲到曹家历史。“文革”初其父亲从外地调回来,因当时政治环境的影响,他再没讲曹家过去的事情直至去世。在曹祖义从小的记忆中,父亲讲过曹家是曹髦后裔,讲自己家这支人在大孤山之前是官宦世家,老辈人中有个大官叫曹玺(当时曹祖义以为叫曹喜),还讲过大孤山老辈人曹连增是孤儿,曹家在大孤山还是半拉旗人(当时大孤山人都知道),等等。这些话如果细分析则大有文章。

曹祖义祖上来大孤山前是官宦世家,可曹祖义家在家谱中是连接在曹信名下的,曹信是大孤山曹家始祖,他的父亲曹宗孔是从山东宁海州到岫岩的曹家始祖。曹宗孔是康熙五十年间与哥哥曹宗政坐官船移民到岫岩大孤山的农民,根本不可能是官宦世家。这说明曹祖义始祖不可能是曹信、曹宗孔,肯定另有出处。既然不是曹信的后代,如何记录在曹信名下呢?

曹祖义经过几十年研究《石头记》和曹家历史,终于明白父亲所说的曹家历史不是空穴来风,都是实实在在的历史。

首先得从曹雪芹到大孤山写《石头记》说起。曹雪芹在大孤山创作《石头记》十年期间,结识当地才女芳卿,并与她于 1751 年左右在北京结婚。1762 年中秋节,曹雪芹与芳卿生的儿子(其名已失,估计范莲字,与岫岩大孤山信息有关)突然去世。为了承接曹家香火,芳卿又怀孕了。可令人悲伤的是,曹雪芹于马年除夕、羊年到来之际突然去世了。曹雪芹去世后,芳卿无法在京师居住,便回到了大孤山,在大孤山生下了曹雪芹的遗腹子后,不久也去世了。她把这个孩子托孤给曹信和他的三儿子曹延聪(因曹大汉已经去世多年,大孤山长辈只有曹信)。芳卿给儿子起名曹连(莲)增,其含义是曹雪芹家终于增添了人口,而曹雪芹家要不断增添人口,这才是曹雪芹希望的。同时,大孤山曹家也增添了人口。这就是曹祖义父亲说的,曹家先人曹连增是孤儿的真实历史。

从大孤山和岫岩曹家家谱上也可以看出端倪来。大孤山曹家谱联记录曹连增是次子,而岫岩则记录为长子。大孤山谱联早,曹信后代都聚居在此,此谱联记录应该说是不会错的。岫岩曹家则谱书时间晚,一是老人去世了不少;二是曹信后代不在此居住,曹信儿孙的信息只能通过了解取得,他们可能了解曹连增岁数大,就记为长子,不知道当初曹连增是曹信、曹延聪抚养的,不是亲生儿子。曹延聪亲生儿子曹连相,才是曹延聪的长子,他才有资格记录在曹延聪名下,而曹连增是帮助抚养的,不是过继的。

一百年后,尽管时间很长了,大孤山曹家堡曹家人仍然知道这个缘由,为了防止这家人失散所以把他记在次子位置上。

因为有了这个谱联,后来的人把曹连增是曹雪芹遗腹子这事淡忘了,以为是曹延聪的亲儿子,所以岫岩按岁数记录为长子就不奇怪了。

再是,曹祖义父亲所讲曹家来大孤山前是官宦世家更是有据可查的。因为他们是曹雪芹的后代,与大孤山曹宗孔的后代到大孤山是不一样的经历。曹雪芹来大孤山写《石头记》前至少应该是六品官阶,因他是曹寅独子曹颙的独子,荫封也可得此品级,何况曹雪芹年轻时就是副贡出身,其家皇亲国戚,来大孤山前六品衔不足为奇,从他在大孤山草成《石头记》回北京后仍然能在右翼宗学任教习就能说明问题。曹雪芹父亲是五品,爷爷是三品,曾祖父是一品,完全与曹祖义父亲讲的他们家是官宦世家相吻合。

以上从曹祖义家族传承和大孤山岫岩曹家家谱上可以看出曹祖义是曹雪芹后人不谬。

有人会问,日后曹祖义为什么不向他父亲问清这些事?曹祖义自1978年元月结婚后独住,与父母亲见面并不多。1984年曹祖义开始担任单位主要领导,根本无暇考虑这些事。1985年《红楼梦》电视剧开拍,曹祖义才从真正意义上开始研究《红楼梦》。他开始还是觉得曹雪芹与自己家有关系,可看遍了《红楼梦》研究文献,尤其是多数专家对曹家祖籍家史的研究文章,发现曹振彦与自己家不是一个宗族,所以不再从这方面下功夫。1987年《红楼梦》电视剧上演,曹祖义正想加深对《红楼梦》和曹雪芹家历史的研究时,令人没有想到的事发生了,曹祖义父亲在医院被打错药成为植物人后死亡(曹家并没有为难医院,一分也没有包赔,这也是少有的)。历史总有你想不到的一面,曹祖义只得多方考证和深入研究《红楼梦》。待1993年曹祖义在《石头记》中解谜了曹雪芹隐在书中的家谱和曹家先人的化身时,父亲已经去世多年。还好,因曹祖义有很好的悟性和记忆力,终于在复旦大学的DNA科研成果的帮助下恢复了曹操曹丕曹髦后裔身份,也希望在复旦大学再次帮助下恢复曹雪芹后人的身份。因为这是曹玺曹寅曹颙曹頫曹雪芹刻骨铭心的愿望,并缠绕曹祖义深入其中、不能自拔。

9. 其他合理性的分析

曹雪芹续妻芳卿去世后应该是葬在大孤山。

从遗传学上说，曹雪芹的后代更能理解《红楼梦》的写法。曹祖义正是率先破解《红楼梦》秘密的。正是“解铃还须系铃人”，曹家的谜还须曹家人破解。

曹祖义解释说：“曹连增，意思：曹家增个人。巧的是就是我们家先祖。所以不是巧，是有含义的。”

大孤山家谱曹连增是行二，岫岩家谱上是行一，名和行儿都能说明问题。

曹祖义介绍说：“我不想错认祖宗，现在看来不回到曹玺名下就是错认祖宗，否则我也不会研究《红楼梦》。”“整个大孤山曹家，就我研究《红楼梦》，而且我的一生都像安排好似的。”

曹祖义介绍说：“令我难忘的是，一九六三年我第一次去丹东，也是第一见到大姑曹桂兰，她因没有儿子，对娘家的后代十分喜爱，时常讲起曹家历史。她曾说过，‘曹家原是大官大将家后代，咱们家在曹家堡住，是因为大孤山老戚家闺女嫁给老祖爷进了京城，后来老祖爷突然去世，老祖奶带了孩子回大孤山的。’大了才明白，带了孩子，当地话意思：不是带着孩子，而是身上(身孕)带着孩子回来。”“这样，我们是嫡传的曹雪芹的遗腹子后代，从曹连增到我父亲全是老大，而且独子多。”

“我验算了无数遍，我家是曹雪芹后人是毋庸置疑，就如我在2010年验证曹操后裔DNA时在结果没出来前对辽宁电视台、报纸等媒体保证的那样，自己是曹操后裔肯定不会错，我的话被证实无误。我回忆父亲说过的我们家的历史，可能说过曹霑，但当时小，已经记不清了。但通过无数的历史资料和现象，可以证明我们家是曹雪芹后代，这个观点是非常准确的。”

曹连增这一支是曹玺的后代，可以直接回到曹玺宗嗣上。

曹家是曹操后裔，这一点仅曹祖义父亲讲过，其他岫岩大孤山曹家都不知道了，因为有文化且有能力的曹家人都离开了大孤山，再者曹家知情的老人也都去世了，所以对于许多历史现在知道的人已经很少了。

从曹祖义研究《红楼梦》几十年，而大孤山曹家岫岩曹家没有一个人做此研究，也可以看出其中的奥妙。

第四节 曹雪芹后代DNA课题研究

一、采样

2016年9月16日,笔者赴辽宁丹东东港市大孤山对曹姓人群进行采样。其后送复旦大学现代人类学实验室检测。

图10—14 笔者与曹祖义先生合影(2016年9月16日拍摄于大孤山后山,照片中人物左后面就是曹雪芹与芳卿诗中的"一拳石",从一拳石向山顶方向可以到达孤山上庙"栊翠庵";人物右面山坡上是曹大汉(邢岫烟)"墓",下方便是曹家堡"芦雪厂"。曹祖义先生提供。)

附曹祖义先生词作:

《喝火令·红楼梦中人》(中华新韵)
蜡火心中点,文牍意外浑。
小说家史议论纷。
迷陷百年红梦,难遇释诠人。
黛工托孤信,湘云抚祖亲。
帝恩挨贡复知深。
影伙觉轮,影伙悟捷君。
影伙四春遗脉,遂见解读孙。

注解：针对曹雪芹后人DNA写词，内有隐寓DNA三个字，即帝恩挨——DNA。

二、数据分析

选取有代表性的几例曹姓O2*数据，与丹东东港曹祖义进行对比，如表10－1、表10－2所示。

表10－1

地区姓名	DYS 19	DYS 389I	DYS 389b	DYS 390	DYS 391	DYS 392	DYS 393	DYS 437	DYS 438	DYS 439	DYS 448	DYS 456	DYS 458	DYS 635	Y-GATA H4	DYS 385a	DYS 385b
东港曹祖义	15	14	16	24	10	13	13	14	10	13	18	15	14	21	13	12	17
大孤山曹祖德	15	14	16	24	10	13	13	14	10	13	17	15	14	21	13	12	17
达子营曹祖强	15	14	16	24	10	13	13	14	10	12	18	15	14	21	13	12	17
大孤山曹祖绪	15	14	16	24	10	13	14	14	10	11	18	15	15	21	12	9	18

表10－2

姓　名	知名祖先	备　注
曹祖德	曹宗孔曹積后代	现居孤山镇曹家堡
曹祖绪	曹宗孔曹信后代	现居孤山镇曹家堡
曹祖强	曹宗政后代	现居大孤山达子营

(1)大孤山二十字范字谱联：莲庭际广天，祖传德集先；成己寅善起，世泽庆丰年，是曹雪芹在大孤山写《石头记》时所拟，与《石头记》中惜春身份契合，具体使用时，“莲庭”多写作“连廷”。

(2)曹祖德与曹祖义的STR数据差一步，在DYS448位点发生1步突变(18变17)，属于低突变位点，考虑到置信区间，推算两人祖上分开250～490年，相当于分开13±3代内。

(3)曹祖强与曹祖义的STR数据差一步，在DYS439位点发生1步突变(13变12)，属于高突变位点，考虑到置信区间，推算两人祖上分开150～280年。

(4)根据经验，较高数值的曹祖德的数据更具代表性。足以证明曹祖义是12代前共祖的另一支曹姓(曹霖)后代，而不是曹宗政、曹宗孔的后代，是被收养在曹宗孔儿子曹信家的。17个STR位点不能覆盖全部突变，日后全测序进行更准确的分析。

(5)曹祖绪与曹祖义的 STR 数据差 9 步,与曹祖德 STR 数据差 10 步,与曹祖强 STR 数据差 8 步,判断可能至少在 24 代前共祖。这证明曹祖绪家肯定不是曹信的后代,也不是曹锡章的后代,也是被收养在曹宗孔儿子曹信家的。芳卿回大孤山时,曹大汉已去世多年,只有曹信这个长辈在世,所以都记录在曹信名下。

(6)DNA 证明曹信家中有两例——曹祖义祖上、曹祖绪祖上被收养的真实情况,但百年后,这些信息被遗忘了。

三、曹延令曹祖绪家与曹连增曹祖义家对应互证

第一,曹祖绪先祖曹延令(大孤山家谱记为曹延令,岫岩家谱记为曹延玲)以及曹祖义先祖曹连增这两家都不是曹信的后代,在家谱上却都记在曹信名下。

其在曹信家传承如图 10—15 所示。

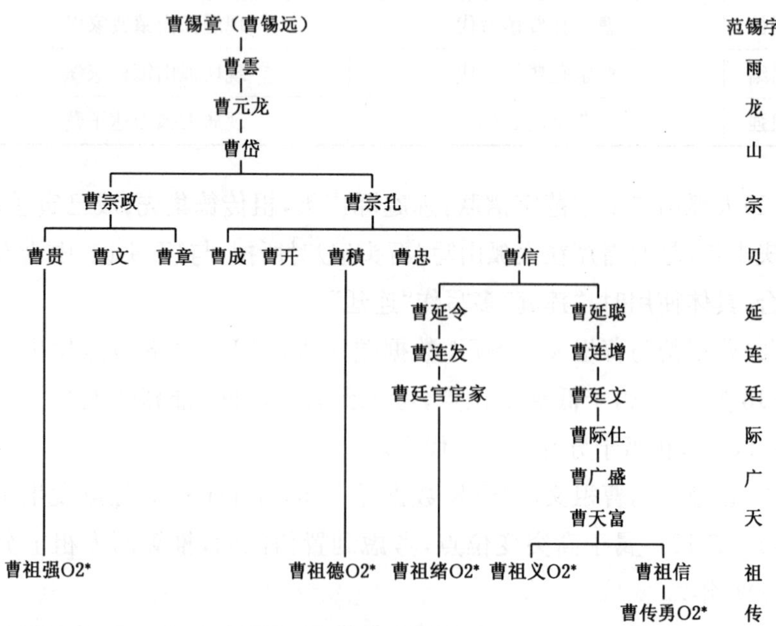

图 10—15 曹信家传承

第二,"令发官宦家"名字记录的信息恰恰是印证了北京曹家派家人

护送芳卿回大孤山这一事实(参见本章第三节家谱照片及图 10—16)。

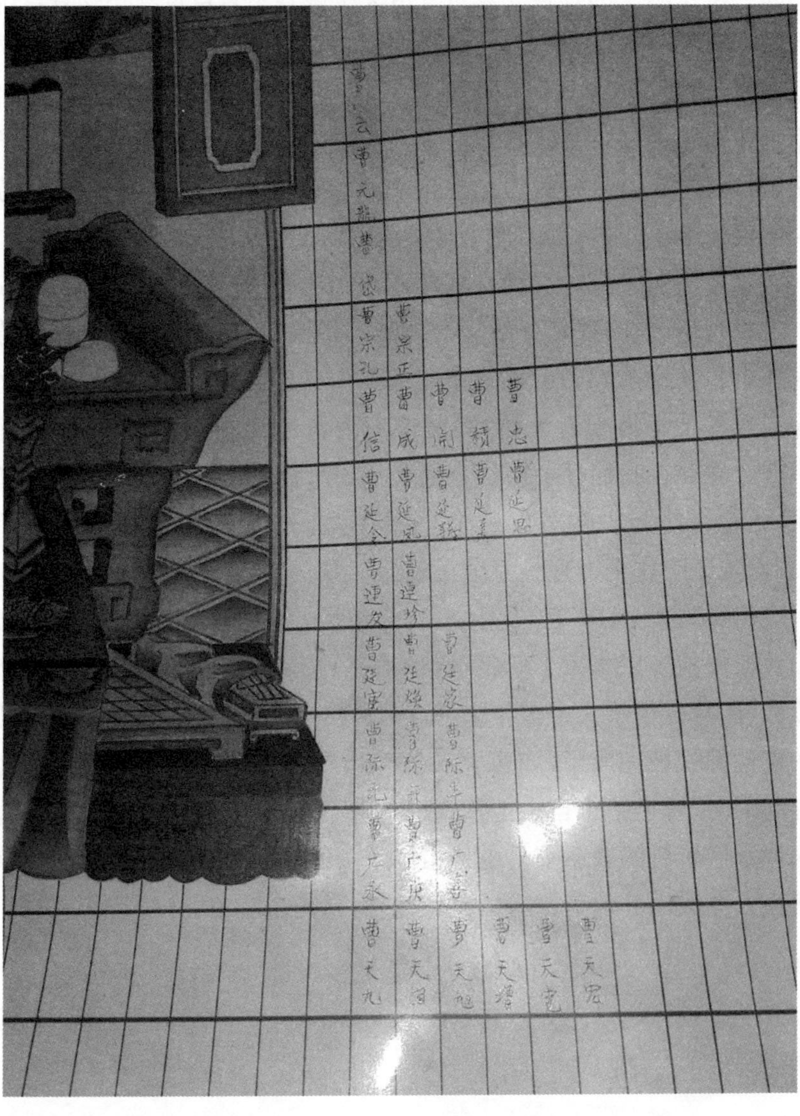

图 10—16　曹祖绪提供家谱照片(传承为:曹延令、曹连发、曹廷官、曹际元、曹广永、曹天九、曹祖绪。曹廷官为长子。此处曹廷焕在岫岩家谱记为曹廷宦,行二。)

芳卿应该是被护送回来的,因曹延令家,起名官宦家,怀疑是他们家来人护送到大孤山并留下了孩子,最后通过 DNA 验证曹祖绪也不是曹信的后代,也接续在曹信名下,与曹祖义先祖曹连增完全一样的性质,充分证明了这一点。

起官宦家名字的曹延令家与曹祖义所说其是官宦世家相吻合。说明他们两家有某种关系,且都是接在曹信后代上。曹祖义父亲说他们家是官宦世家,通过 DNA 证明他们是曹雪芹后代,而曹祖绪不是曹信后代,也不是曹锡章后代,说明他们是护送芳卿来大孤山的,结果生了个儿子带不回去,也留给了曹信,因为过去走一趟北京不是容易的,可能护送芳卿的夫妇也怀孕了,最后因路途遥远怕养不活而将其留在了大孤山。

曹延令的名字令,也可能是曹信随这个孩子的父母是因令而来所起。

可以判断分析,曹延令的父亲是曹雪芹叔父家的家人,负责护送芳卿回大孤山。一个孕妇如果从北京回大孤山必定会有人护送,但护送之事相隔二百几十年很难考证清楚,考证不清楚不说明不存在,而是合理存在。因合理存在我们怀疑曹延令的名字和后代官宦家的名字与曹连增有关系,更有可能与护送芳卿这个孕妇有关系。然后经过现代科技手段 DNA 检测证明这个推理是完全正确的。

曹祖义曾在 2016 年 11 月 16 日介绍说,巧的是,二十多年前他回大孤山曹家堡找亲宗本家了解情况,恰恰是曹延令的后代曹祖绪接待介绍给族人,而且曹祖绪二十多年来一直与曹祖义保持联系,曹祖义请他帮忙做的事他都积极完成了,如曹大汉墓碑。当曹祖义告诉他得找到墓碑并保存起来时,曹祖绪亲自去把墓碑挖出来,然后拉到家门口存放着。曹祖义与曹家堡所有的联系都是由曹祖绪牵头的,冥冥之中,这两个从北京来的曹家人竟然比其他曹家人关系还密切,是巧合吗?

第十一章　曹雪芹与芳卿后代

第一节　大孤山曹雪芹后代

一、曹雪芹先祖、后代

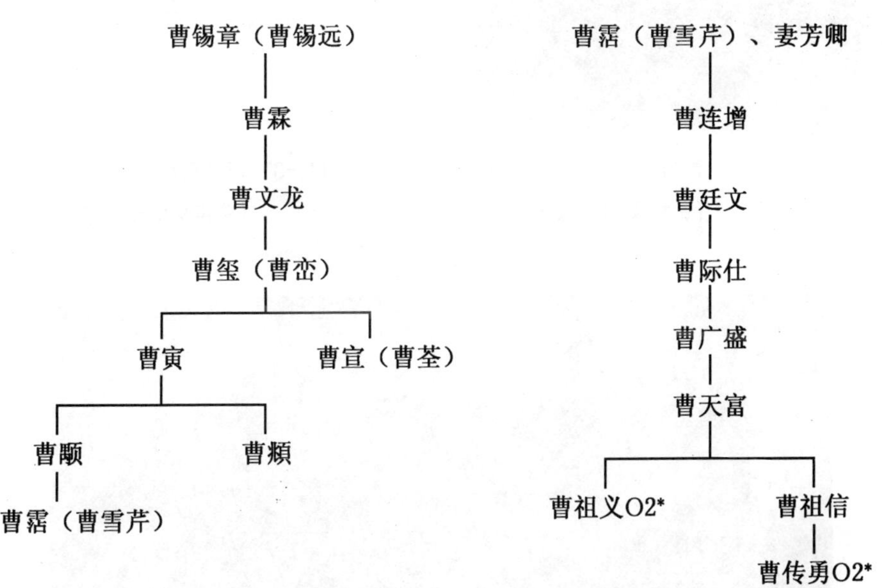

图 11－1　曹雪芹先祖、后代

二、曹雪芹后代——广、天、祖字辈

以下为曹祖义先生提供的照片。

图 11－2　曹祖义祖父曹广盛
（曹祖义祖母滕氏）

图 11－3　曹天富吕桂卿夫妻
（曹祖义父亲母亲）

注:后排左起曹祖礼(老三)、曹祖义(老二)、曹祖仁(老大)、曹祖智(老四)
前排左起曹月娥、吕桂卿、曹月华、曹天富、曹祖信(排行老五)。

图 11－4　曹天富一家全家福(1973 年摄)

第二节　曹雪芹现代后人——传、德字辈

一、曹传勇

曹传勇，1984年3月30日生，辽宁省东港市人，曹操七十一世孙（第七十代孙），曹雪芹第七代孙。2006年7月鞍山师范学院专科毕业。曹传勇父亲曹祖信是曹祖义的五弟。

2013年1月21日，曹传勇先生亲自来到复旦大学进行DNA检测（见图11－5），其后得到确认其Y染色体类型属于O2*单倍群（M268＋，P31＋，PK4－，M176－），证明是曹操后裔。

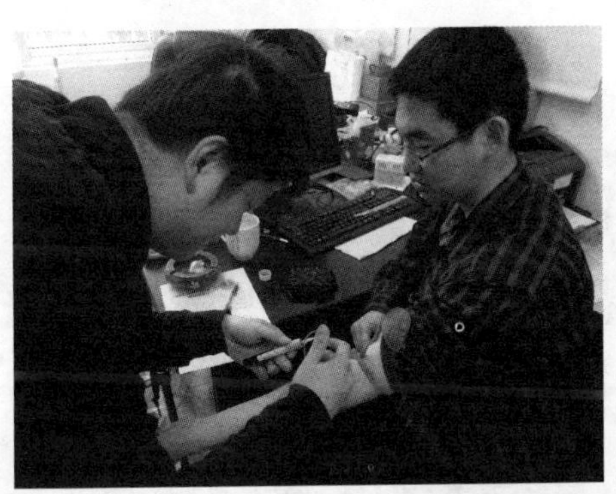

图11－5　复旦大学严实老师为曹传勇取样

復旦大學現代人類學教育部重點實驗室
志願者Y染色體檢測報告

曹傳勇先生您好！

您的樣本（YCH1505號）的Y染色體屬O2*單倍群（已測試過的SNP位點有M268+, P31+, PK4-, M176-），17-STR數值如下：

DYS19	DYS389I	DYS389II	DYS390	DYS391	DYS392	DYS393	DYS437	DYS438	DYS439	DYS448	DYS456	DYS458	DYS635	H4	DYS385a	DYS385b
15	14	16	24	10	13	13	14	10	13	18	15	14	21	13	12	17

復旦大學現代人類學教育部重點實驗室

2013.03.20

图11－6　曹传勇的样本DNA数据（严实博士出具）

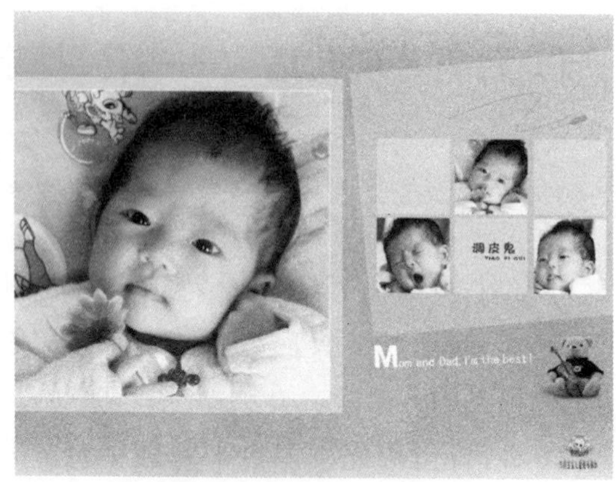

图 11—7　曹传勇女儿曹莺译(曹操第七十二世孙女,曹雪芹第八代孙女,德字辈,曹传勇 2014 年提供照片)

图 11—8　曹传勇 2012 年 3 月 17 日以曹操后裔身份参加河南卫视“知根知底”节目

图 11—9　曹传勇 2013 年 1 月 23 日参加江苏卫视“非常了得”节目

二、曹雪

曹雪，辽宁省东港市人，曹祖义女儿，曹操七十一世孙女，曹雪芹第七代孙女，现定居美国纽约。

图 11－10　曹祖义妻子王桂香(中)、曹祖义与女儿曹雪(左一站立者)2010 年在纽约

第五篇　曹雪芹亲宗家

第十二章　辽宁东港大孤山和岫岩亲宗家

第一节　曹雲家

一、曹雲生平

曹雲,明末清初人,祖籍登州府宁海州河南村,即现山东省威海市乳山市下初镇河南村,曹锡章(曹锡远)之子,系曹操曹丕曹髦后裔,是《红楼梦》中史湘云的原型[22]。

二、曹雲家传承

曹雲家范字是:锡雨龙山宗贝延、连廷(也作莲庭)际广天、祖传德集先、成己寅善起、世泽庆丰年。

曹雲家传承如图12—1所示。

曹雪芹家和其"亲宗"辽宁岫岩房身沟和丹东大孤山曹家在起名范字上是一脉相承的,他们是同宗谱的本家人。家谱上是隔代双名单名相范的,双名范字有"九锡龙宗延"字样(九锡是对应公元213年汉献帝册封曹操魏公加九锡,龙宗是对应曹丕称帝),说明曹家的祖先是当过皇上的,中国历史上曹姓当皇帝的只有曹丕和他的后人,那么曹雪芹家和达子营曹宗政家族、大孤山曹宗孔家族(儿子包括曹成、曹开、曹積、曹忠、曹信)都是曹操曹丕曹髦的后裔。曹雪芹是曹髦第60代孙,是曹操64世孙。曹祖强、曹祖德、曹祖义(曹雪芹后代)是曹髦第66代孙,是曹操70世孙。曹传清、曹传勇(曹雪芹后代)是曹髦第67代孙,是曹操71世孙。

三、曹雲后代落户大孤山和岫岩

根据曹祖义先生的研究,《石头记》中介绍曹锡远就是曹锡章,曹霖和

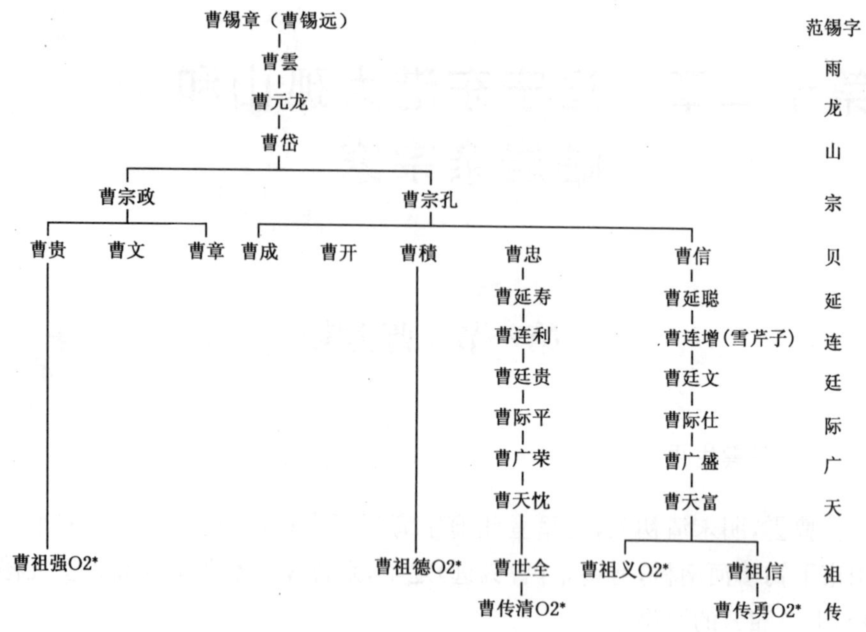

图 12—1　曹雲家传承

曹雲是兄弟。曹雲家是曹雪芹的亲宗家,从历史上看,这个“亲宗”曹家,原籍四川小云南,又原籍山东登州府宁海州,和《石头记》中所说曹雪芹家祖籍在山东半岛宁海州是一致的。这个“亲宗”曹家于清康熙五十余年,由山东登州府宁海州迁到关东岫岩厅辖区落户。“亲宗”曹家到岫岩始祖是曹宗政、曹宗孔兄弟二人。(因范宗字,二人行走到岫岩,所以书中喻为“邢忠夫妇”。)长支曹宗政在大孤山达子营落户(大孤山当时属岫岩辖区),二支曹宗孔在岫岩房身沟落户。后来,曹宗孔的三儿子(曹積)和五儿子(曹信)到大孤山东头落户。《石头记》中的邢岫烟,就是指曹宗孔的儿子们,代表人物是三儿子曹積。曹雪芹把曹家回归宗族的愿望全都寄托在这一支人身上。

大孤山上庙因是曹雪芹筹建的庙宇,曹大汉参与建庙顺理成章。当时曹雪芹买了两套石碾子和一个石头牲口槽子,曹大汉背负山上庙宇一套,另一套加牲口槽子曹大汉傍晚挑回家的,实物至今仍然在其后人曹祖德家保存。曹雪芹 1741 年来到大孤山,上庙第一任主持倪理休是 1746 年来到大孤山,据说是曹雪芹邀请他过来的。

第二节　曹大汉(曹積)

一、曹大汉(曹積)

根据《石头记》的描述，曹雪芹著书是住在大孤山庙宇的上庙，在庙中和曹家堡(位于现东港市大孤山镇)披阅十载写完《石头记》的初稿。这期间曹大汉即曹積(邢岫烟)参与了孤山上庙的修建过程，由于他和曹雪芹经常在一起，相处很好，所以《石头记》中有特别的描述。曹大汉是大孤山有名的民间历史人物，为修大孤山上庙出过工，立下汗马功劳，大孤山人有口皆碑，传说颇多。按曹家家谱，曹大汉和曹雪芹父亲曹颙是一辈人。曹大汉长得非常高大，力气过人，能负千斤物体，行动自如。《石头记》把"亲宗"这条副线从曹雲到曹大汉写得非常清楚。曹雪芹当时感叹大孤山、岫岩曹家的惜春时期正在开始且人丁兴旺，所以就把圆梦的希望寄托在这一支人身上。

大孤山上庙因是曹雪芹筹建的庙宇，曹大汉参与建庙顺理成章。当时曹雪芹买了两套石碾子和一个石头牲口槽子，曹大汉背负山上庙宇一套，另一套加牲口槽子曹大汉傍晚挑回家的，实物至今仍然在其后人曹祖德家保存。曹雪芹 1741 年来到大孤山，上庙第一任主持倪理休是 1746 年来到大孤山，据说是曹雪芹邀请他过来的。

图 12—2　大孤山镇曹雪芹像及记载

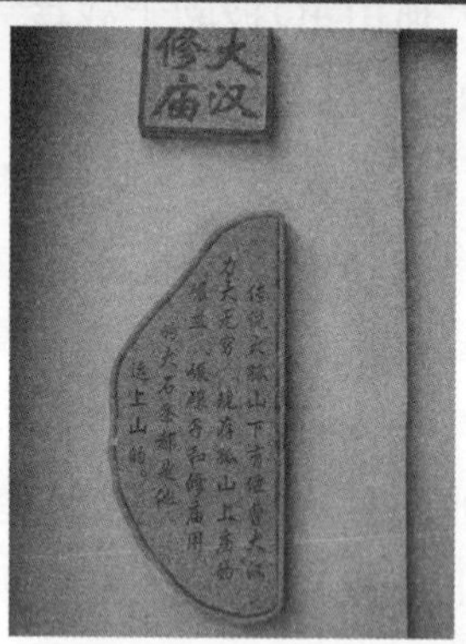

图 12—3 大孤山镇曹大汉(曹積)像

图 12—4 大孤山上庙中存放至今的石碾、石碾盘(曹大汉是大孤山历史人物,曹家口口相传上庙的石碾子和石碾盘是曹大汉背上去的)

二、曹大汉墓碑

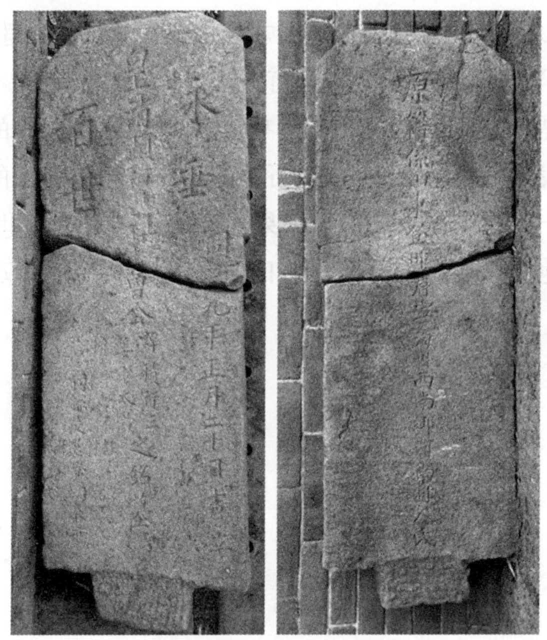

图 12—5　曹大汉墓碑[①]

墓碑为青石质，已折为两截。高 123cm、宽 47cm、厚 12cm。

碑阳额刻“永垂百世”四字，中刻“皇清显曾祖考/妣曹公讳积行三/姜老太君之铭墓”二十字；

其右刻“同治九年正月二十日吉 立”十一字；

其左刻“嗣孙廷/【木十上】、材、选、舟、成，际/臣、君、广、唐、喜、满、文奉祀”十八字。

碑阴中刻“原籍系山东登州府宁海州西南乡河南村人氏”十九字。

曹祖义当年让曹祖绪运到他家院子边保存下来，因而曹祖绪功劳不小(因为曹祖绪不是曹大汉后代，而是曹大汉弟弟曹信的后代)。2015 年初，姜仁刚先生看见此碑后明确说由他们保存。这是实物，与山上碾子碾盘以及《红楼梦》中邢岫烟互相印证。

---

① 参见：丹东大孤山网站本地论坛“孤山茶座”，http://www.dddgs.com/thread—39032—1—4.html。

曹祖义说:“这个碑是曹大汉从三颗石起坟到东大茔时立的,大家可以看出立碑之日不是清明等节日。我父亲讲是关里来的曹家人要起的,开始曹大汉后人不同意,之后又平坟才发现是厚葬,规格超出了县官、州官标准。说明当时来的曹家人一是有钱,二是有势力,否则不可能如此厚葬,因为过去是讲究资格的。经本人考究,可以认定是曹宜的后代鼓动做的,为的是寻找藏在曹大汉墓中的《石头记》全本,因为北京的全本已经被他们家砍去三十回,剩了八十回。如果大孤山这本全本面世,曹宜家的阴谋就破产了,他们才在这不合事宜的日子重新厚葬了曹大汉。”

第三节　曹家范字和现代后人

一、曹家范字

根据曹祖义先生的研究，曹髦因二十岁殉难于帝位上，所以曹髦的后人以他的岁数，即二十为基数，立下了曹髦后人家谱的谱联范字的规定：谱联范字是二十代作为一个周期，立此规矩永世纪念。还规定范世谱联不得重复使用，二十代谱联的范字范完了，才能起下一个二十代范世的谱联，不是亲宗族内人不得使用。

这种谱联的形成规则，曹雪芹在《红楼梦》中把它形象化了，他把二十代一个范世周期用"春"字表示。因曹雪芹到大孤山写《红楼梦》时曹家刚刚开始范第四个范世，所以曹雪芹给它们排序是：元迎探惜。曹雪芹正好是曹髦后裔的第三个范世即探春范世的最后一代，即探春第二十代人，三个春总范世第六十代人，加上曹髦以上四位先祖，曹雪芹是曹操后裔第六十四代人，这是一个非常准确的记录。

现在大孤山曹家人起名用的范字都在第四个范世即"惜春"范世谱联内。曹祖义是曹髦后人第四个范世二十代谱联："莲庭际广天，祖传德集先；成己寅善起，世泽庆丰年"中的第六代，范"祖"字，是曹髦第六十六代孙。加上曹操曹丕曹霖曹髦四位先祖，正好是曹操七十世孙。

曹家第四个范世二十代谱联即惜春范世这二十字范世谱联是曹雪芹起的，原因如下：

首先，这符合曹雪芹的思想情绪，曹雪芹在《红楼梦》中以及在他当时和朋友的交往中都显示出这样一种心态：不要攀什么高官富家亲戚，不要打祖宗的旗号，一切要靠自己，不要奴颜婢膝不开心。这二十字谱联就有这样的意思：曹家将来一定像莲花一样遍天下，曹家祖先给予我们很大的恩德，我们不要依靠祖先的恩德，不要求于别人，一切要靠自己的勤劳，这样就会世世代代过上太平富裕的日子。

同古代人家的谱联相比较可以看出，这二十字谱联所表达的意思与很多家的谱联不一样。多数人家的谱联中的意思不外乎是"光宗耀祖，荣华富贵,高官厚禄,出人头地”等,而这个谱联上面没有一点这样的意思,这在当时是难能可贵的,应该是曹雪芹的思想行为所决定的。

其次,在曹雪芹到大孤山写《红楼梦》的十年间,大孤山和岫岩曹家弟兄都是父辈闯关东过来的生人,当时这里是一片荒野,人烟稀少,而岫岩房身沟更是偏僻。试想一个过来开荒种地家人的孩子,家里有能力将其送到人多的堡子或集镇上去读书吗?这是不可能的,所以曹雪芹在《红楼梦》上说邢岫烟(曹大汉)兄弟学的几个字都是跟他学的,这就是证明。没有文化能起五言诗的家谱吗?因此,大孤山岫岩曹家人是没有那样的知识来起这样的谱联的。如果大孤山祖先求当地其他有文化的人写,也绝对写不出这样个性和思想性非常强的谱联来。

再次,这个谱联也不是山东族人起的。虽然曹家是康熙年间从山东来辽宁的,听老人讲当时山东宁海州有族人。如果这个谱联是山东宁海州族人起的,那么在山东肯定能找到范同样谱联的曹姓人家,因为这个谱联还没有范上十代。但至今也没有在山东找到范这个谱联的曹姓人家,这说明这个谱联是大孤山、岫岩曹家独有的。如今发现外地有人范这二十个字谱联的曹姓人,都是大孤山岫岩曹家出去的后代。

最后,这个谱联实际上是两家共有的谱联,曹雪芹后代也使用这个谱联。因为他是三春的最后一代,他的孩子起名时也要用这个谱联的。曹雪芹在《红楼梦》中用了很多与这二十个范字谱联有关的词句和语言;如英莲、藕香榭等。更明确的还有惜春灯诗谜,这是曹雪芹用谜语的方式告诉人们,惜春的二十字谱联他们家是不能范下去了,“光秃”(谜底光途——光秃),而大孤山曹家是连理枝头花正开。这说明当时大孤山岫岩三处曹家,有的已经开始范惜春二十代谱联的第一个字“莲”字了。

以上是惜春范世谱联的独特性,探春范世也有它的独特性,虽然现在看不到全貌,但也能看出其中的奥妙。

大孤山曹家和曹雪芹家第三个范世谱联中有“龙宗延”三个独特的范字,这是一个明显的标志,说明曹家祖先是当过皇帝的,否则,在古代没有人敢这样起谱联。

曹雪芹在《红楼梦》中写他们家祭祖是九门大开,类似于皇家祭祀,说明他们家是皇族后裔,这与大孤山曹家口口相传是曹髦后裔以及家谱上的范字是一致的。

二、曹雲家现代后人

1. 曹雲家现代后人

注：左起依次为曹祖德、曹祖绪、曹天春、曹天久、曹祖强、曹天文、曹祖义、曹传清、曹传勇、曹传安、曹祖刚。

图 12—6　曹雲家现代后人合影(2016 年 9 月 16 日摄)

2. 以下岫岩玉照片由玉匠——曹传清提供

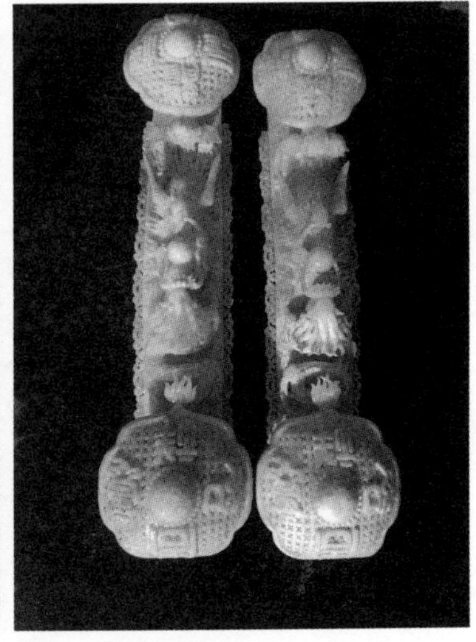

图 12—7(a)　岫岩曹传清玉器作品

图 12—7(b) 岫岩曹传清玉器作品

第十三章　山东乳山河南村亲宗家

第一节　威海乳山市下初镇河南村(曹操后裔村)之行

注:经复旦大学检测曹善玉 Y 染色体类型是 O2*。右一王传超,右二康栋东,右三曹新文。

图 13－1　笔者拜访当年保护家谱的老书记曹善玉(左一,曹小虎拍摄)

图 13－2　笔者与河南村曹家人合影

2012年1月16日,星期一,阴历腊月二十三,小年。早晨六点钟,复旦大学现代人类学教育部重点实验室王传超、社会学者康栋东、曹姓宗亲曹小虎一行三人到达乳山火车站,然后直奔河南村。快到河南村时,遥望炊烟袅袅,可知很多村民家刚起来在做早饭,这就是心仪已久的河南村!然而,这个会是曹祖义先生的老家吗?会是曹操后裔聚集的村落吗?会是曹雪芹的故乡吗?是那个宁国府真正隐喻的"宁"吗?

图13—3 河南村冬日晨景

我们一行先到曹小虎的四爷爷曹丕全家,见面后大家甚是激动,寒暄了好长时间。然后去曹小虎堂叔家吃早饭,上的是热气腾腾的饺子。另一个曹姓宗亲曹永杰在电话中推荐我们去找村主任曹新文,我们便出门。天气寒冷,但暖阳高照,当地街道两侧尽是商贩摊头,原来是赶集的日子,人头攒动。一行人走过集市,心情舒畅。在大门口见到大个子曹新文,竟是一见如故,他热情地招呼我们进屋,相谈甚是投缘,彼此聊起曹祖义先生的红学研究,笔者说:"我们认为曹雪芹的祖籍应该就是这里,如果通过家谱与DNA两样手段证实,那就是板上钉钉了。"

在曹氏祠堂前经过一番准备,敬香、烧黄纸、放鞭炮,做祭拜仪式,我们请下了族谱。族谱很大,大概有四米宽、三米高,便先摊在桌子上查。由于名字太多,有点眼花缭乱。终于,一个个熟悉的名字映入眼帘,曹雲、

图 13—4　河南村留影

曹元龙、曹岱、曹宗政、曹玺、曹文龙等。大家兴致很高，拍照片并热烈讨论，研究了近两个小时。

中午曹新文招待大家吃饭，大家伙坐在热乎乎的炕头上，喝扳倒井白酒，真是高兴！

当天下午采集血样时，老支书曹善玉也来了，当初就是他在几次运动期间勇敢地保护了族谱，今日才能展现在众人面前。我们前后共取了 7 个血样和唾液样品，并规范地进行了记录。猛然外面响起了震天锣鼓声，原来是河南村娘子军门在排练春节联欢晚会的表演呢！如此喜庆的场面，岂非天意哉？

晚饭在曹小虎堂叔家吃，曹新文醉酒畅聊，我们稍作停留也启程连夜返回济南。

最新研究结果证明：

(1)相关文献主要包括正史、县志、家谱等，对照曹祖义先生的家谱与河南村曹氏族谱发现，上面都有曹祖义先生四代先祖曹雲(王氏)、曹元龙(吴氏)、曹岱(王氏)、曹宗政(姜氏)的名字，这从文献角度证明曹祖义先生的先祖出自河南村。

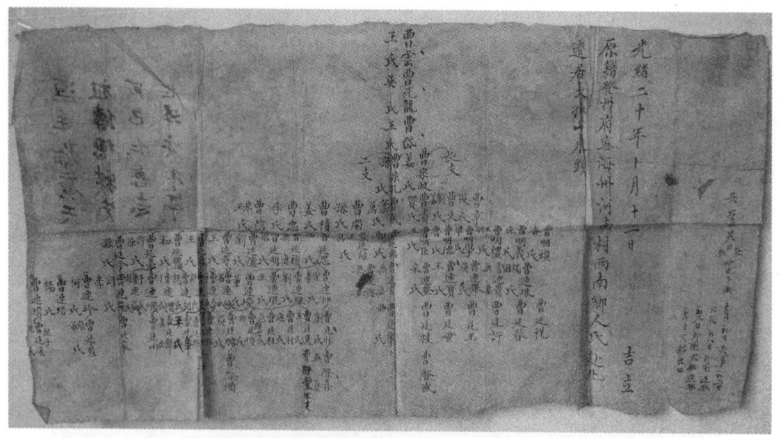

图 13－5　曹祖义先生的家谱照片

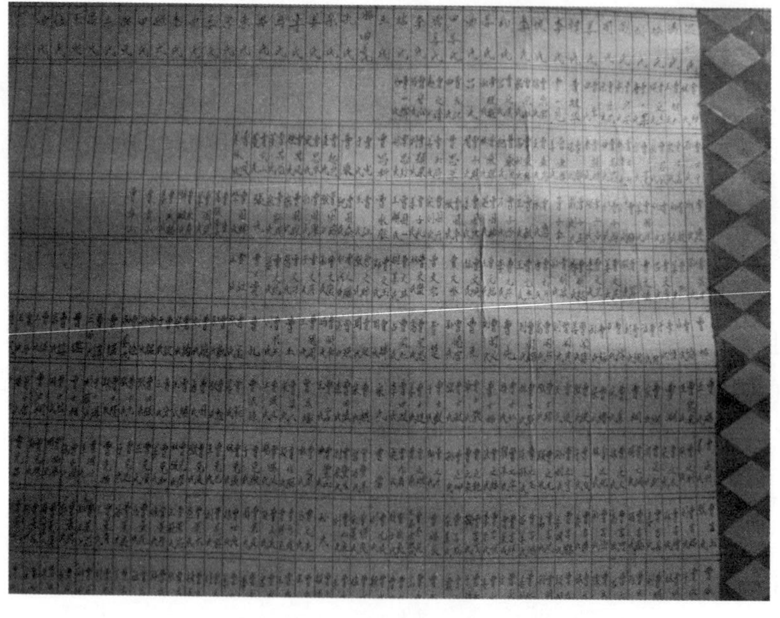

图 13－6　河南村族谱照片(一)

(2)复旦大学现代人类学教育部重点实验室首批检测的四例样本的 Y 染色体类型都是 O2*,且与曹祖义先生的亲缘都较近,这从 DNA 角度证明河南村大部分曹姓都是曹操后裔,是曹雪芹、曹祖义的宗亲。

(3)根据曹祖义先生的家谱记载,曹雪芹的祖籍应在山东登州府宁海

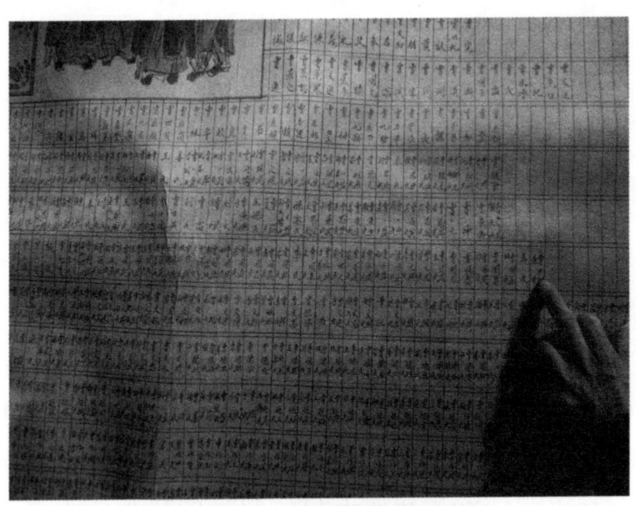

图 13－7　河南村族谱照片(二)

州河南村西南乡，清朝末期为山东登州府宁海州河南村深水乡神山社二甲(现为山东威海乳山市下初镇河南村，经乳山市王忠阳先生查证)，又祖籍四川小云南。

曹雪芹在《红楼梦》中说他们家转了大半个中国，所以称“大观园”。历史上曹髦封地在郯县，其后裔曹霸先到了长安，后进入四川，不久就败落了。从曹祖义的家谱上看，这一支曹家也是到了四川暨小云南，后又到了山东宁海州。曹雪芹在《红楼梦》中也称其祖籍始在宁，并以宁国府寓之。《红楼梦》中曹玺(曹峦)被清兵俘获是在清兵 1644 年入关前，并以青州一役说明是在那场清兵对明的入关骚扰中曹振彦成了曹玺的养父。曹祖义家先辈当时是农民住在山乡里，躲过了这一难，于康熙五十年后到了辽东岫岩大孤山(今东港市大孤山)。

如果以曹操为一世祖计算，则曹雪芹是曹操 64 世孙，曹祖义是曹操 70 世孙。

第二节 曹雪芹祖籍乳山

一、“曹雪芹祖籍乳山”的由来

2009 年,河南省安阳市宣布发现曹操墓。为验证曹操墓的真伪,复旦大学现代人类学实验室宣布,向全国征集曹姓男性参与 Y 染色体检测,拟用 DNA 技术辨别河南安阳曹操墓的真伪。课题组首先广泛征集当代曹氏男性基因样本,绘制出一幅遗传图谱,然后与史书、地方志等史料进行对比研究,从而筛选出 8 支具有一定可信度的曹氏族群。通过 DNA 检验发现,其中 6 个家族属于 O2-M268 的基因类型。接下来,复旦实验室对这 6 个家族样本进行了 Y 染色体 DNA 全序列检测,最终证明:这 6 个家族 O2-M268 类型样本的祖先的交会点在 1800 年前～2000 年前。课题组专家表示,历史研究往往很难得出 100%正确的结论。这 6 个曹姓家族到底是不是曹操后代,根据现有的多条证据链,其准确性应该在 90%以上,因此,这 6 个曹姓人家自称有家谱证明其家族是曹操后裔的说法成立。

这六支曹操后裔里最著名的代表是曹祖义先生,他在 DNA 检测期间就高调宣称曹雪芹也是曹操后裔,是曹操第 64 代孙,曹雪芹真正的祖籍在胶东。

曹雪芹祖籍胶东说是他在 1998 年参加北京红学研讨会时首次公开提出的,根据曹祖义的研究,曹雪芹的先辈是宁海州河南村人。曹雪芹在《红楼梦》中也对此作了记录,书中“宁国府”的“宁”字,就是指山东登州府宁海州的“宁”。

据曹祖义先生说,早年他访问过曹家老一辈人,当时有一名 80 多岁的曹家长辈对他说:他们的祖籍是从烟台下船后一直往南走,走不远就到了。当时笔者与曹祖义先生按照这个思路在多个区域进行了查找,乳山王忠阳也在积极帮助查找。2010 年 1 月,笔者发现乳山有下初镇河南村与大孤山镇河南村,认为可能是下初镇河南村,还托了两个当地朋友去查看,未有结果。后来笔者看到王忠阳发表在《乳山时讯》上的文章“曹雪芹祖籍胶东说的由来”，经他查证下初镇河南村的信息与曹祖义家谱上的信息相符，这才基本确定曹雪芹祖籍应该是这里了，而测 DNA 和看家谱直到 2012 年 1 月才实现。

二、复旦大学 DNA 检测证明山东乳山曹姓是曹操后裔，而且是辽宁丹东曹祖义的近亲

(1)2012 年 1 月 16 日下午，笔者与复旦大学王传超博士在乳山河南村采集血样。

图 13－8　为乳山曹操后裔取样(2012 年 1 月 16 日下午)

(2)2011 年 12 月 1 日，笔者陪同复旦大学王传超博士、刘畅老师(我们三人的 Y 染色体类型都是 O3a4，002611)去亳州取回元宝坑一号墓墓主的一颗牙齿。2012 年 10 月 18 日，笔者撰写的《从考古材料和历史文献角度推断安徽亳州元宝坑一号墓墓主身份》发表在复旦大学《现代人类学通讯》2012 年第六卷，“墓主是河间相曹鼎”的观点被采信。

图 13—9 亳州博物馆留影(2011 年 12 月 1 日)

复旦大学现代人类学教育部重点实验室通过对安徽亳州元宝坑一号墓墓主河间相曹鼎牙齿的取样分析,得出的古 DNA 数据与曹操现代后人的 DNA 数据相符[16][17],从而进一步证明了复旦早期关于曹操 Y 染色体类型确定的科学性和真实性。

2013 年 11 月 11 日,复旦大学召开新闻发布会向社会公布,河间相曹鼎的古 DNA 与国内?支曹操现代后人相符,都是 O2*(M268+,PK4-,M176-),其中山东乳山曹姓与辽宁东港曹姓属于同一支来源,与曹鼎有着直接的血缘关系。

三、DNA 鉴定支持“乳山说”

曹祖义先生通过研究《红楼梦》,发现了曹雪芹的曾祖父曹玺不是曹振彦的亲儿子,曹玺很小的时候在胶东被后金军(清)俘获,后来统治者将其作为战利品奖赏给了曹振彦,成了他的养子。至此,曹雪芹家历史的庐山真面目浮出了水面,曹祖义先生开辟了曹学和红学研究的新途径。

《红楼梦》的诞生,其根本原因就在曹玺身上,在曹玺成为曹振彦养子这一事件上。曹玺的养子身份是后金对明朝战争的产物,曹玺带着无尽的冤屈和愤恨成为旗人身份。正是因为这个养子身份,在曹玺的努力下曹家兴旺发达起来；也正是这一养子身份导致这个合亲家庭后代矛盾激化。雍正当了皇帝后，曹振彦的亲孙子曹宜发达起来，便不择手段地向雍正进谗言，最终在雍正的打击下曹雪芹的叔叔曹頫无端获罪，致使曹家破败。

曹家破败后回到了北京，到了乾隆初年，曹雪芹家的情况有了好转，曹雪芹的叔叔带着曹雪芹到胶东访祖认宗。由于与他们亲缘关系最近的本家人曹宗政、曹宗孔哥俩已经迁到了辽东半岛的岫岩大孤山，他们便追踪觅迹来到了大孤山，曹雪芹便在本家叔叔曹大汉处住了下来。他在大孤山历时十年把《风月宝鉴》增删成了《石头记》，即《红楼梦》。曹雪芹家的百年历史也用“矫形”的文字写入书中，其中就包括曹雪芹的祖籍与宗族身份。

“曹雪芹祖籍乳山说”的基础为“曹玺是曹振彦的养子”，研究曹雪芹祖籍是以曹玺祖籍为依据。

复旦大学把国内与曹雪芹有关的曹姓人群进行了 DNA 检测，现有的曹姓 DNA 数据支持“乳山说”，而不支持“丰润说”“辽阳说”等众多学说。

如今复旦大学做出的 DNA 检验结果表明曹祖义及河南村曹氏亲缘很近，支持其为曹操后裔这一说法。河南村就是曹祖义的祖籍，根据曹祖义的研究，该村也是曹雪芹的祖籍。

四、相关报道和照片

(1)2012 年 3 月 2 日，记者王忠阳和刘兴华女士采写的“‘曹雪芹祖籍乳山说’获印证”消息以专版配图的形式在《威海晚报》首发。

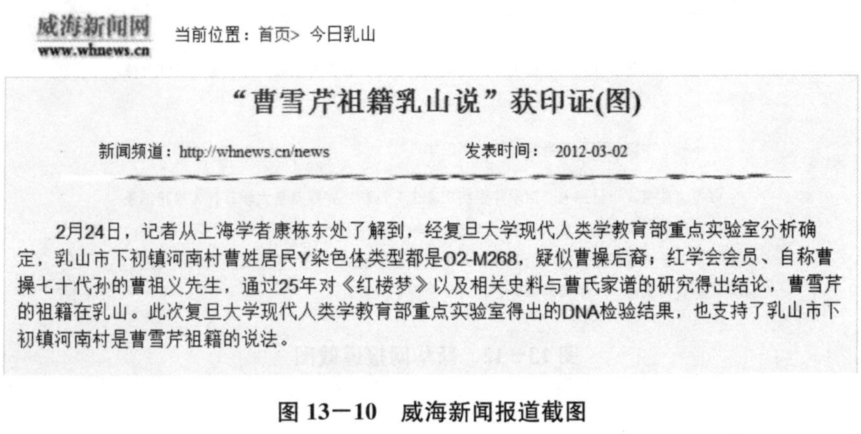

威海新闻网 www.whnews.cn　当前位置：首页> 今日乳山

“曹雪芹祖籍乳山说”获印证(图)

新闻频道：http://whnews.cn/news　　发表时间：2012-03-02

2月24日，记者从上海学者康栋东处了解到，经复旦大学现代人类学教育部重点实验室分析确定，乳山市下初镇河南村曹姓居民Y染色体类型都是O2-M268，疑似曹操后裔；红学会会员、自称曹操七十代孙的曹祖义先生，通过25年对《红楼梦》以及相关史料与曹氏家谱的研究得出结论，曹雪芹的祖籍在乳山。此次复旦大学现代人类学教育部重点实验室得出的DNA检验结果，也支持了乳山市下初镇河南村是曹雪芹祖籍的说法。

图 13－10　威海新闻报道截图

(2)2012 年 3 月,记者彭辉、宣传部任现辉先生和王忠阳通过网络采访了在美国探亲的曹祖义先生,并于 16 日在《大众日报》发表了“红学家称曹雪芹祖籍在乳山”。人民网、光明网、新民网、腾讯、搜狐、凤凰网等一大批有影响力的媒体对这一报道纷纷予以转载,大众网更将其列为重磅头条,在大众网齐鲁历史里面浏览量排在首位,一时成为热门新闻。

全站导航 大众日报 | 农村大众 | 齐鲁晚报 | 生活日报 | 鲁中晨报 | 半岛都市报 | 经济导报 | 现代交通

大众数字报 DZWWW

当前位置: 首页 > 大众日报 > 十艺节

以复旦大学DNA检验结果为据

红学家称曹雪芹祖籍在乳山

日期: 2012-03-16 作者: 记者 彭辉 通讯员 任现辉 王忠阳 来源: 大众日报

【查看PDF版】

□记者 彭辉

通讯员 任现辉 王忠阳 报道

本报威海讯 今年初,复旦大学专家对乳山下初镇河南村村民的DNA样本进行了检验,近日公[illegible],这些曹姓村民疑似曹操后裔。红学家、自认是曹操七十代孙的曹祖义称,这一结果也再次证明自己“曹学芹祖籍在乳山”的论断。

图 13－11 《大众日报》数字版报道截图

(3)2012 年 3 月 23 日,新华网发表了滕军伟、邓卫华的“DNA 定曹雪芹祖籍:一锤定音 or 有待商榷”。文章认为,虽然 DNA 检测为“曹雪芹祖籍乳山”论断增添了砝码,但这一论断的基础是建立在“曹雪芹在《红楼梦》中亲撰了自家家谱,表明自己是曹操后裔”之上的。

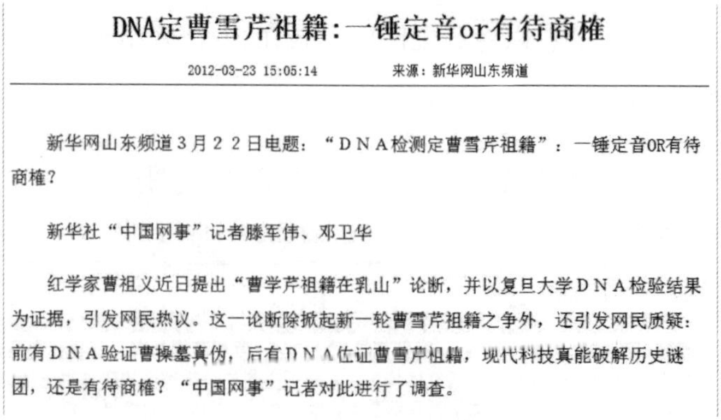

DNA定曹雪芹祖籍:一锤定音or有待商榷

2012-03-23 15:05:14 来源:新华网山东频道

新华网山东频道3月22日电题:“DNA检测定曹雪芹祖籍”:一锤定音OR有待商榷?

新华社“中国网事”记者滕军伟、邓卫华

红学家曹祖义近日提出“曹学芹祖籍在乳山”论断,并以复旦大学DNA检验结果为证据,引发网民热议。这一论断除掀起新一轮曹雪芹祖籍之争外,还引发网民质疑:前有DNA验证曹操墓真伪,后有DNA佐证曹雪芹祖籍,现代科技真能破解历史谜团,还是有待商榷?“中国网事”记者对此进行了调查。

图 13－12 新华网报道截图

第三节　元朝时祖籍四川小云南

一、四川小云南

《红楼梦》与四川有着诸多渊源，曹雪芹先祖曹霸在唐朝落户四川，其后裔历经唐、宋、元时期在四川繁衍发展。曹霸后裔有部分在明初参军，成为军户，家属也随军征战。在洪武十四年平定云南以后的某个时期，大量军户移民至山东各地，其中曹霸后裔驻足山东登州府宁海州（今山东威海市乳山市下初镇河南村）。清朝时期，曹霸后裔一部分留山东，一部分迁到辽宁岫岩与东港地区。复旦大学 DNA 检测证明岫岩与东港曹姓族群是曹操后裔。从历史资料与 DNA 证据角度可以推断乾隆年间岫岩辖区房身沟（今辽宁鞍山岫岩县）与大孤山（今辽宁丹东东港市）的曹姓是曹雪芹的本家宗亲，他们家族在元朝时祖籍是“四川小云南”，同为唐朝著名画家曹霸的后裔。元末至明洪武十四年前“小云南”应为四川泸州市叙永县及宜宾市南部地区，明洪武十五年后“小云南”范围扩大至乌撒卫地区（今云南昭通市镇雄县、贵州威宁县）。

二、《红楼梦》与四川文化

1. 从历史的角度看，唐代杜甫、曹霸等文化名人的入川对四川文化有一定的推动作用，成为个性独立的人文精神的标杆

从当今看曹霸后裔曹雪芹撰写的《红楼梦》对四川也产生着不小的影响，其涉及的地域与曹霸及其后裔在四川的发展轨迹似乎不谋而合，例现在绵阳、成都、自贡、宜宾、叙永等地都与《红楼梦》产生了深入的关联。

图 13－13 为曹雪芹先祖曹霸入川及曹霸后裔（唐、宋、元、明、清）行走路线图。

2. 曹霸及其后裔行走路线

（1）曹霸本生活在谯郡（今安徽省亳州市，也是曹霸先祖曹操出生地），因绘画名气大，受唐玄宗李隆基征召进入长安（今陕西省西安市）。

（2）因为安史之乱，曹霸与杜甫来到四川成都避难栖身，留下了不朽

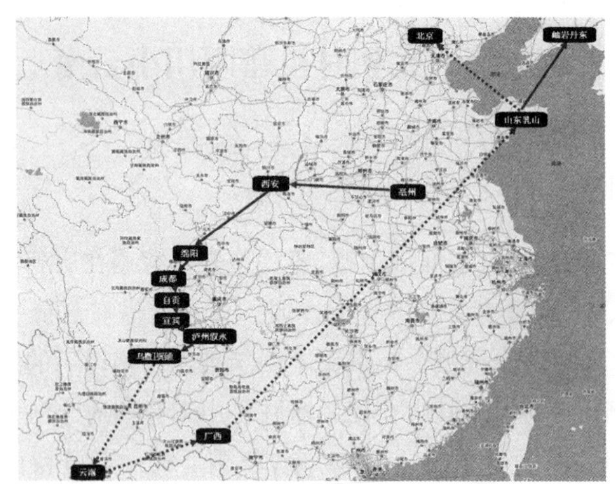

图 13—13　曹霸家族行走路线图

的诗篇《丹青引赠曹将军霸》及《观曹将军画马图》,丰富了四川文化。

(3)曹霸后裔在唐、宋、元等朝代一直在四川发展,后向南辗转来到“四川小云南”地区,即今泸州叙永及宜宾南部地区。

(4)曹霸后裔有部分在明初参军,成为军户,家属也随军征战。在洪武十四年平定云南以后的某个时期,大量军户移民至山东各地,其中曹霸后裔经广西北行,驻足山东登州府宁海州(今山东威海市乳山市下初镇河南村)。清朝时期,曹霸后裔一部分留山东,一部分迁到辽宁岫岩与丹东地区。

(5)曹雪芹是曹霸后裔中的佼佼者,其曾祖父曹玺来自登州府宁海州河南村。曹雪芹于乾隆年间历时十年在大孤山(今辽宁丹东)撰写《石头记》,后回到北京在他叔父曹頫的评阅指导下增删修改成《脂砚斋重评石头记》,传抄于世。

(6)经复旦大学现代人类学实验室 DNA 检测确认,山东威海市乳山市下初镇河南村曹姓与辽宁丹东东港市曹姓 Y 染色体类型都是 O2*(M268+,PK4-,M176-),且亲缘较近,证实是曹操曹霸后裔,此项研究成果于 2013 年 11 月 11 日正式向媒体发布,他们是目前发现的分布在全国范围内的九支曹操后裔中的有代表性的二支。

(7)山东威海市乳山市下初镇河南村曹操后裔、辽宁丹东东港市及鞍山岫岩县曹操后裔与曹雪芹是本家宗亲，均来自“四川小云南”，即今四川泸州市叙永县及宜宾市南部地区。可以确认，曹雪芹先祖在元朝时居住在“四川小云南”。

第四节 黑龙江巴彦县亲宗分支

一、曹春雷

曹春雷,1975 年 8 月生,黑龙江省巴彦县人,曹操第七十二世孙,对应“德”字辈。1995 年 1 月毕业于呼兰师专,2008 年 1 月东北农业大学专升本毕业。

曹春雷家谱记载出自山东乳山河南村,闯关东迁徙路线为辽宁岫岩、吉林夏家堡子、黑龙江巴彦县德祥乡(原人和乡),采用辽宁岫岩大孤山曹家范字“廷际广天祖传德”。

2016 年 9 月 19 日,曹春雷通过邮寄血样在复旦大学现代人类学实验室进行 DNA 检测,确认其 Y 染色体类型属于 O2* 单倍群(M268+,F1462+),证明是曹操后裔。

图 13—14 曹春雷

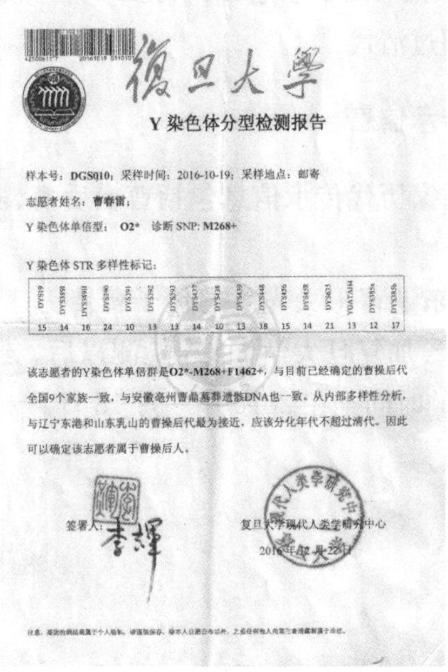

复旦大學

Y 染色体分型检测报告

样本号：DGS010；采样时间：2016-10-19；采样地点：邮寄

志愿者姓名：曹春雷；

Y 染色体单倍型：　O2*　诊断 SNP: M268+

Y 染色体 STR 多样性标记：

DYS19	DYS389I	DYS389II	DYS390	DYS391	DYS392	DYS393	DYS437	DYS438	DYS439	DYS448	DYS456	DYS458	DYS635	YGATAH4	DYS385a	DYS385b
15	14	16	24	10	13	13	14	10	13	18	15	14	21	13	12	17

该志愿者的Y染色体单倍群是O2*-M268+F1462+，与目前已经确定的曹操后代全国9个家族一致，与安徽亳州曹鼎墓葬遗骸DNA也一致。从内部多样性分析，与辽宁东港和山东乳山的曹操后代最为接近，应该分化年代不超过清代。因此可以确定该志愿者属于曹操后人。

签署人：

复旦大学现代人类学研究中心

2016年[illegible]月22日

图 13－15　曹春雷的 DNA 检测报告

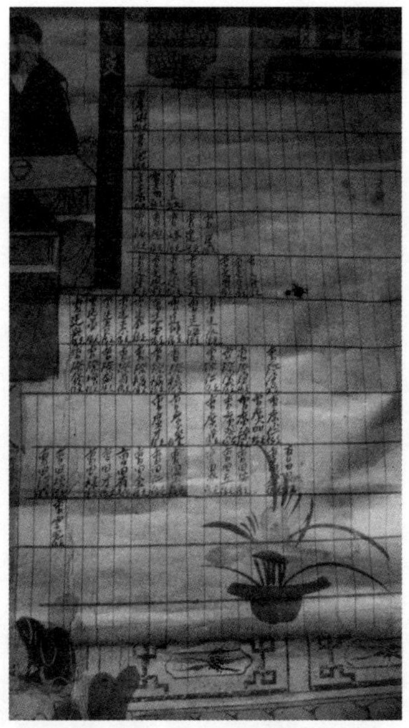

图 13－16　曹春雷家谱(先祖曹生琳对应“山”字辈)

曹春雷 DNA 数据与辽宁东港、山东乳山的曹操后代 DNA 数据最为接近,分化年代不超过清代。

二、曹春雷家传承信息

经调查,曹春雷家历代传承信息包括曹操后裔、祖籍“小云南”、曹雪芹本家等。

曹春雷与辽宁东港曹祖义先生的侄子曹传勇建立联系的时间是在 2010 年曹祖义先生参加复旦大学 DNA 检测以后。经曹传勇介绍,曹春雷与笔者建立联系的时间是在 2016 年 9 月 18 日。

第六篇　《红楼梦》成书于大孤山

第十四章 《红楼梦》成书于大孤山
——曹雪芹著书大孤山说

21世纪初，一篇昭聋发聩的“红楼梦摇篮——大孤山”文章在当地报刊登出后，引起了极大反响。几年后，《红楼梦与大孤山》一书的出版更是丹东地区百姓茶余饭后的话题。有消息证明，《红楼梦与大孤山》这一书名是根据中国红学会副会长胡文彬先生的建议而定的，还有中国艺术研究院《中华文化画报》(国家核心期刊)2007年第10期刊登“红楼梦与大孤山的渊源”一文，其编者按出：海角人写的这篇文章也可备一说。这是该学说首次得到国家核心期刊肯定。至此，“红楼梦成书于大孤山”通过报纸、民间、网络广泛传播。

《红楼梦》成书大孤山一说，来源于丹东(原籍大孤山)红学学者曹祖义几十年对《红楼梦》的研究。《红楼梦》原名《石头记》，曹祖义研究发现，书中“十首怀古诗”是曹雪芹亲撰的家谱，而这个家谱是用大孤山曹家堡曹大汉家谱补成的，原来曹雪芹和大孤山曹家堡曹家是同一个宗谱的曹家人。为了搞清来龙去脉，他一边刻苦解读《石头记》文本，一边查阅大量历史和红学方面资料，最终完全搞清楚了事情原委。

曹雪芹真正的祖籍是宁海州(今山东乳山)，其曾祖父于明朝末年，被到胶东骚扰的后金军部将曹振彦俘获并成为他的养子，因此，曹雪芹家族迷失了宗亲。但他们不甘心曹家始终顶戴曹振彦投降后金这样一个叛将家庭名头，总想回归自己的曹操宗族上去。为找寻家族史，曹雪芹的养父曹頫(曹雪芹堂叔)吩咐曹雪芹写一部书，把曹家从曾祖父成为曹振彦养子后辛酸而又荣耀又衰败的百年历史记录下来。为此，他带领曹雪芹走访自家的祖籍地山东胶东宁海洲今天乳山的河南村，想通过家族其他后代了解他们家祖先的历史，没想到这个同宗谱的本家后人曹宗政、曹宗孔兄弟已经闯关东。他便带领曹雪芹一路找寻到大孤山，在大孤山摆渡口外大湾下的船。(《红楼梦》中这段情景描写同日本1883年前绘制大孤山大洋河口地貌完全一致。)

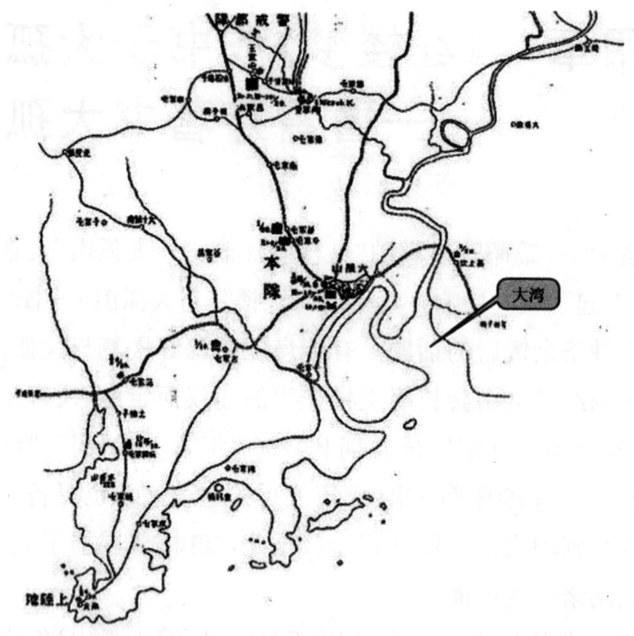

图 14—1　1883 年前大孤山大洋河口地貌(大湾就是海口那个湾,曹祖义提供)

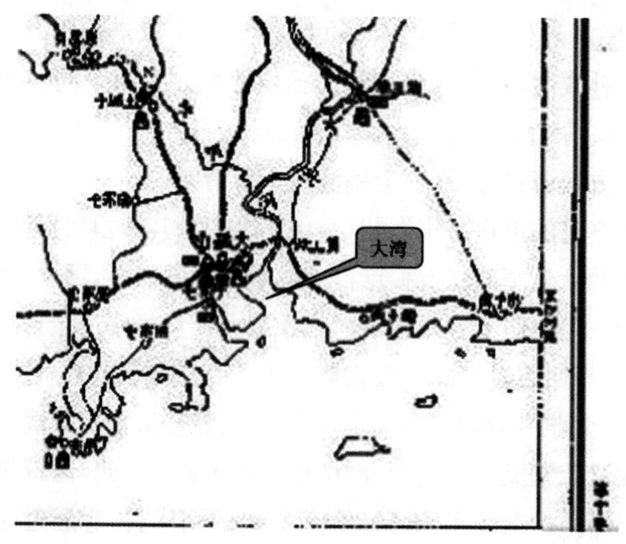

图 14—2　大孤山大湾处(大湾就是海湾。《红楼梦》书中的"湾住船",就是指这个地方,当时大湾还要大)

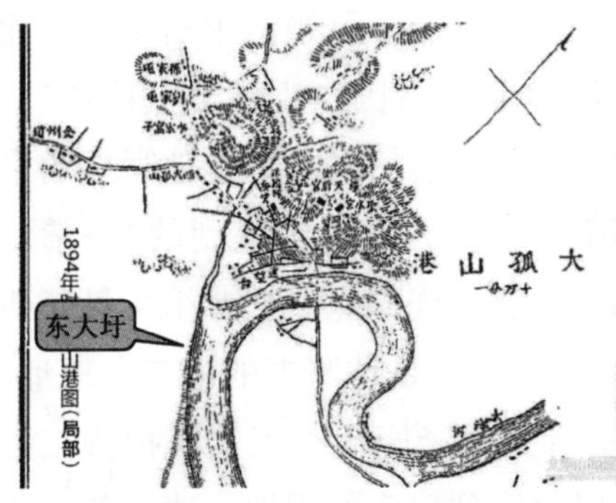

图 14—3 1894 年时大孤山港图
(东大圩位于图中左边那条虚线左侧。可以看出因有东大圩,大洋河没有向西扩。曹祖义提供)

图 14—4 1926 年时大孤山港图
(曹祖义提供)

图 14—5 1894 年大孤山街景
(丹东李军翰提供)

图 14—6 1894 年的大孤山
(丹东李军翰提供)

在见到曹宗孔、曹宗政及他们儿子了解了大量曹家历史后,曹頫见大孤山荒凉偏僻、风景秀丽,山高皇帝远,是增删《风月宝鉴》这本有碍语书极好的地方(当时清王朝实行文字狱,而且曹振彦后人有很强的政治势力,反对曹雪芹家此做法),就把曹雪芹留在大孤山增删《风月宝鉴》这本书。当初为躲避清王朝无比残酷文字狱的查禁,曹頫设计了"影伙从"(一手二牍[dú])写作方法,让曹雪芹把他们家的历史隐写在书中。曹雪芹到大孤山后,把此写作方法发挥到了极致,用了长达十年的时间,增删五次,终于完成了这部旷世巨著,它就是《石头记》。

《石头记》开篇就明确指出,此书是在大孤山屋脊青埂峰处写成,书中大荒山代大孤山,屋脊崖就是曹家堡前面的房山砬子(当地土语说法),而青埂峰,大孤山原来满山青松(红松),1958 年左右因虫害枯萎被砍伐掉。曹雪芹把许多大孤山景物也写进书中;芦雪厂就是曹家堡,是他写书的第一个地址。三生石就是三颗石,曹雪芹和续妻芳卿诗中提到的“一拳顽石”就是曹家堡山里的一拳石,大孤山上庙就是栊翠庵。据曹祖义最新研究,孤山上庙是曹雪芹筹建的,所以起名栊翠庵,是他写书的第二个地址。否则,一个庙不可能把曹家堡的曹家所有人每逢庙会都当上宾招待二百余年。(曹雪芹当时是内务府官员,可以争取到建庙的用地。曹雪芹十年没有当班,回内务府还有差使可证明。)

曹雪芹主要是在曹家堡(芦雪厂)和大孤山上庙(栊翠庵)创作《石头记》。大孤山三颗石、一拳石、石人、岫岩玉,处处为《石头记》写作提供启发。

图 14—7～图 14—14 所示照片由曹祖义提供。

图 14—7 大孤山夏季远眺栊翠庵(上庙)

图 14—8 大孤山冬季远眺栊翠庵(半山腰洞窟)

图 14—9 屋脊崖(即房山砬子下面芦雪厂南)

图 14—10 三颗石和曹家堡(芦雪厂)

图 14—11 一拳石

图 14—12 孤山上庙(栊翠庵)

图 14—13 大孤山石人(当年也是两个头,掉了一个。可能是与一拳石同一年掉的)

图 14—14　曹家人做的泥人

由于曹祖义对红学的执着研究和其理论的可行性,他的说法在国内外得到一批红学爱好者的大力支持。曹祖义是曹操后裔的身份通过 DNA 予以确定,吻合了红学界权威认为曹雪芹是曹操后裔身份的考证,从而向《红楼梦》成书大孤山说跨出了坚实一步,也得到更广泛的赞同和支持。其中,发表在台湾铭传大学杂志上由美国宾州州立大学杨庆伟教授执笔的"曹雪芹身世大解秘:红楼古诗与 DNA 的科学验证"一文,通过《石头记》中"十首怀古诗"以及曹祖义家谱与曹祖义 DNA 概率验算,证明曹雪芹与曹祖义是一个宗谱曹家的概率几乎是百分之百,这个验算结果为《红楼梦》成书大孤山提供了强有力的证据。

2015 年年初,上海曲姓老人(丹东人,早年大学生),证明曹家堡有大石头刻有"石头记"三个大字,并称当年曹雪芹在大孤山写书,曹家堡和大孤山很多人都知道,她就是由当地人而得知的,并去了刻有"石头记"大石头现场查看,得到证实。

年末,通过红学爱好者的探寻,发现还有知情者。大孤山风景管理局联合《鸭绿江晚报》又找到两位健在的老人,他们分别于 20 世纪 40、50 年代,在大孤山东大于村曹家堡见过一块巨大的石头,上面刻有"石头记"三个大字,还有小字。

通过上述证明和三位生活在不同地方的"目击证人",可以认定:《红楼梦》确实成书于大孤山！这个论断至此可以画上圆满的句号。

第十五章　丹东《鸭绿江晚报》刊发《石头记》知情者文章

2015 年 2 月 26 日，丹东记者李军翰在《鸭绿江晚报》发表采访知情者文章“有人在山上见过‘石头记’碑刻”。

2015 年 12 月 23 日，李军翰在《鸭绿江晚报》发表后续采访知情者文章“曹雪芹大孤山写《红楼梦》铁证渐成”。

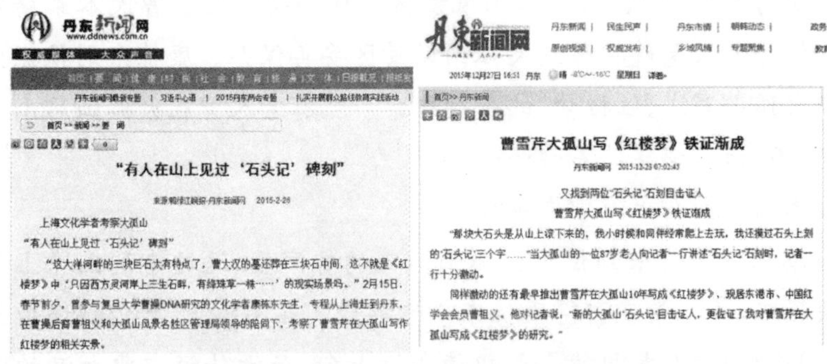

丹东新闻网
www.ddnews.com.cn
权威媒体　大众声音

丹东新闻网最新专题 | 习近平心语 | 2015丹东两会专题 | 扎实开展群众路线教育实践活动 |

首页 >> 新闻 >> 要闻

“有人在山上见过‘石头记’碑刻”

来源:鸭绿江晚报-丹东新闻网　2015-2-26

上海文化学者考察大孤山

“有人在山上见过‘石头记’碑刻”

“这大洋河畔的三块巨石太有特点了，曹大汉的墓还葬在三块石中间，这不就是《红楼梦》中‘只因西方灵河岸上三生石畔，有绛珠草一株……’的现实场景吗。”2月15日，春节前夕，曾参与复旦大学曹操DNA研究的文化学者康栋东先生，专程从上海赶到丹东，在曹操后裔曹祖义和大孤山风景名胜区管理局领导的陪同下，考察了曹雪芹在大孤山写作红楼梦的相关实景。

丹東新闻网

丹东新闻 | 民生民声 | 丹东市情 | 朝韩动态 | 政务
原创视频 | 权威发布 | 乡城风情 | 专题聚焦 |

2015年12月27日 16:51 丹东 晴 -8℃~-16℃ 星期日 详细»

首页>> 丹东新闻

曹雪芹大孤山写《红楼梦》铁证渐成

丹东新闻网　2015-12-23 07:02:43

又找到两位“石头记”石刻目击证人

曹雪芹大孤山写《红楼梦》铁证渐成

“那块大石头是从山上滚下来的，我小时候和同伴经常爬上去玩，我还摸过石头上刻的‘石头记’三个字……”当大孤山的一位87岁老人向记者一行讲述“石头记”石刻时，记者一行十分激动。

同样激动的还有最早推出曹雪芹在大孤山10年写成《红楼梦》、现居东港市、中国红学会会员曹祖义。他对记者说，“新的大孤山‘石头记’目击证人，更佐证了我对曹雪芹在大孤山写成《红楼梦》的研究。”

图 14—15　丹东新闻网截图(一)　　图 14—16　丹东新闻截图(二)

丹东新闻

“有人在山上见过‘石头记’碑刻”

丹东新闻

曹雪芹大孤山写《红楼梦》铁证渐成

图 14—17　报纸照片(2015 年 2 月 26 日)　　图 14—18　报纸照片(2015 年 12 月 23 日)

以下摘自李军翰文章

一、"有人在山上见过'石头记'碑刻"[1]

上海文化学者考察大孤山"有人在山上见过'石头记'碑刻"

"这大洋河畔的三块巨石太有特点了,曹大汉的墓还葬在三块石中间,这不就是《红楼梦》中'只因西方灵河岸上三生石畔,有绛珠草一株……'的现实场景吗?"2月15日,春节前夕,曾参与复旦大学曹操DNA研究的文化学者康栋东先生专程从上海赶到丹东,在曹操后裔曹祖义和大孤山风景名胜区管理局领导的陪同下,考察了曹雪芹在大孤山写作《红楼梦》的相关实景。

此次考察收获颇丰,大孤山风景区管理局将放置在曹氏本家墙外鲜为人知的曹大汉墓碑收藏到大孤山风景区妥善保存。康栋东则挖掘出曹雪芹在大孤山写成《红楼梦》的平行线索——有老人曾在大孤山后山看到过刻有"石头记"字样的石碑……

大孤山奇景引上海学者感叹

当康栋东一行来到位于大孤山后山的曹家堡,远远看到山峰上耸立着三块巨石,这一景观引得康栋东啧啧称奇。在山脚下,我们偶遇曹大汉(邢岫烟原型)后人曹祖德。曹祖德年近七旬,虽没传说中曹大汉的高大身材,但那份壮实身板依然会让人联想到其先祖的力大无穷。

随着一条变成冰瀑的山溪,我们向山中进发。攀登不到百米,大家连呼"真是好风景"!一块巨石卧在小路旁,像一只浑然天成的金蟾。山谷中,远处插着一块三十多米高的石峰,孤零零,突兀,却和周边的山峰石崖遥相生辉,宛如一个巨大的石人正在眺望。

"这大孤山后山的风景与前山真不同呀,若在夏季会像仙境一样。那巨大的石峰不会就是《红楼梦》中会说话的石人吧?曹雪芹当年在这里写作《石头记》真是选了个好地方。"大家议论着、想象着。

从后山向山下望去,旖旎的大洋河如一条玉带,在大孤山旁顾盼有情。"过去,山脚下都是芦苇荡,也就是《石头记》中的芦雪厂。"曹祖义向康栋东介绍说。据中国红学会会员、曹操后裔曹祖义多年研究,曹雪芹在

---

① 参见:丹东新闻网,2015—2—26,http://www.ddrb.cn/news/yw/DB78201522693.html。

《石头记》中用“大荒山”来指代大孤山，用无稽崖来代屋脊崖（典型的三角断面），这个崖在曹家堡西山坡上。曹家堡靠山傍水，当年到处都是芦苇，东面是大洋河，西面是大孤山。从曹雪芹写《石头记》的芦雪厂向西山坡望去，便是非常奇特的“三块石”，曹大汉就葬在三块石中间。这与书中所提到的“西方灵河岸上三生石畔，有曹家一族”很贴近。还有镶嵌在大孤山中部石窟中的孤山上庙——栊翠庵，确实像孤山的大窗户。大孤山西边有著名的石人（自然形成的），石人传说自古有之，于是曹雪芹借鉴石人故事，把《风月宝鉴》改名为《石头记》，即《红楼梦》。曹雪芹在大孤山写《石头记》的时间为乾隆六年到乾隆十五年（1741—1750 年）。十年间，北京没有一点曹雪芹的信息资料，并且他还在书中标明曾写书十年。

经过一番艰苦攀爬，康栋东一行终于来到山峰上三块石脚下。在三块巨石约中间位置，有两座坟墓，曹祖义指着其中一座说，“这就是《石头记》中邢岫烟也就是现实中曹大汉的墓，这里葬的都是曹氏一族，由于他们从山东乳山到了岫岩，又由岫岩来到大孤山，曹雪芹在书中将曹大汉化名邢岫烟。这都有我们曹氏家谱佐证。”

康栋东祭拜曹大汉墓后，感叹不已。《红楼梦》这部千古奇作的密码，仿佛就在眼前：眼前的人，眼前的景色，多地曹氏古老家谱，现代的 DNA 技术……

突然发现“石头记”重大线索

“发现重大线索了！”2 月 15 日晚，康栋东兴奋地给记者打来电话。原来，康栋东岳母得知女婿去大孤山考察曹雪芹与《红楼梦》一事，想起来小时候曾和母亲在大孤山后山看到写有“石头记”字样的石碑。

2 月 16 日晚，康栋东让岳母对大孤山“石头记”石碑一事又进行了回忆，并悄悄录了音，让她在轻松的状态下回忆。

记者从录音中得知，石碑上有“石头记”（繁体字竖写）三字，旁边有一个石头桌，还有几个石凳。康栋东岳母的外婆是大孤山郝家人，曾是大孤山非常富有的大户人家。

她回忆说：约 1955 年暑假（初三毕业，预备上高中一年级），她与她母亲在大孤山游览，从上庙翻到后山见到一个大石碑，上刻“石头记”三个字，每个字大约二十厘米见方。碑周边风景非常美，有石桌石凳，还有一片树林,约200米远有不少坟墓和墓碑,都是曹姓。这地方是滕保长的老乡指给她母女看的,说那是大文人在大孤山的写作处。

那时在大孤山,有文化的人都知道曹雪芹在大孤山写的《石头记》,还讲曹雪芹家族当时有些落寞了,但还有些钱,在大孤山写作期间生活比较放荡不羁,后来差点在大孤山寺庙出家。

据了解,1940年,康栋东岳母出生和生活在丹东市八道沟中宝街19号,滕保长是她家邻居,两家关系密切。1955年时滕保长约80岁。曾带其岳母母女游览"石头记"石碑的是大孤山当地一家人,称是滕保长老乡。那次游览归来,大孤山一家人还送给她们母女很多时令蔬菜。

康栋东说,这是一条与曹祖义红学研究成果平行的线索,对研究石头记是曹雪芹在大孤山写成的很重要。因为曹祖义先生1955年还没有研究红学,但当时大孤山很多人已经知道曹雪芹是在大孤山写作《石头记》了。

康栋东希望晚报读者能从曾生活在大孤山75岁以上的老人中询问关于曹雪芹和《石头记》,以及是否还有人见过"石头记"石碑,予以追溯记录、录音。如果能找到更多知情者,这将是曹雪芹在大孤山写成《红楼梦》的力证。

二、曹雪芹大孤山写《红楼梦》铁证渐成①

又找到两位"石头记"石刻目击证人 曹雪芹大孤山写《红楼梦》铁证渐成

"那块大石头是从山上滚下来的,我小时候和同伴经常爬上去玩,我还摸过石头上刻的'石头记'三个字……"当大孤山的一位87岁老人向记者一行讲述"石头记"石刻时,记者一行十分激动。

同样激动的还有最早推测曹雪芹在大孤山10年写成《红楼梦》,现居东港市、中国红学会会员曹祖义。他对记者说:"新的大孤山'石头记'目击证人,更佐证了我对曹雪芹在大孤山写成《红楼梦》的研究。"

最早回忆起大孤山有"石头记"石刻、现在丹东居住的曲女士老人,听

① 参见:丹东新闻网,2015－12－23,http://www.ddnews.com.cn/ddnews/content/2015－12/23/content_19786.htm。

到记者采录的两位老人回忆“石头记”石刻的录音，非常激动，她高兴地说：“他们的话证明我说的都是真的，曹雪芹很有可能就是在大孤山写的《红楼梦》。”

曲女士回忆牵出“石头记”石刻

“发现重大线索了！”今年2月15日晚，上海文化学者康栋东兴奋地给记者打来电话。原来，康栋东的岳母曲女士得知女婿去大孤山考察曹雪芹与《红楼梦》一事，想起来小时候曾和母亲在大孤山后山看到写有“石头记”字样的石刻。2月16日晚，康栋东让岳母对大孤山“石头记”石刻又进行了回忆，并且录了音。

记者从录音中得知，石碑上有“石头记”（繁体字、竖写）三字，旁边有一个石头桌，还有几个石凳。康栋东岳母的外婆是大孤山郝家人，曾是大孤山非常富有的大户人家。

曲女士回忆说：约1955年暑假（初三毕业，预备上高中一年级），她与她母亲在大孤山游览，从上庙翻到后山见到一个大石碑，上刻“石头记”三个字。碑周边风景非常美，有石桌石凳，还有一片树林，约200米远有不少坟墓和墓碑，都是曹姓。这地方是滕保长的老乡指给她母女的，说那是大文人在大孤山的写作处。

对此，2月26日，本报曾刊发了《有人在山上见过‘石头记’石刻》报道。

接连寻找到两位目击者

“有人在山上见过‘石头记’碑刻”消息见报后，大孤山文物管理处处长姜仁刚对此事非常重视，委托多人寻找更多的“石头记”碑刻见证人。几个月后，大孤山风景名胜区管理局工作人员曹祖强在工作中，与一位一直居住在大孤山的老人聊天得知，他见过“石头记”碑刻。

得到这一重要线索后，本报组成采访组，赶到大孤山采访及寻找“石头记”石刻见证人。

在姜仁刚及曹祖强的带领下，采访组走进大孤山的叶家沟，向年近古稀的张明德老人了解“石头记”石刻，采访进行了录音录像。

张明德告诉记者一行：“我们家从太爷时候就在大孤山，那时候这里鸟语花香。我们家人都见过刻着‘石头记’的大石头，我七八岁的时候也见过,听老辈说康德年间就有,后来从山上滚下来了,就在曹家堡沟筒子下面的道南。”

对于谁还见过“石头记”石刻,张明德说,他同学周魁斗见过,周魁斗现在住在丹东,听说因为喝酒身体不行了。再就是曹家堡的孙长文见过,他是石匠。在大炼钢铁或者修防空洞那年,有人把刻有“石头记”的大石头劈开修高炉了,当时卖 3 元钱一立方米,劈了十多立方米,当时钱值钱呀。之前,当地驻军的领导不让动这块刻石头记的大石头,后来驻军撤走了。

采访组得知这一信息,立即去曹家堡打听孙长文家。

在离“石头记”石刻不远处,采访组找到了孙长文家。87 岁的孙长文身体很健壮,他说自己当过石匠,当初大孤山传奇人物曹大汉迁坟都是他帮着干的,曹大汉的骨头特别大,个子很高。

说起“石头记”石刻,他脱口而出:“见过,就在沟下面道边的地里,山上滚下来的,后来被砸碎了,1958 年的时候打碎修高炉了,那个年代没人知道这块石头还有什么用。”

问起详细情况,他告诉记者,自己读过 6 年日本书,认得字。石头对面的大孤山地下是坟茔地,有的坟修得很好。小时候放猪经常爬到“石头记”石头上玩,觉得这石头怎么还有字,常用手指头摸石头记几个字,字的大小能有小脸盆大,下面还有很多小字被青苔糊上了,看不清楚写着什么,石头有些圆鼓鼓的,是大孤山当地石头材质。

字刻在石头上面的平面上,平面能坐四五个小孩子,石头下面还有个小水汀。

由于时间久远,孙长文隐约记得那块大石头是他七八岁时有一天半夜从山上滚下来的,当时像地震似的,轰隆隆的。

记者见孙长文家挂历上有些不同的字体,于是请老人指认“石头记”三个字是什么字体,经过辨认,“石头记”石刻上的三个字应该是小篆。

“石头记”石刻成红学学术节点

12 月 22 日,我市对红学颇有研究的栾德君在了解了大孤山“石头记”石刻的情况后,查阅了相关资料。他对记者说:“我年轻时在大孤山工作过,对大孤山比较熟悉,孙长文我认识,知道他是名石匠。三位目击证人可证明大孤山'石头记'石刻确实存在。'石头记'石刻出现在偏僻的大孤山曹家堡，结合《红楼梦》中描写的景色与大孤山的相似，几乎可以证实曹雪芹是在大孤山写成了《石头记》。"

栾德君认为，虽然大孤山有立石敢当的风俗，但石敢当只有1米左右，与石刻的规格不同。三位老人中，有两位有文化，尤其是曲女士，不会将"石敢当"三个字认成"石头记"，且石头记三个大字下还有小字题款。另外，大孤山历史上有过两次大地震，还有过泥石流，这些因素都可能导致"石头记"石刻从山上滚落到路边。

上海文化学者康栋东表示，"石头记"石刻得到力证，将成为红学学术研究的一个节点，已经跳出了纯理论研究的范畴，这对揭开曹雪芹《红楼梦》写作地，对揭开曹雪芹10年研究空白，具有历史意义，所有参与这个研究和发现的人都将被写入红学历史。

9月24日(美国当地时间，马萨诸塞州首府波士顿)，为纪念《红楼梦》的作者曹雪芹三百周年诞辰，在波士顿公共图书馆中文读书讨论会举行了一场红楼梦座谈会。参加座谈的20多位书友来自海内外，包括曹祖义先生、宾州州立大学教授杨庆伟先生、波士顿杨庆仪女士、张玉书女士等文学爱好者。

曹祖义先生的《红楼梦与大孤山》一书的书名是中国红学会副会长胡文彬先生建议而定的，中国艺术研究院《中华文化画报》(国家核心期刊)2007年第10期刊登了"红楼梦与大孤山的渊源"一文。曹雪芹大孤山写成《红楼梦》这一学说正得到越来越多的红学爱好者认可。

第十六章　曹祖义《红楼梦的摇篮——大孤山》节选[①]

第一节　《红楼梦》的摇篮——大孤山(上篇)

辽东半岛,黄海岸边,大洋河蜿蜒伸向大海。海与河之间,突兀拔起一座大山。远远望去,幽幽青青,气势伟岸:主峰像驼峰般耸起,两侧山峦如巨大的臂膀,把一片古刹抱在膝间。山腰悬崖处有一洞窟,一座乖巧的庙宇像帘栊一样嵌挂在洞口。站在大洋河边抬眼西望,一尊巨大的卧佛就会呈现在你的眼前:他头枕主峰,身着衾裯,依势仰卧在山的北坡山巅。山东南坡有一峭崖,酷似屋脊;崖下,一片芦苇掩映中的曹家堡不时飘起几缕炊烟……这就是怀抱着千年文化古镇的辽东名山——大孤山。

大孤山地处辽宁省东港市境内,属长白山脉系之千山末峰。有谁能想到:这临海独立、孤峰擎天、景色宜人、梵铃垂响的大孤山,竟会是二百四十多年前《红楼梦》诞生的摇篮呢!?

是的,没有多少人能想到,也没有多少人肯相信大孤山会是传世巨作《红楼梦》问世的地方。然而,笔者却选择了这样一个极易招致质疑的题目来展开本文——也许有人会说笔者的选择是异想天开,是天方夜谭。就此,在本文没有展开之前,笔者没有更多的话要说,也无话好说,只是想说:

只要你能真正读懂《红楼梦》,或者只要你肯沿着笔者思考的路径走到本文的结尾,你就会看出:正是大孤山给了曹雪芹无数的创作灵感,正是大孤山一些地方的"原型"为"大观园"的"建造"提供了相应的"蓝本";这样,你或许就会相信,宝玉确实在此"归彼大荒";大孤山就是《红楼梦》诞生的地方。

---

① 笔者未做修改。参见:曹祖义.《红楼梦与大孤山》[M].中国文联出版社 2006 年版。

……是的，地处偏远、兀立海滨的大孤山怎么会是《红楼梦》诞生的地方呢？这可能吗？对笔者的这个观点，众多的学者和"红迷"们必定会有人置疑；假若红学先驱胡适、蔡元培、王国维和红学大师俞平伯等人还活在世上，也可能不相信这个观点；而这对一般的红学研究者和普通读者来说，就更不可想象了。

是的，情同此理，笔者在没有真正走进"红楼世界"之前，也根本不敢作如此"妄想"。然而，当笔者经历了二十多年的"红楼之旅"的艰难跋涉、经过近二十年的对构成"红楼文本"的汉字的悉心爬梳和反复品悟，终于，脑海里闪出了一道指引思考的航船驶向"红楼彼岸"的灵光——在饱尝了汉字直观描绘的"红楼风景"的万千滋味和无边的美的同时，从作者的"字字看来皆是血，十年辛苦不寻常"的背后、从评点者"欲言又止"的评语中，笔者发现了一道"别样的红楼风景"。也许在一些人那里，这道"别样的红楼风景"只不过是一抹雨后的"彩虹"、一瞥稍纵即逝的"海市蜃楼"；而在笔者，却是一道透过"贾雨村"（假语存）的迷雾，活现在"脑电图"上的"甄士隐"（真事隐）"别样的红楼风景"——这道"别样的红楼风景"一经和历史史实及现实重合，曹雪芹创作的主旨及其创作的借镜和隐寓的一切立刻就可以"了然不惑"了。

《红楼梦》面世迄今已将近二百六十年了，不算脂砚斋的随书批点和民间的传抄品评，从胡适开始，新红学的兴起至今也将近百年了。近百年来，红学研究文章可谓汗牛充栋、车载斗量，其中，在不同角度和视点上也都不乏有学术性上佳、创见性极强的研究成果。但相对而言，虽然不少人把思考和探寻的视点聚焦在"红楼文本"的内蕴上，至今却未发现有人嗅出了真谛的"味"香。

"满纸荒唐言，一把辛酸泪！都云作者痴，谁解其中味？"

这首为《石头记》的缘起所题的五言绝句，仅区区二十字，不但道破了曹雪芹创作的玄机，同时也明确提示读者：对《红楼梦》无论是研究还是阅读，不要耽于书中的"满纸荒唐言"（不要仅仅陶醉于在文字表面上所得到的东西），也不要以为作者的"一把辛酸泪"仅仅是为文字表面的东西所抛洒，更不要被文字表面的东西所迷惑，而都说作者只是痴情于这些东西，对文字背后隐寓的东西，"谁解其中味"啊？

也许笔者的思维神经就是因为接受了文学、红学主流观点的这种启示:从第一次通读《红楼梦》起,思维神经的屏幕上,便开始飘逸着宝玉朦胧的幻影,这幻影又总是在不停地缠绕着笔者的心绪,心境也总是沉浸在宝玉的生活场景里,尽情地释放着青春的情感,体味着大观园女儿们的悲欢离合、爱恨情仇。所以,开始在“味”和“皮”无形转换的边缘上,脑际中还是残留小说文字框框下的艺术形象的闪念,无法把“考证”的“虚证”还原为“实证”。

伴随着对《红楼梦》真谛的持久、深入的探索,当“情情”的面孔无数次映入眼帘时,终于穿过红学研究的雾墙;《红楼梦》如茫茫宇宙中一颗遥远的飞碟向笔者飞奔而来,轮廓在不断闪烁、放大,其文本结构、艺术手法和隐寓的内容也随之清晰地呈现在笔者的面前。《红楼梦》就这样向一个默默无闻、在文学界和红学界都没有任何头衔和资历的人敞开了大门。笔者不敢相信自己找到了一个探索《红楼梦》的新门径,每日自省之,生怕是一种错觉在推动正常思维的运转。在经过头脑中成千上万次的验证之后,才确准了“地球真的是围绕太阳转”——《红楼梦》文本的文字下面真的隐寓着“别样的红楼风景”。随之,曹雪芹在书中所描绘的他们家和“亲宗”家的关系就越来越清晰地“浮出水面”。源于这亲缘的气息的激励和催促,笔者走访了百年前祖辈居住的大孤山曹家堡,走访了近三百年前曹家东北始祖居住的岫岩房身沟,详细地了解了曹家人从山东行岫岩的来龙去脉。当笔者弄清了曹大汉家族的历史,脑海中,大孤山的景物便清晰地和《红楼梦》中描述的景物叠印在一起。这个发现让我激动万分,这个发现确乎是“重磅炸弹”:遮蔽在文本表面的重重疑云迷雾终于云消雾散了。随之,也就激发了笔者要把这个发现告诉世人的热情。

“《红楼梦》的摇篮——大孤山”,是笔者要表述的并希望得到红学界和广大读者鉴别的能够给红学研究提供参考的主要观点。笔者坚信:下面的表述将会把一道“别样的红楼风景”还原在世人面前,沿着这道“别样的红楼风景”指引的路径,我们一定会走进另一部《红楼梦》中而获取全新的体验。

那么,就让我们来共同确定“《红楼梦》的摇篮——大孤山”这一观点能否成立吧!

一

首先让我们看看《红楼梦》开篇的这段文字：

“你道此书从何而来？说起根由，虽近荒唐，细谙则深有趣味。待在下将此来历注明，方使阅者了然不惑。

原来女娲氏炼石补天之时，于大荒山无稽崖炼成高经十二丈、方经二十四丈顽石三万六千五百零一块。娲皇氏只用了三万六千五百块，只单单的剩了一块未用，便弃在此山青埂峰下。……

后来，又不知过了几世几劫，因有个空空道人访道求仙，忽从这大荒山无稽崖青埂峰下经过，忽见一大石上字迹分明，编述历历。……”

如果按普通小说来读这段文字，我们只不过是读了一段充满了神话色彩的故事的开头。《红楼梦》是用特殊的手法写成的一部奇书，如何来解读、怎样来体味这部奇书的万千滋味？笔者在《也谈〈红楼梦〉》一文中有过阐述。也就是说，要想读懂这部用密码写成的著作，就必须要把握其“影伙从”特点，即戚蓼生在《石头记》(戚序本)序中所概括的“一声也而两歌，一手也而二牍”的特点，运用相应的训诂方法来解味其内在隐寓的内容，这样才能获取这部奇书的真谛。

就“一声两歌，一手二牍”的特点来解读《红楼梦》开篇的这段文字，不难看出：这段文字所传达的并不仅仅是其表层的意思，而是隐寓着文本内在的旨义和文本诞生的地点。旨义是曹家的百年历史；诞生地点是隐写的大孤山(大荒山)屋脊崖(无稽崖)“亲根逢”(青埂峰)处。对此观点，笃定有人会报以哑笑：荒唐也，岂能把小说当“针”(真)“纫”(认)。悲夫！就像当初哥白尼的“日心说”不被大多数人理解一样，曹雪芹的初衷被曲解的历史太长了。今天，“日心说”已成为小学生都知道的常识了，而人们囿于固有的思维定势和现成的文本解读模式，不愿也不敢揭开蒙在《红楼梦》文本上的神秘纱衾，曹雪芹“满纸荒唐言，一把辛酸泪！都云作者痴，谁解其中味?”的告白和期盼何日能被真正理解与实现呢？为了“真事隐”的“其中味”能大白于天下，为了真正走进“红楼世界”、获取博大精深的文本内蕴，我们有责任弄清楚《红楼梦》的最初诞生地，这样有利于我们对这部奇书全面、深入的探索和解读。为此，笔者愿把点滴发现献给大家，希望能为深入研究和全面解读《红楼梦》提供些许参考。

确认"《红楼梦》的摇篮——大孤山"这一观点能否成立,首先要了解《红楼梦》的文本结构和解读方法,而了解《红楼梦》的文本结构和解读方法首先要知道《红楼梦》是怎样的一部书。

《红楼梦》到底是怎样的一部书?笔者在拙文《也谈〈红楼梦〉》中有所阐释,其主要观点是:《石头记》是以小说为载体的历史和文体解读著作,是这三部分的有机结合。宝玉是石头的化身,石头记事即碑文,因此,《红楼梦》原名《石头记》。《石头记》记事用假说,所以,该书"贾雨村"(假语存)"甄士隐"(真事隐)。宝玉是天下第一"淫人"(隐人),第一淫人是意淫(意隐),因此,石头所记之事是隐文。隐的什么事呢?隐的是"亲可清"(秦可卿)假家(贾家)史。怎样才能看懂这些隐文呢?需要"秦钟"("亲宗")和"智能"结合,因为,"智能"手里有"蜜"(密)。怎样解密呢?需要宝玉和秦钟"伴读",采用"影伙从"还原的方法,才能解开此书隐寓的真正秘密。

据此,我们应当改变通常的思维方式。因为,《石头记》中,每一个人名、地名、器物名等都有所指,每一个词句都记录着历史史实。正如曹雪芹在书中着重强调的:"虽其中大旨谈情,亦不过实录其事,又非假拟妄称"。对此句,脂砚斋紧批为"要紧句"。据此,从作者、批者言辞里我们就不难领会到:《石头记》的内容全部是"实录其事"。如此说来,所谓"大荒山无稽崖青埂峰"当然就是"实录其事"而非"假拟妄称"了。就此,我们就可以准确地释出它们的真实含义了。

我们再回到《红楼梦》的开篇。按照上述方式,可以看出开篇的这段文字是概括了《石头记》的来历。它包括两个方面:一是说此书的内容是怎么来的;二是说此书在什么地方写成的。曹雪芹用高经十二丈比喻一年的十二个月,喻日月穿梭、时间飞逝。用方经二十四丈比喻一年的二十四节气,喻风雨变幻、阴晴圆缺。用三万六千五百块石头代表三万六千五百天,即一百年的曹家历史(补添曹家一百年的历史,书中有其解读要点标注,另文再述)。用剩下的这一块石头表示今天——今天我曹雪芹把这一百年的历史从头到尾全部记录下来,写成了《石头记》一书。用大荒山无稽崖青埂峰隐寓大孤山屋脊崖"亲根逢"处,隐寓《石头记》在此写成。

并在书中表明，“一僧一道”来大荒山时，这块石头尚未开化，不著一字。尔后，经“一僧一道”大展幻术，石头就“编述历历”立在大荒山无稽崖青埂峰下。对这“一僧一道”脂砚斋批曰：“作者自己形容”（靖本）。“一僧一道”既代表了作者自己，又表明《石头记》的文法。“一僧一道”的实际含义是“一正一倒”。正表示正看，倒表示倒看，表明《石头记》正倒都可以看。正看是小说故事，倒看则隐寓历史史实，这就是曹雪芹标明的“影伙从”即戚蓼生所说的“一手也而二牍”的艺术手法。用此法看大荒山无稽崖青埂峰，正看是神话故事的出处，倒看则是“实录其地”。你把《石头记》只当小说看，直接看书中文字就可以了。如果你觉得它是一部史书，你就不能按字面来释义，而应找出“矫形”（娇杏）的谐音会意原字。大荒山无稽崖青埂峰隐寓的原字就是大孤山屋脊崖“亲根逢”。这种隐寓在开篇中的运用，既开宗明义地拉开了小说的序幕和故事发生的地点，又巧妙、形象地告诉世人文本诞生的具体地点就在大孤山屋脊崖“亲根逢”处，即现在的辽宁省东港市大孤山。

那么，大荒山能和大孤山联系在一起吗？回答是肯定的。我们先从字义上看：大荒山是指遥远的人迹罕见的地方，因而称为“大荒山”。曹雪芹用大荒山隐寓大孤山是巧妙而又恰如其分的。笔者已经在书中考证：曹雪芹开始写《石头记》的具体时间应在乾隆六年（1741 年），那时大孤山还只是一个人烟稀少、荒寂僻远、没有多少人了解的地方，而文学作品不实写地名也是常理，再加之《石头记》运用的是“影伙从”的文本结构方式，这样，用大荒山来隐寓大孤山自然是顺理成章的。但是，大孤山只是一个大的方位，曹雪芹知道，仅仅用大荒山来隐寓大孤山还是不能成为《石头记》诞生地的证据的，所以点出大方位地点后，紧接点出具体的小方位地点——无稽崖，隐寓屋脊崖。大孤山东头的那一呈对称三角形极像房盖端面（山墙上部分）的山崖就是屋脊崖，这是大孤山的一个具体的明显的特征。接下来又用“一点两明”的手法，点出了青埂峰（亲根逢）。其特点，既是山体面貌的标志，又是亲情关系的标志。从字面上理解，所谓青埂峰，是指当年大孤山满山长满了青松，屋脊崖上下的山坡也是青松林立的景象——这个景象一直延续到新中国成立前后。同时，青埂峰也隐寓着“亲根逢”的意思：因为满山青松的大孤山屋脊崖下住着与曹雪芹是“亲根”的本家人——曹大汉(曹積),曹雪芹与属于“亲根”的本家人在此相逢,从而使“石头”有了生命——“字迹分明,编述历历”,《石头记》得以在此诞生。

从以上阐述中,可以看出:曹雪芹利用《石头记》开篇的这段文字,不但借景生情地写出了小说故事别开生面的开篇,同时又借景生义地把文本的真正旨意及写作地点隐寓在小说的字音、字意中。对此,有人会有疑义:这恐怕是牵强附会吧?当然,仅仅凭此,“《红楼梦》的摇篮——大孤山”这一观点是不能成立和得到确认的。接下来的阐述,或许会使你认同笔者的观点。

二

接下来要阐述的问题是:《石头记》为什么会诞生?为什么会在乾隆六年(1741 年)至乾隆十五年(1750 年)在大孤山诞生?因为《石头记》诞生的时间和曹雪芹家的历史有着密不可分的关系——曹家到曹雪芹写《石头记》开始,有着百年刻骨铭心的历史。阐述这个问题要从曹玺说起:

从有关历史资料中我们得知,曹家是旗人,曹玺是曹振彦的儿子。历史资料的记载好像没有什么问题,而实际上却是不大不小的历史玩笑,因为曹玺根本就不是曹振彦的亲儿子(详见拙文《曹雪芹的祖籍与宗族》)。实际上,曹玺是在后金反明战争中,被已降后金的曹振彦随后金军队进犯山东时强收的养子。这种情况在那个时代里比比皆是,这里仅以李煦(曹雪芹舅祖)之父李士桢为例:本姓姜,世居山东都昌(今山东昌邑)。明崇祯十五年,被正白旗佐领李西泉收为养子,遂以李姓。曹玺和李士桢情况完全一样,只不过曹玺姓氏不用改了,但范世的字和名字是要改的。这样,曹峦(曹髦的后裔)便成了曹尔玉,后改为曹玺(据说是顺治皇上笔误所致)。这是曹玺极不情愿的,也是曹雪芹为了恢复曹家历史的本来面貌,促成《石头记》产生的根本原因。

有人也许会认为:既然曹玺成为曹振彦的养子,按常理其身份应以曹振彦家族算。但我们以此来研究《石头记》,则就大错特错了,我们以前对《石头记》认识的误区就在这里。因为,从曹玺到曹雪芹,曹家历代人心里都不承认这个宗族身份。基于此,曹家人潜移默化、世代相传,想方设法在为恢复自己真正的宗族身份创造条件。这也是引发曹振彦亲孙子曹宜与曹玺亲孙子曹頫之间矛盾激化的导火线和导致曹雪芹家被抄家的主要原因，同时也是促成《石头记》诞生的直接原因。

曹家破败以后，想逐渐恢复曹家真正宗族身份的希望也随之破灭。曹雪芹长大后，其嗣父曹頫便把曹家的全部历史告诉了他，激起了曹雪芹的责任感，父子二人最终商定，以小说形式为载体，把曹家百年历史隐写其中，以传于后世。当时，为了避免招致残酷的文字狱之祸，为了让曹雪芹全面了解曹家历史，待曹家情况稍有好转，曹頫便带领曹雪芹走访了曹家历代居住过的地方，并到了他家真正的祖籍地——山东登州府宁海州。但此时祖籍地已无他们本家人，便寻迹追踪，来到了关外隶属岫岩的大孤山。在大孤山东头屋脊崖下的“芦雪厂”（即现在的曹家堡），找到了他们真正的“亲根”本家人曹大汉（书中邢岫烟的原型，邢岫烟——行岫岩，寓意曹大汉兄弟是曹家行走于岫岩的人的后代，以曹大汉为代表），曹頫便把曹雪芹留在此地，这就是《石头记》在大孤山诞生的起因。

曹大汉当时在大孤山居住与否，也是《石头记》是否在大孤山诞生的关键问题。曹大汉是大孤山家喻户晓的人物，他长得非常高大，力大无比，关于他的佳话一直流传至今。他何时到大孤山居住得从他父亲说起，据大孤山和岫岩两处曹家家谱记载：曹大汉的父亲曹宗孔和其哥哥曹宗政于康熙五十年来到岫岩（书中的邢忠夫妇，寓意从山东行走到岫岩的曹家范世“宗”字辈的兄弟），曹宗孔落户岫岩房身沟，曹宗政落户大孤山达子营（都隶属岫岩）。曹宗孔在 24 岁（康熙五十九年）以前成家，曹大汉应出生于康熙六十一年（1722 年）左右。此时曹雪芹已经 8 岁，正处于康熙、雍正父子皇权交替阶段，也是曹雪芹家败落的前夜。据笔者父亲和曹家堡老一辈人讲：当年，曹宗孔和五个儿子都住在岫岩房身沟。后来，大孤山东头另一同族曹家，因跑马占山占地和一户人家产生纠纷，双方同意调解。对方见这户曹家人丁不整，便主动提出：选个日子，我们两家各出一个人用犁杖蹚地（用手当楔子，塞住铁制的犁铧蹚地，天下几人能之？），谁蹚多大圈谁就占多大地方。这户曹家人犯了愁，正当一筹未展时，忽然想起了曹大汉。当时曹大汉不过十八九岁，因长得过分高大早已远近闻名。曹大汉听了此事后，同意加盟大孤山曹家帮助圈地，但家族身份不能改变。最终曹大汉从大洋河边一气劓到黄海边,为大孤山曹家圈回一大片土地,他也在大孤山东头住了下来。

根据书中记录,曹雪芹在大孤山写《石头记》始于乾隆六年(1741年)。据此推算,曹雪芹到大孤山时,曹大汉已20岁左右,这说明曹大汉当时已经在大孤山居住了,他们在此相逢的时间与《石头记》隐写的内容完全吻合。

那么,曹雪芹在大孤山写《石头记》有具体地点吗?这一点书中说得很清楚,具体地点就是"大观园"中的"芦雪厂"和"栊翠庵"。此言一出,肯定也会有人质疑:写《石头记》的具体地点怎么能和园林景地搅在一起?为解惑祛疑,容我细细道来:

说起"芦雪厂",还得从"大观园"谈起。自《石头记》问世以来,人们普遍认为"大观园"是曹雪芹依据有关园林创作而成。说法有南京随园说、圆明园说、北京恭王府花园说、江宁织造府署西花园说等。其实,这些观点和曹雪芹的创意相去甚远。"大观园"的确是曹雪芹的伟大创造,但它不是以什么花园为样本写成,而是以祖国的大好河山的真地真景为样本。具体说,是以曹家及其"亲宗"各个历史时期居住地的实景为样本,经过曹雪芹心中的"航拍",去虚求实完成了"大观园"的创造。所以书中说:

"'大观园'是'老明公''山子野'制度,众清客也有一句话'非胸中有丘壑,焉想及此'"。

这段文字实际是指"大观园"是"山自野"(山子野),即大自然原来就有的山水田园。"老明公"(隐指明末)则是指"大观园"的地理位置是以明朝末年的地域区划和地名为准,通过曹雪芹胸中"丘壑"的过滤、整合,突破时空界限,把各个历史时期的景物叠加起来混合成像的。书中所谓"三里半"大,寓意"大观园"的版图是山海关里外半个中国大的地方。这些地方的实地实景曾经是历代曹家人活动居住过的地方的实地实景,所以,惜春赋诗谓之:

"山水横拖千里外,楼台高起五云中。园修日月光辉里,景夺文章造化功。"

此诗和惜春要作的画一样,全是实录。曹雪芹用形象写实的手法把这些实地实景记录在"大观园"中,如其中的"芦雪厂""栊翠庵",而有关历史时期或事件则用抽象名称表示，如“藕香榭”“暖香坞”。大观园中“芦雪厂”“栊翠庵”等都是大孤山的实地实景。其中，“藕香榭”“暖香坞”则是叙述曹家宗族一种事因的代号。这样，曹家各个历史时期的人物，经曹雪芹的巧妙构思，同时展现在“大观园”的舞台上。

下面再看看“芦雪厂”具体在大孤山什么地方，具体地点因是实景，书中四十九回有详细的描写：

“原来这芦雪厂盖在傍山临水河滩上，一带几间，茅檐土壁，槿篱竹牖，推窗便可垂钓，四面都是芦苇掩覆，一条去径逶迤穿芦度苇过去，便是藕香榭的竹桥了”。

这段文字表述的景象，就是当年曹家堡景象的真实写照。这景象今天看来，除人家多了、部分苇塘改了稻田以外，没有太大的变化。当年，曹雪芹到此时，只有几户人家，没有正式名称，只称谓“山东头老曹家”。想当年，曹家人就是在大孤山屋脊崖下——大洋河滩涂上的那片飘拂着芦雪荻花的芦苇荡中，用土坯芦苇盖起了草屋、篾起地炕。每当涨潮，便有“胖头鱼”顺着潮水成对结帮游到滩涂上，坐在滩涂旁的曹家屋里，“推窗便可垂钓”（六十年代初，这种鱼很多，在东港市中心处的水沟里都能钓到）。这种景象应当是“居河之湄，结草为庵”的真实写照，曹雪芹把当年的他和曹大汉的住处起名为“芦雪厂”，简直太贴切了。“芦雪厂”西面紧靠青幽荒僻、突兀孤立的大山，东面是宽阔的大洋河，南面是一望无际的黄海。曹雪芹在这样一个荒僻偏远的“世外桃源”里一住就是十年，直到写完了《石头记》初稿才离开这里。

曹家有一件代代相传的事，可能说的就是关于曹雪芹来大孤山的这件事。说：曹大汉在世的时候，关内本家曾来过一个人，因时间久，具体情况说不准了。为了进一步弄清楚这件事，我们有必要看看《石头记》中是怎样隐寓（记录）的。

三

曹雪芹到大孤山写《石头记》在“芦雪厂”修他家家谱，书中表述得很清楚。书中从四十八回“滥情人情误思游艺，慕雅女雅集苦吟诗”开始，一直到五十三回“宁国府除夕祭宗祠，荣国府元宵开夜宴”，一步一步地描述了曹雪芹和“本家”的曹家大团圆修补家谱的全过程。书中,曹雪芹与曹大汉分别以薛宝琴和邢岫烟的身份出场,场面热烈壮观,诗社兴旺发达,诗谜奇丽无比。经过两家人的努力,曹雪芹终于以曹大汉家家谱为蓝本,续上了自己家的真正家谱(详见《薛宝琴十首怀古诗“解味”》一文)。

本篇着重阐述的是“曹雪芹到大孤山并在此完成《石头记》的创作”这一观点,我们还是回到四十八回书中。这回书是以香菱作诗为引,写出了曹雪芹到大孤山时的情景,同时讲明了他家与大孤山和岫岩曹家的关系。为了大家理解方便,需把书中涉及的隐寓的人物原型注明:薛宝钗——曹锡章(曹锡远),林黛玉——曹霖,香菱即甄英莲——真应连,宝玉——刻有曹家历史的石头,探春——代表曹髦后裔第三个二十范世联名。且看书中一段:

“黛玉道:可领略了些滋味没有?香菱笑道:领略了些滋味,不知可是不是,说与你听听。黛玉笑道:正要讲究讨论,方能长进。你且说来我听。香菱笑道:据我看来,诗的好处,有口里说不出来的意思,想去却是逼真的。有似乎无理的,想去竟是有理有情的。黛玉笑道:这话有了些意思,但不知你从何处见得?香菱笑道:我看他《塞上》一首,那一联云:‘大漠孤烟直,长河落日圆。’想来烟如何直?日自然是圆的:这‘直’字似无理,‘圆’字似太俗。合上书一想,倒像是见了这景的。若说再找两个字换这两个,竟再找不出两个字来。再还有‘日落江湖白,潮来天地青’,这‘白’、‘青’两个字也似无理。想来,必得这两个字才形容得尽,念在嘴里倒像有几千斤重的一个橄榄。还有‘渡头馀落日,墟里上孤烟’,这‘馀’字和‘上’字,难为他怎么想来!我们那年上京来,那日下晚便湾住船,岸上又没有人,只有几棵树,远远的几家人家做晚饭,那个烟竟是碧青,连云直上。谁知我昨日晚上读了这两句,到像我又到了那个地方去了。”

这一段主要讲了曹雪芹到大孤山时的情景和续家谱的要领。其文法是典型“影伙从”形式,表层是小说故事,第二层是解读方法,第三层是要讲明的历史史实。小说形式不用说了,解读方法是要明白黛玉说的“滋味”一词的含义,即下面的诗不能当原来的诗看,单纯当诗看则呆了。它已经赋予诗新的内容——“说不出来却是逼真”,“似乎无理则有理有情”,这理是在“影伙从”里想出来的,历史史实都要在“影伙从”中还原。下面还原香菱讲诗的“滋味”：

宝玉听香菱讲完诗，说香菱“三昧”已得。“三昧”不光是说她懂得了诗的精义，主要是说她明白了诗的三层意思：

第一层是诗面的本义，不必说了。

第二层是借诗隐寓的含义，描写曹雪芹到大孤山时看到的景象：“大漠孤烟直，长河落日圆”——是说当时大孤山一直到岫岩这一广阔的边塞地带，荒漠孤寂僻远、杂草灌木丛生、人烟特别稀少；长长的大洋河经岫岩一直流到大孤山旁而入海，太阳快落山时，那又圆又红的太阳映在大洋河面上，十分壮观。当太阳完全落下去时，河面和海面上斑斓的余晖随之消失，泛起白白的光来（日落江湖白）。转眼海潮涨了上来，到处是青光粼粼的海水（潮来天地青），满眼海天一色（当时海潮一直能涨到大孤山脚下现在的镇中心街道处）。我（曹雪芹）就是在太阳快下山的时候，来到了大孤山渡口码头（渡头馀落日），顺着堤坝来到了大孤山曹家的住处（墟里上孤烟）。上述是诗中隐寓的对曹雪芹初到大孤山时的真实记录。曹雪芹担心我们理会不出此义，又用纪实笔法叙述了一遍：

“那日下晚便湾住船，岸上又没有人，只有几棵树，远远的几家人作晚饭，那个烟竟是碧青，连云直上。谁知我昨日晚上读了这两句，倒像又到了那个地方去了”。

这里的描述和当时曹家堡周围的环境一模一样：当时的大孤山东摆渡口离曹家堡很近（老摆渡口在大孤山东南坡下，遗址还在。山东头大洋河故河道的轮廓还清晰可辨，从卫星地图也可以看到，可以看出当时的大洋河的河床离曹家堡非常近），船只驶入摆渡口即可望见曹家堡。上述就是所谓：“说不出来却是逼真”的“滋味”。

第三层的意思是借诗寓义，同是这几句诗，在表述了曹雪芹初到大孤山曹家看到的景象的同时，又把其到大孤山要做的事说得非常清楚。这里需要提示一下四十八回开篇的那两条重要信息：

一是二十把旧扇子，是代表曹家探春二十代范世联名已找到。二是香菱和薛宝钗（曹锡章）同住，表明曹雪芹家就要和自己真正的始祖曹锡章连上了。英莲的真实身份并不代表历史人物，而是代表曹家要做的一件非常重要的事——把曹家同自己真正的宗族连接起来，她名字的真正含义是真应连(不是真应怜)。下面就是曹家真应连的事:曹霖(黛玉)把曹家能和自己宗族连上的资料找出来,问真应连(香菱)明白不明白其中的“滋味”。真应连说:我懂了,曹家和真的宗族关系相连的事“似乎无理却有理有亲”的。我现在说与你听:这些资料(诗)的真正意思是说曹霖(黛玉),曹玺的家谱上是没有你的名字,但大孤山和岫岩的那些你真正的本家人知道你的身份(黛没孤岩知)。他们家谱上的曹锡章就是你的父亲,你们同出一源,应合到一处(章合落一源)。既然在你哥哥曹雲(字江,又叫曹江)的家谱上找到了你父亲,你不好移落在曹江家谱上,把你这个亲弟弟的名字抄上去(移落江户伯,抄来添弟亲)。把曹振彦名字去掉,你就落定在范“雨”的位子上,这样你就可以位立于大孤山和岫岩曹家的家谱上了(度头雨落已,位立上孤岩,头,可以释为颜面,隐指曹振彦)。俗话说:“知、源”(直、圆)莫过于“伯、亲”(白、青),你到“雨、上”(馀、上)正好。曹霖(黛玉)说:上孤岩好,这样“陶渊明”(隐寓曹源明——曹家的宗籍渊源就可以清楚明了了)。但还有个难题要解决:在曹玺家的家谱上,曹玺用个假名曹锡远顶在曹锡章位子上,要移出去,依岫岩曹锡章位子立家谱(难难远人存,移依位立岩)。书中所谓的英莲和黛玉谈诗,实际上,是隐寓代表曹家历史使命的“真应连”和曹锡章的儿子曹霖的对话。中心意思是:如果曹玺家原有的家谱要想和自己家的真正家谱连接上,就要到大孤山和岫岩曹家把曹霖的名字添在曹家家谱曹锡章名下、曹雲名旁范雨字的位子上,这样曹家的渊源就清楚了。

每逢这样的场合,宝玉、探春必到。因为曹霖是探春第十五世人,是探春范世范围内的事。探春的到来,是“真应连”证明了曹霖的身份后交接给探春了。至此,“真应连”的两大使命(一是把曹玺和其父曹文龙连上,二是通过曹雲的家谱把曹霖和其父曹锡章连上)就算完成了。宝玉是曹家历史记录人,听完他们的谈话后说:“真应连已得了”——曹雪芹家已经和其真正的宗族连上了。书中宝玉的表态是说明这些真实的历史史实已经刻在“石头”上了。

以上是对曹雪芹在《石头记》中用奇特的“影伙从”的笔法(这种笔法见《宝钗、宝玉、黛玉灯诗谜“解味”》一文的解析,该笔法运用的最全面、最多从、最契合、最绚丽就在这三个谜里),写出了他到大孤山的真实情景以及曹宗孔曹大汉家和与他们家的关系的阐述。可以视为是曹雪芹来过大孤山并在此续连家谱、写曹家的百年历史的有力证据。那么，他在此住了多久呢？请看下面的阐述。

四

在《石头记》四十八回中说到香菱学诗，其中有这么一句话：

"我只爱陆放翁的诗'重帘不卷留香久，古砚微凹聚墨多'，说的真有趣！"。

这句话隐寓的意思是：我曹雪芹在大孤山这个远离都市的世外桃源住着，说是在旅游（陆游），还不如说是个流放人（陆放翁）。为我们家的宗谱能和真正的宗族重新连上，我留在这偏僻乡村补卷（写《石头记》）已经很久了，大孤山和岫岩本家人同我一辈的小孩已经生出很多了（重连补卷留乡久，孤岩微娃聚末多）。在这句诗之前黛玉着重强调"不以词害意"（解读要点，这样的解读提示，书中处处可见），也就是说，不要受文字表面的东西所迷惑，妨害了对隐寓的深层含义的理解。从这句诗中，我们再一次感受到了曹雪芹借诗寓义的高超艺术手法，此番描绘与当时大孤山和岫岩曹家的情况是完全一致的。

上面已说过，曹雪芹大约在乾隆六年（1741 年）开始写《石头记》。此年他 27 岁，是曹家探春二十范世最末一代人，范"延"字。他刚到大孤山时，曹大汉 20 岁左右，按辈分是他叔叔辈。（岫烟许给薛蝌，是点明曹大汉和曹雪芹的父亲曹颙是一辈人，蝌寓大头，代颙，有意思的是曹颙也长得高大，这两个曹家的事为什么就这么巧呢？）据此，曹宗政、曹宗孔的儿子们最大也就二十多岁，大多数未成家或没有小孩。当《石头记》要草成时"孤岩微娃聚末多"，曹大汉这一辈人都有了小孩。这可以从大孤山和岫岩曹家家谱上看出，探春二十世最末一代范"延"字的人有十七人。曹雪芹记录得也太清楚明了了，这足以说明他在大孤山待的时间太长了，才发出"重连补卷留乡久，孤岩微娃聚末多"这样的感叹。他在大孤山具体待了多长时间呢？我们再回到书中六十三回。

六十三回"寿怡红群芳开夜宴，死金丹独艳理亲丧"，说在宝玉生日【宝玉生日和曹雪芹在大孤山的确切时间详见《曹雪芹的诞辰》一文。这段是外证,以岫烟(曹大汉)证明妙玉(曹雪芹)】的那天晚上,妙玉送来一帖子,第二天宝玉才发现压在砚台下这个帖子,欲回复又不解"槛外人"之意,本想问黛玉:

"刚过沁芳亭,忽见岫烟颤颤巍巍的迎面走来。宝玉忙问:'姐姐那里去?'岫烟笑道:'我找妙玉说话。'宝玉听了诧异,说道:'他为人孤僻,不合时宜,万人不入他目。原来他推重姐姐,竟知姐姐不是我们一流的俗人。'岫烟笑道:'他也未必真心重我,但我和他做过十年的邻居,只一墙之隔。他在蟠香寺修练,我家原寒素,赁的是他庙里的房子,住了十年,无事到他庙里去作伴。我所认的字都是承他所授。我和他又是贫贱之交,又有半师之分。因我们投亲去了。闻得他因不合时宜,权势不容,竟投到这里来。如今天缘凑合,我们得遇,旧情竟未易。承他青目,更胜当日。'"

这一自然段,主要介绍了曹大汉和曹雪芹的基本情况及关系。为了弄清楚宝玉和岫烟的对话,首先要弄清楚妙玉的身份。妙玉是曹雪芹在大孤山写《石头记》十年的化身:其一,妙玉表曹雪芹的名字。妙玉,谐音字义"描雨",描雨就是在纸上画雨,画雨是把雨的形像沾在纸上,即"沾雨",沾雨合成即霑(曹霑)。其二,因《石头记》全是"妙语"组成(影伙从),所以取谐音妙玉。其三,《石头记》最终是在庙宇中完稿的,亦有庙宇之意("影伙从"的多重功能在关键事上皆是,以此可以看出曹雪芹在语言提炼上的精妙功夫,不过我们得有李纨——眼珠功夫)。另外,蟠香寺原义为"盼相识"。在"盼相识"修炼,是说"妙玉"在庙宇中提炼"妙语"即写《石头记》,意谓:盼将来能有相识之人解开这些"妙语"。妙玉住在栊翠庵,是说《石头记》中的"妙语"多在此处酿成(另一处芦雪厂),它就是大孤山上庙。下面作以介绍:

曹雪芹给大孤山上庙起名"栊翠庵",至为贴切恰当。"栊翠庵"字面的含义正是当年上庙的真实写照:栊,当窗户讲。翠,指称的是当年大孤山满山的青翠松树。庵,即小庙(此庙最初只是一草庵,指娘娘庙)。现在,站在山南北望,这个小庙宇的确像一扇大窗户镶嵌在大孤山山腰悬崖的洞窟上。周围长满青松绿树,庙下有一堵墙,远远望去,它就是大孤山一扇窗。现在此庙已是瓦房,娘娘庙房盖北坡因在洞窟中,因此没挂一片瓦,这也是一个奇观(圣水宫泉水处可见)。请看大孤山圣水宫碑记开头的一段记载：

圣水宫，原名望海寺，传系唐代古刹，但不可考。迄至明末，殿宇荒废，仅存基垣。清初乾隆十一年(1746 年)，本庙开山始祖倪大真人理休云游来此，见景地清幽，有古刹遗址，遂发愿重修。托钵募化，历时三载，先建娘娘庙草殿三间。后阅十载，又集资重修……(以下略)。

大孤山圣水宫住持胡然方敬立

中华民国三十四年九月九日

从此碑记上可以看出，此庙修成的前后年代恰好与曹雪芹写《石头记》同期。这里有几个问题值得我们注意：

1. 此庙在修成前有殿宇基垣，有没有其他房屋呢？

2. 此庙近旁有圣水宫泉水，至今未枯，可供人餐饮、居住。

3. 倪大真人由山东到此地修庙，和曹雪芹在大孤山有没有直接联系呢？

笔者认为，即使这三条与曹雪芹来大孤山没有任何关联，也可以认定乾隆十三年(1748 年)曹雪芹经常到此写作，也许更早。因为其一，修庙先建房，神像是逐步修成的；其二，有曹大汉历史资料为证；其三，曹雪芹在书中的自述。这些都可以证明《石头记》是在此庙完成初稿的。

现在分析一下宝玉和岫烟的对话就清楚了：

这是宝玉(“石头”即历史的记录)直接和曹大汉的对话，表明他俩说的全是实事实录。说岫烟走路颤颤巍巍，实际是说曹大汉长得高大走路的样子。石头(宝玉)记录以下几件事：

(1)曹大汉家是先到岫岩，后曹大汉投亲(到大孤山那个先来的曹家投亲“剗地”)由岫岩搬到大孤山居住。此后，曹雪芹因不合时宜，权势不容，才投奔这里找他们本家人的。虽然当时两家的本家关系从共同始祖曹锡章到他们已是延续五六代人的关系，但在曹雪芹的眼里就是最亲近的亲戚(曹雪芹唯一同宗谱的本家)，所以两人处得比前辈还要好。

(2)曹大汉家原本贫寒，赁的是曹雪芹的房子，是一墙之隔的邻居。

(3)他们在一起共十年，曹大汉识的字都是曹雪芹教的。闲暇时就到曹雪芹写书的庙里和家里与他作伴。

书中所记，再现了曹家当时的情况。当初曹宗孔是逃荒到岫岩开荒的,到岫岩后又有了一群儿女,经济上没有大的改善。曹大汉长大成人到大孤山居住时,按他当时的经济条件不可能来到就盖新房。书中四十九回,描写众人的穿着,唯有"邢岫烟仍是家常旧衣,并无避雪之衣"。(双关语,还隐寓他的宗族身份)对此脂砚斋在回末批道:"岫烟无斗篷,叙其穷也"(蒙府本)。书内书外曹雪芹父子说法一致,看来曹頫和曹雪芹到大孤山时,曹大汉也刚在此住不长时间,曹頫和曹雪芹见其居住条件不好,要长住写《石头记》需要有舒适清净房间,因此决定自己盖房子。曹頫家虽然败落了(乾隆年间有些好转),但在这荒山僻壤之地,拿出点银子盖几间老百姓住的草房是不成问题的。于是他们出钱雇工,买些主要材料,用的土坯、芦苇,倚仗曹大汉有力气可以就地取材。房子格局为一墙之隔的连脊房屋,盖好后两家同住此房。书中说赁,说明曹大汉不是白住,在曹雪芹写书的十年中可能由其照顾他的生活。这个傍山临水的房舍,就是曹雪芹的书斋——创作《石头记》的处所,也就是曹雪芹在书中名谓"芦雪厂"的茅屋(自然和他南京家的原住所没法比了)。曹大汉因此和曹雪芹住在一墙之隔的"芦雪厂"中,曹大汉一有闲暇就到曹雪芹屋里坐坐,曹雪芹便教他识字,从此他们朝夕相处。

曹雪芹还经常到风景秀丽的大孤山上去吟诗写作,当时上庙有遗址,也是山中唯一能留步之处,《石头记》的开篇文字极可能在此酿成。几年后,倪大真人云游到此,二人定会在此相见,曹雪芹也极有可能参与当时建庙事宜。据大孤山庙志和有关史料记载及曹家世代传承,曹大汉为建庙出过工,现在放在圣水宫旁的石碾子,当初就是他扛一个碾盘,胳膊夹一个石碾(磙)一趟搬上去的。曹大汉都为修庙出了力,曹雪芹岂能袖手旁观。以前每逢四月十八孤山庙会,庙里主持都会请曹家族长为佳宾,其缘由是曹大汉修庙出过大力,是否当初还有曹雪芹出谋出力的因素呢?这还有待探讨。庙建好后,因庙舍清净有利于写作,曹雪芹经常住在庙中,曹大汉也常去看他。曹雪芹最终在大孤山上庙——栊翠庵(曹雪芹的另一个书斋)完成了《石头记》第一稿,历时十年。据书中分析:曹雪芹临回北京时,把房子归了曹大汉和其五弟曹信(赁的是他庙里的房子,住了十年,证明曹雪芹在大孤山住了十年),曹雪芹在大孤山期间,曹信也在曹大汉处居住。请看四十九回中关于岫烟的一段话:

“邢夫人兄嫂家中原艰难，这一上京，原仗的是邢夫人与他们治房舍，帮盘缠，听如此说，岂不愿意。”

这段话进一步说明：曹雪芹在大孤山期间，从经济上帮助过曹大汉家，最后连同自己住的房子一同给了曹大汉兄弟。就此，可以认定，曹大汉兄弟当初住的房子就是曹雪芹住过的房子，是其创作《石头记》的第一个书斋。

从以上阐述中，不难看出曹雪芹确实在大孤山写《石头记》达十年之久，地点就是大孤山曹家堡和大孤山上庙。

为了充分证明这一点，不妨再回到书中第六十三回，进一步解析宝玉和岫烟的一段对话。

先看宝玉说岫烟“如野鹤闲云”这句话。“闲云”意谓闲暇时说闲话——说笑话，开玩笑隐喻岫烟原型曹大汉，说他的个头和平常人比，如“鹤立鸡群”，长得太高大了。这里曹雪芹再三警示我们岫烟就是曹大汉，告诉我们不管多长时间，只要看出邢岫烟是曹大汉的化身，妙玉身份可知也。接下来宝玉把妙玉的拜帖取与岫烟看，意思是岫烟能解，寓意岫烟的后人看到此帖亦能解。岫烟接过帖看后说妙玉：

“‘僧不僧，俗不俗，女不女，男不男’，成个什么道理！”

这是借用元曲《西厢记》“惠明下书”一段唱词，其意“四不像”。意思是说《石头记》的文法放诞诡僻：书中说的僧人不是僧人，说的俗人也不是俗人，说的女人更不是女人，说的男人也不是男人。这个自然段说明《石头记》全是这样的“妙语”组成，如果只当小说看则大谬了，史实全在“妙语”之中。

接下来的自然段是“妙语”的基本解法，岫烟告诉宝玉不用担心：

“他（妙玉）常说：‘古人中自汉晋五代唐宋以来皆无好诗，只有两句好，说道：‘纵有千年铁门槛，终须一个土馒头。’”

这里隐寓的意思是，纵然《石头记》这扇门一千年无人能打开，无人能解其中味，最终还是会通过一个早已逝去的人“伴求”（馒头——半球状，谐音实义“伴求”，馒头庵即谓此，坟墓也是半球。为什么曹大汉在外地弟兄去世后都葬到岫岩房身沟，如老大和去世很晚的老五曹信，而老三曹大汉独自葬在大孤山呢？曹雪芹安排的“伴求”标记吗？曹雪芹为什么会用这两句诗说这个事呢？我觉得这里一定有缘由，我也只说到这）而解！通过他《石头记》可解，这人就是岫烟自己。岫烟又对宝玉说妙玉：

“所以他自称‘槛外之人’（意谓：看外字音）。又常赞文是庄子（妆字——化了妆的字即“矫形”的字）的好，故又或称为‘畸人’。他若帖子上是自称‘畸人’（字音；孤山地方话读 ji yin）的，你就还他个‘世人’（实音）。畸人者，（字音则）他自称是畸零之人（意谓：记另字音）；你谦自己乃世中扰扰之人（意谓：实中又有字音），他便喜了。如今他自称‘槛外之人’（看外字音），是自谓蹈于铁槛之外了；故你如今只下‘槛内人’（看内音），便合了他的心了。”（这段话语也是典型的解读论述，关于字音的论述《红楼梦》中有重点解说，这里是重复解说，是针对大孤山曹大汉的。）这番话实际上宝玉心里早就清楚，看书中他问岫烟的话：

宝玉听说，忙笑道：“姐姐不知道，他原不在这些人中算，他原是世人意外之人。因取我是个些微有知识的，方给我这帖子。我因不知回什么字样才好，竟没了主意。”

他说，“妙语”原“不在这些音中算”（不在这些人中算），它原是“实音以外之音”（世人意外之人）。你们看宝玉明白不明白？此乃明知故问。因宝玉是“石头”，《石头记》之文是“影伙从”，所以他知道“实音之意”。这是在考芦雪厂（曹家堡）曹大汉、曹信的后代；你们要想看出妙玉（曹雪芹）的真实身份，揭秘《石头记》的写作时间和地点，只要在书中看懂了邢岫烟（曹大汉）和宝玉的对话就行。这也是曹雪芹为大孤山曹家后人留下的又一“解味”钥匙，即妙玉（妙语）主在盼相识（蟠香寺）。盼岫烟后人，一旦“妙语、实音”很多年解不出，只要你能看懂岫烟（曹大汉）的真实身份和话语的内涵，必然会“伴求”《石头记》成功。现在可以说曹雪芹的预言已经实现，曹雪芹的家谱和《石头记》的最初诞生地已经浮出水面。顺着大孤山曹大汉这条线探讨下去，将会有更多的发现。

惜春是曹家第四个二十代范世联名代号，别号“藕榭”。惜春二十代联名是：

“连庭际广天，祖传德集先。成已寅善起，世泽庆丰年”

这是曹雪芹家和大孤山和岫岩曹家“惜春”时期共用的范字联名。所以书中称“藕香榭”，喻曹家像莲藕一样繁衍下去，即“连庭际广天”。遗憾的是，曹雪芹家被注籍为旗人曹振彦后代的身份当时没法改过来，因此无法使用这个连世范字。书中惜春住处为“暖香坞”，实义“难相晤”，意谓曹雪芹家那一支人是见不到后代用惜春范字起的名字了。脂砚斋在惜春的佛前海灯的谜下批道：“此惜春为尼之谶也”。就是对此事的感叹（注：惜春灯谜真正谜底不是海灯，而是海灯照明用途——“光途”，其本义是“光秃”），感叹他们家到惜春范世乃“光秃”也。惜春别号“藕榭”，意谓曹家还有一家将继续范这个有莲藕意的联名，又意谓曹雪芹家就像莲藕一样藕断丝连，通过惜春范字联名和大孤山和岫岩曹家紧密连接在一起。因为《石头记》完稿时大孤山和岫岩曹家已经是“微娃聚末多”了，他们必定“连庭际广天”。现在大孤山和岫岩曹家确实像莲蓬荷花一样，子孙满天下。那么，惜春二十字联名是谁撰的呢？笔者认为，极有可能是曹雪芹所撰，也许辑在书中八十回以后，可惜的是我们不能看到书的全貌。但我们根据书中对惜春的描述和曹家在换世重起范世联名的惯例中可以证明此事。（曹家的范世规律在《曹雪芹的祖籍与宗族》一文中已说明）。曹家探春末世恰好在曹雪芹这一辈，此时曹雪芹也恰好在大孤山写《石头记》。当《石头记》一稿要完成时，大孤山和岫岩曹家恰好正处在“两春”交界处，新的范字联名已提到日程上来了。关于这件事笔者曾探访过曹家堡本家曹祖绪的父亲，当时他八十多岁（1995 年），他说：咱们曹家只有二十代范字，范完时才起下二十代范字，一般是亲支（同宗谱）才使用同一联名，咱这二十代联名是老曹家的一个有文化人起的。此人为谁呢？当时的大孤山曹家是不可能有人作出这五言绝句的，从联名的内容，从书中的描述，在时间、地点上，都表明：符合联名作者条件者只有曹雪芹。曹雪芹作《石头记》的目的之一，就是要和大孤山和岫岩本家连上，此联名也刚好表达了曹雪芹的意愿。

还有一件事，从侧面可以反映出曹雪芹到过大孤山。曹大汉家族早先有“半拉旗”之说，当地老一辈人都知道，这应和曹雪芹来大孤山有关。曹頫和曹雪芹来大孤山时虽然其家已经败落，但是他们的正白旗人身份没有变，对居住在山高皇帝远的边塞海疆的老百姓来说，能看到曾给皇帝当差的内务府官员，而且其家还和王府有亲，自然会惊奇他们竟然是曹大汉的本家人，曹大汉家有“半拉旗”之说就不足为怪了。曹大汉家是山东过来不久的农户,当时在岫岩和大孤山并无旗人宗亲,同官府更无瓜葛,能有该说法,应该是曹雪芹来大孤山写《石头记》所致。

以上,多方面证明了曹雪芹和曹大汉是本家人,书内书外两家事事相连,从而也可以证明"妙语"《石头记》是他在大孤山十年草创而成的史实。

五

关于《石头记》的写作地点,目前,有一种观点有必要澄清:即"北京说"。其主要依据是:曹雪芹家在北京,逝世于北京;和敦诚、敦敏是朋友;脂砚斋评书在北京。凭这三条,说《石头记》是在北京写成,对此,笔者绝不敢苟同。因为,这三条恰恰可以证明《石头记》不是在北京写成。

曹雪芹家在北京是事实,但不能以此认定《石头记》在北京写成。因为,曹雪芹(薛宝琴)在书中说:

"他从小儿见的世面到多,跟他父母四山五岳都走遍了。他父亲是好乐的,各处因有买卖,带着家眷,这一省逛一年,明年又往那一省逛半年,所以天下十停走了有五六停了"。

这就是"大观园"得以诞生的素材来源。"三里半"大即天下五六停,是曹雪芹走遍四山五岳得来的。这里面有两个过程:一是从小在其嗣父曹頫任江宁织造时随同走于地方市埠。二是曹家被抄遣回北京后,待情况有了好转,曹頫主张以小说形式写出曹家百年历史,并有计划地带着曹雪芹探访曹家历代人活动过的地方和祖籍。为了详细地了解他们家的历史渊源和先辈情况,最终他们来到了本家住处大孤山,并决定让曹雪芹留下来完成《石头记》的创作。书中十八回简言点明此事:

"他师父临寂遗言,说他'衣食起居不宜回乡,在此静居,后来自然有你的结果'。所以他竟未回乡"(师父即嗣父曹頫)。

因为大孤山这里极有利于这部涉及世事的书顺利完成。另外,要了解曹锡章(薛宝钗)、曹霖(林黛玉)等先辈事迹,当时这里有曹宗政、曹宗孔哥俩的家人儿女们,他们都是山东登州府宁海州曹家历史情况的活档案随时可以访问(曹家堡曹家人和山东老家一百年前还有联系)。为什么《红楼梦》中薛宝钗、林黛玉、史湘云形象写得正反看都非常生动可信,这和材料来源丰富有一定的关系。原来曹雪芹到大孤山后是准备回北京的，是曹頫主张把他留在了大孤山，靖本四十一回的眉批说明这件事：

“妙玉偏僻处，此所谓‘过洁世同嫌’也。他日瓜州渡口劝惩不哀哉，屈从，红颜固能不枯骨□□□”。

这条批语后半因缺字错乱，红学家们对此解释不尽一样。笔者认为：这是脂砚斋（曹頫）批阅此回时，看妙玉在“栊翠庵”，想起当年情景发出的感叹：一是表明曹雪芹是在一个偏僻处写《石头记》，二是表明曹雪芹在偏僻处写《石头记》是为了避嫌（避朝廷和其亲属嫌）。此批意思是：雪芹于偏僻处写曹家的百年历史即《石头记》，是避朝廷亲属嫌。想当初我从○○渡口回京（此批错漏多，瓜州是否孤山二字的误抄呢？孤山二字竖写字略草一些和瓜州二字几乎一样，当时北京的抄手们是很难知道有孤山渡口一址的，所以写成瓜州极有可能。其次，曹雪芹创作《石头记》时，孤山是一个非常偏僻的地方。而瓜州，即现在的江苏省扬州市瓜州镇，当时就是闻名全国的古镇。另外，靖本原本谁也没见过，这个渡口上面的两字到底是怎么写的，谁也未见真迹。从书里书外的话音，笔者认为是孤山渡口无疑），在渡口，我劝他，为了祖辈遗愿，为纠正曹家宗族身份，为了安全，就留在这荒山僻壤地吧。雪芹是委屈而从之。现此书已成，雪芹委屈太甚，我怎能不为之哀伤呢？可雪芹当初不留在此地，早已作古的先辈们能化成红颜而跃于纸上吗？还会有《石头记》这部小说吗？这条脂批是脂砚斋在北京批的，恰恰是《石头记》不是在北京写成的最直接、最有力的证据。

有人认为，《石头记》在北京写成有敦诚《寄怀曹雪芹·霑》诗为证：

“少陵昔赠曹将军，曾曰：“魏武之子孙”。君又无乃将军后，于今环堵蓬蒿屯。……劝君莫弹食客铗，劝君莫叩富儿门。残杯冷炙有德色，不如著书黄叶村。”

这个黄叶村就是指北京西郊的黄叶村，这种说法有显在的偏颇，所谓黄叶村并非特指地名。王人恩的《“黄叶村”小考》对此阐述得很清楚：

“敦诚诗中的‘黄叶村’显系从王苹诗句来，而王苹诗句盖从苏轼诗而来，王苹、弘皎、法式善诗句均指秋日景色美好的村庄。崔不雕之名‘崔黄叶’与崔晓林之名‘崔黄叶’已泛指美好的景色了，意义有所转移，并不指住所或村居。因此，不论敦诚诗中‘著书’是否即指曹雪芹创作《红楼梦》，仍可以继续探索,然‘黄叶村’指秋日景色美好的村居似可初步确定了。”

敦诚诗意应是依此而来,敦诚当时也是很有文采的诗人,不可能作出意为“不如回家去写书”这样俗气的诗句。其意是赞赏曹雪芹有骨气,虽然贫困连吃饭都有问题,也不愿奴颜卑膝侍权贵,侍候他们还不如行走山村林间吟诗著书。这和当时曹家的背景很相合,当时曹家亲戚为官居多,曹雪芹两个姑姑都是康熙帝指婚嫁给王子为王妃,即使姑姑不在了,其表兄弟亦不少。假如曹雪芹没有骨气走门子求于权贵和亲戚,能在最后几年里写字卖画为生吗?所以,这句诗指曹雪芹在北京西郊的住所不足为凭。再说,曹頫家属遣回北京后,史料证明先是在崇文门外蒜市口居住,何时搬到黄叶村无以为证。

还有人认为,敦诚、敦敏和曹雪芹是多年的朋友,凭他们诗词也可以证明《石头记》是在北京写成。此话差矣,他们是朋友不假,但他们交往的时间是曹雪芹写完《石头记》初稿回北京以后。关于他们交往史料都来自敦诚、敦敏的诗篇,从这里可以看出他们交往的最早时间。敦诚的《四松堂集》收敦诚从乾隆二十二年至四十九年(1757—1784 年)所作的诗,各诗均注明年代,其中和曹雪芹有关的最早一首诗《寄怀曹雪芹·霑》,作于乾隆二十二年(1757 年)。此诗集证明敦诚、敦敏与曹雪芹交往较晚,即使把他们交往时间推到乾隆十九年,也不能说明问题,此年“甲戌本”已经问世。假如敦诚的“不如著书黄叶村”是实指,也只能说明曹雪芹是在增删《石头记》。

他们年龄和曹雪芹相差很大,敦敏小十五岁,敦诚小二十岁。曹雪芹开始写《石头记》时,敦敏十五岁,敦诚十岁,很难想象当时他们之间能有所交往。他们诗中也没有一点信息能说明在曹雪芹写《石头记》时他们之间就认识,更不能说明曹雪芹家当时就在北京西郊黄叶村居住。所以,说黄叶村是《石头记》创作地是没有根据的。

敦诚《挽曹雪芹》一诗中透露,曹雪芹仅有一幼儿,先于他数月殇,为此曹雪芹病倒。其子应不大于十岁,否则不会曰殇。以此我们得知曹雪芹成家很晚,这和曹雪芹在大孤山著书十年有关,说明在大孤山时他并没有成家,而是在《石头记》完稿后,于乾隆十五年(1750 年)以后回北京才成家。

脂砚斋和《石头记》关系非同一般，以前介绍过，他是曹雪芹的嗣父曹頫。现存《石头记》版本最早是甲戌本，乾隆十九年的过录本。甲戌本仅存十六回，前八回不缺，是原样原貌。第一页首题“脂砚斋重评石头记”凡例末诗曰：

“浮生着甚苦奔忙，盛席华筵终散场。悲喜千般同幻渺，古今一梦尽荒唐。

谩言红袖啼痕重，更有情痴抱恨长。字字看来皆是血，十年辛苦不寻常。”

在诗后有“至脂砚斋甲戌抄阅再评仍用石头记”一行批语。以上说明了甲戌本已是第二次抄评，十年著书完成时间是在第一次抄评前，应为乾隆十七年(1752 年)前。在此以前，北京没有《石头记》一点信息，也没有曹雪芹在北京活动的任何蛛丝马迹。如果曹雪芹一直未离开北京，这期间不可能一个朋友没有，也不可能没有资料存世，敦诚、敦敏诗集充分说明了这一点。从著名红学家周汝昌先生的《红楼梦新证》中所考证历史资料看，这期间大都是传闻“逃禅著书”，“寄居亲友撰《石头记》等”，这恰好和曹雪芹在大孤山写《石头记》的时间相合，这些传闻恰好可以证明其当时是不在北京的。

曹雪芹为什么不在北京写《石头记》，其重要原因是避嫌，躲避清朝廷残酷的文字狱。《石头记》写的是曹家百年历史，这个历史和清朝廷紧密相关。书中对康熙、雍正帝描写得活灵活现，一旦走漏了风声，不但《石头记》不存在了，恐怕曹家人早就遭大祸了。有人可能要说:《石头记》写法“一手二牍”当时谁能看懂？此话又错了，《石头记》的隐寓内容当时有两家人都能看懂；一是曹頫及其弟兄。二是曹宜及其后代。曹頫、曹雪芹怕就怕曹宜家里人，从《石头记》中可以看出两家矛盾已趋向白热化，曹宜陷害曹頫已不择手段。如果是在北京，偶尔有其后代串门，透出一点风声，其后果不堪设想。即便就书稿自身而言:《石头记》结构宏大，全书几乎都是用隐语写成，很难想象最初的草稿一点标志、提示和提纲没有，而带有标志、提示和提纲，其危险性可想而知。所以曹頫告诫曹雪芹于偏僻处把书写成后再带回北京，这样大家看到只是一部小说，知道其中有碍语，也无法辨得清。即使这样，当曹雪芹把《石头记》带回北京传抄时，还是被人

看破。有书中(庚辰本)第二十一回批语为证:

"有客题《红楼梦》一律,失其姓氏,惟见其诗意骇警,故录于斯:

'自执金矛又执戈,自相戕戮自张罗。茜纱公子情无限,脂砚先生恨几多。是幻是真空历遍,闲风闲月枉吟哦。情机转得情天破,情不情兮奈我何?'

凡是书题不少,此为绝调。诗句警拔,且深知拟书底里,惜乎失名矣!"。

作此批此诗的两人你清我楚。从诗的口气看是曹宜家中人,简要诗意是:《红楼梦》是曹家自相攻击。曹雪芹书中的宝玉原来的亲情还没有尽,曹頫对我家的憎恨太多了。是真是假已是过去的事,现在说什么也没有用了。既然曹家亲情这层纸已捅破,亲不亲戚你能把我怎样?看来这"和亲"的曹家彻底分裂了。作诗者极可能是曹宜的后代,和曹頫家还有一点联系,否则不能称之为客。看来也没有像曹宜那样坏,只在书上题诗发泄自己的不满情绪。从"诗意骇警"句可以看出脂砚斋还是吓了一跳,试想,当初如果曹雪芹在北京写《石头记》被曹宜发现其中有碍语,《石头记》还能诞生吗?不要说一部书,当时只要在草稿中发现片言只语,曹家将尽没。以当时北京的这种政治气候,曹雪芹还能在北京写《石头记》吗?

六

综上所述:我们完全可以认定《石头记》是在大孤山写成,因为《石头记》本身就是一部史书,这一切书中都有详细的记载,笔者目前的研究所依据的资料已充分证明这个结论,其主要根据简要归纳如下:

(一)曹雪芹家和大孤山曹大汉家是宗族渊源最近的本家人,其同一山东始祖是曹锡章(薛宝钗),有两家家谱为证,曹雪芹家家谱在《石头记》中,即"薛宝琴十首怀古诗"。

(二)《石头记》记录了大孤山曹大汉家当时的状况,记录了曹雪芹和曹大汉之间的关系。记录了曹人汉身材长得特高特大,并以他作为《石头记》伴求标志。

(三)曹雪芹把他到大孤山写《石头记》修家谱的全过程都记录在书中,他的历史原型是薛宝琴,妙玉是他在大孤山十年创作《石头记》的化身。

（四）曹雪芹把大孤山很多景观都收录在《石头记》中，如大孤山、屋脊崖、曹家堡、孤山上庙、摆渡口，这些明显标志足以证明大孤山是《石头记》的诞生地。

（五）曹雪芹在书中留有谶语，此书隐寓的内容一旦人们久解不开，最终其"亲宗"会通过岫烟"伴求"而解。此谶今天完全应验，《石头记》中十五个未有谜底的千古奇谜，已全部解开（五个暂未公布）。

以上材料证明：由于大孤山曹大汉家和曹雪芹家的"亲宗"关系，由于大孤山当时偏僻荒漠的环境，才使得《石头记》在大孤山的曹家堡和大孤山上庙历时十年顺利写成。曹雪芹回到北京后，主要是对《石头记》进行修改增删。实际上曹雪芹创作《石头记》共经历了三个阶段；收集资料阶段（包括《风月宝鉴》创作时间），十年创作阶段，十余年修改增补阶段。曹雪芹为它献出了毕生的精力。

曹雪芹不愧是伟大的文学家、思想家、诗人。他的"妙语"《石头记》是人类社会的奇迹，他把中国文字运用水平推到了顶峰，开创了世界文学史上独一无二的融小说、史实和文体论述于一体的写作形式；《石头记》作为载体形式的小说已经达到了无与伦比的文学艺术高峰，载体中"妙语"写成的历史和解读手法更是鬼斧神工。这些都是曹雪芹在大孤山的天才创造，它可以向全世界宣告：中华文化是全人类最有魅力、最优秀的文化。

今天，《红楼梦》已走向世界，它是全人类共同的财富。现在海内外的红学研究群体正在蓬勃发展，作为中国人，更有责任做出应有的贡献。正如著名红学家胡文彬先生所说：

"中国是曹雪芹和《红楼梦》的诞生地，我们有责任在资料搜集和各项研究中做出有益的贡献。事实表明，我们已经有了许多可贵的研究成果，但还需要努力，做出的贡献越多越好。"（《红学的历史形成及其研究》）

作为《红楼梦》诞生地的辽宁省东港市大孤山人，我们更应该做好这项工作，这是中华民族赋予我们的历史使命。

我们可以告慰曹雪芹的是，你的愿望已经开始实现了，《红楼梦》"解味"钥匙已被更多人掌握，这部千古奇书已经开始拂去那神秘的面纱，《石头记》的全部真事将大白于天下，大孤山将永远传颂着"红楼梦"的故事！

附录:

曹雪芹家和曹大汉家及曹宜家之间的宗族关系

曹锡章(远)

曹雲 曹元龙 曹岱 曹宗孔 曹積(曹大汉)

曹霖 曹文龙 曹 峦(玺)曹寅 曹宣 曹颙 曹頫 曹雪芹

曹世选 曹振彦 曹尔正 曹宜 曹颀

注:曹雪芹是曹操、曹丕、曹髦的后裔。曹玺是曹振彦的养子。曹頫是康熙旨意过继给其伯父曹寅为嗣。

曹宜是曹彬的后裔。曹尔正才是曹振彦的亲生儿子。

本文于2001年刊登在《东港市报》。2006年5月30日修改。

第二节　《红楼梦》的摇篮——大孤山(下篇)

一、《石头记》书名缘起

《红楼梦》原名《石头记》，初稿于乾隆十五年(1750年)完成。脂砚斋初评《石头记》应在乾隆十六年以后，史料记载最早的抄本是《脂砚斋重评石头记》，因附有脂砚斋的评语，故名，红学界称"甲戌本"(乾隆十九年抄本)。甲辰本为乾隆四十九年(1784)的写本，又称梦觉主人序本。此本开始题为《红楼梦》，在此以前该书都题为《石头记》，此后《红楼梦》便取代《石头记》成为通行的书名。我们今天见到的最早抄本是《脂砚斋重评石头记》，书中提及的书名还有《情僧录》《风月宝鉴》《金陵十二钗》。因《石头记》写作手法是"一手二牍"，所以不能确定这些书名的真实性。但《石头记》前有《风月宝鉴》一书，乃有实证，见书中脂砚斋的批语：

"空空道人听如此说，思忖半晌，将《石头记》【甲戌侧批：本名】检阅一遍……方从头至尾抄录回来，问世传奇。从此空空道人因空见色，由色生情，传情入色，自色悟空，遂易名为情僧，改《石头记》为《情僧录》。至吴玉峰题曰《红楼梦》。东鲁孔梅溪则题曰《风月宝鉴》【甲戌眉批：雪芹旧有《风月宝鉴》之书，乃其弟棠村序也。今棠村已逝，余睹新怀旧，故仍因之】。后因曹雪芹于悼红轩中披阅十载，增删五次，纂成目录，分出章回，则题曰《金陵十二钗》。至脂砚斋甲戌抄阅再评，仍用《石头记》。"

脂砚斋说：《石头记》是这部书的本名，又说，雪芹旧有《风月宝鉴》之书。显然《风月宝鉴》存在于曹雪芹"披阅十载"之前，是《石头记》最初形态。

曹雪芹为什么不用《风月宝鉴》，而用《石头记》作为书名呢？这里大有文章。脂砚斋开始不知道曹雪芹不用《风月宝鉴》这个书名了，而是看到《石头记》这部书后，才知道曹雪芹用了新的书名，《风月宝鉴》书名弃之不用了。脂砚斋对此很伤感，其伤感的原因有两点：

一是，这部小说写作方法是他设计的，前文已经说过此事。《石头记》这部书中详细地描写了脂砚斋设计这部书的情景(《王熙凤"解味"》一文有详尽介绍)。就此,可以断定原来的书名《风月宝鉴》是脂砚斋起的。现在,这个书名不用了,脂砚斋虽然有些舍不得,但又觉得《石头记》之名符合书的宗旨,不能更改。

二是,原书是他设计,曹雪芹著,棠村作序,由此想起了棠村。如今新的书名确立,说明了新书《石头记》的写作手法和构思相对于《风月宝鉴》有了很大的变化,棠村作的序言已经不能在新书上用了,再写,人已经不在了,因而伤感。

也说明了曹雪芹其弟棠村是脂砚斋(曹頫)的儿子,否则,不能有此批语。更说明《石头记》是曹雪芹自己起的书名。曹雪芹为什么会产生这样的灵感,重新再造《风月宝鉴》呢? 其历史缘由前文已经阐明:《石头记》是曹雪芹在辽宁东港市大孤山批阅十载写成,这是《石头记》取代《风月宝鉴》书名的关键所在。通过该条脂批的探索,可以确定《石头记》不是在北京写的。如果是在北京写的,曹雪芹要重起书名,定能和脂砚斋商量,脂砚斋也可以在曹雪芹写作过程中进行批改,其批语会早在书上了,重评《石头记》抄本不会在乾隆十七年(1752 年)以后出现,定能有更早的脂评抄本问世,棠村也可能有新的序言在上,这条批语将不会出现。

书中有大量文字证明《石头记》不是在北京写的,以书中二十七回李纨和凤姐说话为例,凤姐笑道:

“怨不得你不懂,这是四五门子的话呢。”说着又向红玉笑道:“好孩子,难为你说的齐全。别像他们扭扭捏捏的蚊子似的。【庚辰侧批:写死假斯文。】嫂子不知道,如今除了我随手使的几个人之外,我就怕和人说话。他们必定把一句话拉长了作两三截儿,咬文咬字,拿着腔儿,哼哼唧唧的,急的我冒火,他们那里知道! 先时我们平儿也是这么着,我就问着他:难道必定装蚊子哼哼就是美人了?【庚辰侧批:贬杀,骂杀。】说了几遭才好些儿了。”李宫裁笑道:“都像你泼皮破落户才好。”

这段文字可以证明《风月宝鉴》不是在北京写的,脂砚斋评《风月宝鉴》时的风格和评《石头记》的风格完全不同。平儿是谁?《王熙凤“解味”》一文已经说明,平儿——评儿,乃曹頫评儿之书写在书中评语的化身。“平儿”就是王熙凤,也是曹頫。“先时我们平儿也是这么着,我就问着他:难道必定装蚊子哼哼就是美人了?”这句话,我们可以看出脂砚斋评

《风月宝鉴》时也想显示自己的文采，咬文咬字，拿腔作式，哼哼唧唧的，把评语写得很长。这里说明了两个问题：一是证明《风月宝鉴》是在北京写的。曹頫有时间把评语写得很长，这个时间哪来的？只能说明曹雪芹一边写他一边评，写书创作者费力气，而且每个章回不是一稿就能搞定的。评书者须等曹雪芹写完草稿后再用纸抄写，两者之间有很大的时间差。曹頫抄完正文以后没有事干，可以尽情地发表自己的意见，所以，上面例举的脂批证明了《风月宝鉴》上有很多很长的评语。二是证明《石头记》不是在北京写的。第一，曹頫在《风月宝鉴》上的评语有的已经改编成了正文。曹雪芹写作手法发挥得更好了，把历史史实隐寓得更深、更巧妙，无法下笔评的地方太多了，弄不好可能"点金成铁"，"十首怀古诗"没有评语就是明证。第二，如果《风月宝鉴》上没有曹頫大量的评语，《石头记》就不可能有平儿这个人物，这可以说是佐证。第三，曹雪芹把《石头记》从大孤山带回北京时已经完稿了，脂批点出八十回以后的回目和情节可以证明这个说法。可以想象得出，一百多回用毛笔写的书那得有多少册啊？一下子堆在曹頫面前，看和抄还来不及呢，还有"咬文咬字"拿腔捏调的闲工夫吗？第四，曹頫最开始批《风月宝鉴》时，可能批语写得比曹雪芹正文的字还要多，曹雪芹因此说过他，在《风月宝鉴》后期的批阅中他可能改了这个毛病，所以曹雪芹把此事写进了《石头记》中。曹雪芹是乾隆十五年(1750 年)回的北京，甲戌本为再评本，乾隆十九年(1754 年)完成。从时间上看，脂砚斋差不多两年抄评一次，这是合乎当时用毛笔连抄带评用的时间，也证明曹雪芹是写完了《石头记》的。因为四年中曹頫抄了两遍，如果《石头记》没有完稿，不可能在这么短的时间内连抄两遍，书名也不可能直书《脂砚斋重评石头记》。

有什么根据《石头记》书名和大孤山存在丝缕关系呢？此事还得从曹雪芹来大孤山的缘由说起：

前文把曹大汉和曹雪芹的关系已经说明，曹雪芹和曹大汉是同宗谱的本家叔侄关系。《石头记》中，关于这两家的亲宗(秦钟)关系表述得很清晰。曹頫为了把曹家的百年历史准确地记录下来，尤其是曹玺以上先人的历史能否真实地记录在书中，是曹家回归曹髦宗族上去的一个基本条件。为了促成这个条件，曹頫决定带曹雪芹亲自到曹家真正的祖籍去探访本家族亲。由于和曹雪芹家同一宗谱的本家族亲已经不在曹玺记忆中的故地居住了,他们已从山东宁海州迁徙到了当时的岫岩、大孤山居住。因此,曹頫带曹雪芹来到了岫岩他们本家族亲的居住地,终于找到了他们要见到的曹宗政、曹宗孔哥俩(曹寅同辈)的家人,这是《风月宝鉴》变成《石头记》初始原因。

曹雪芹在岫岩、大孤山他们本家那里,获得了大量曹家先人的历史情况,为塑造薛宝钗、林黛玉收集到了丰富的资料。因为这些有利的因素,加上岫岩、大孤山地理偏僻,属于山高皇帝远的沿海、沿边小镇,是"政治风"刮不到的地方,非常适合写《风月宝鉴》这种不仅涉及朝廷,而且还在隐寓中直接丑化清廷两朝皇帝的书籍。为了躲避"文字狱"之祸,曹頫把曹雪芹留了下来,他回到了北京。笔者在上篇文章已经详细阐述了曹雪芹在大孤山著书十年的原因和有关情况,这十年是《风月宝鉴》最终成为《石头记》的根本所在。

曹雪芹在大孤山历时十年把书写成回到北京,曹雪芹把写成的书稿放到曹頫面前时,书名已经不是《风月宝鉴》了,而是《石头记》。曹頫虽然伤感但同意重起的书名,因为《石头记》写得太奇妙了,已经超越他当时的设想。所以,再评时"仍因之"。

曹雪芹为什么用《石头记》作书名,他是从何处想来的呢?笔者认为是受大孤山地理文化的影响。大孤山西部山崖上,有自然形成的石人,这石人的传说自古有之,现在依然盛传不衰。孤山文化馆馆长著的《民间俗闻稗考》中,有 1961 年收集的石人传说(口述人杨奎文,女,是年 96 岁,四年文化)故事:

古时候,大孤山南边海中有一大岛,叫大鹿岛。岛上住着一个老奶奶和孙子刘铁。刘铁十五岁那年,一年未下雨,旱得地裂山枯。一天,刘铁到山上拾柴,发现一条石缝里有一簇青草,青绿茂盛,而外边草木皆枯,刘铁好奇拔了出来。只见草根下有一块寸八的小石头,光滑亮晶晶的石面上挂满了小水珠。刘铁把这奇石拿在手中,边走边玩弄。到了村口,两个南边人发现了他手中的石头,其中高个那人要买。刘铁藏个心眼,假装先问奶奶,躲在门后听这两个人说话。这时高对矮的说:伙计,只要买到这块宝石,找龙王爷要什么有什么。矮的问:宝石怎么用。高个考虑宝石马上到手了告诉他也无妨：把这石头拴上一丈长红线，扔到海里，海水即干涸，龙王的金银财宝全是咱们的了。刘铁听到他们的话后，出来告诉他们不卖了。他把此事告诉了奶奶，奶奶让他去找龙王。并叮嘱他：小铁，见了龙王爷什么也别要，只要三尺甘露雨，救救咱们这一方生灵就行了。刘铁到了海里龙宫，见到龙王说了奶奶的话。老龙王让小龙孙带着“行雨带”，到了陆地下了三个时辰雨，浇灌了久旱的土地。临走时老龙王赠给刘铁五箱金银珠宝，刘铁没有要，只要一只小花猫带回家。小花猫是龙王的第三个女儿，因触犯龙宫规矩，被贬为花猫。到家后刘铁不在家时，花猫现形成一个美貌的女子，做饭打扫房屋。久之，被刘铁发现，龙女说：你把那猫皮藏起来，我们可结为夫妻。刘铁藏之。一天，奶奶发现了小花猫皮，以为小花猫已死，便烧了。原来猫皮是龙宫镇宫之宝，龙王以此知道女儿嫁给了刘铁便大发雷霆，海水向田地山野涌来。龙女见状，从头上拔下了一只金钗向海里一划，变成了一排大山挡住了海水。刘铁背起奶奶往山上跑，回头一看，龙女已经不见了。刘铁呼唤龙女的名字，扶着奶奶向海水走去，海水避之。他们一直走到现在大孤山“石人”这个山坡上，奶奶累坏了，刘铁扶着奶奶坐在岩石上睡着了，再也没有醒过来。

这是大孤山“石人”的传说。再看《石头记》对石头的描写：

原来女娲氏炼石补天之时，于大荒山无稽崖练成高经十二丈、方经二十四丈、顽石三万六千五百零一块。娲皇氏只用了三万六千五百块，只单单的剩了一块未用，便弃在此山青埂峰下。谁知此石自经煅炼之后，灵性已通，因见众石俱得补天，独自己无材不堪入选，遂自怨自叹，日夜悲号惭愧。

一日，正当嗟悼之际，俄见一僧一道远远而来，生得骨格不凡，丰神迥别，说笑笑来至峰下，坐于石边高谈快论。先是说些云山雾海神仙玄幻之事，后便说到红尘中荣华富贵。此石听了，不觉打动凡心，也想要到人间去享一享这荣华富贵……那僧便念咒书符，大展幻术，将一块大石登时变成一块鲜明莹洁的美玉，且又缩成扇坠大小的可佩可拿。那僧托于掌上，笑道：“形体倒也是个宝物了！”

那僧笑道：“此事说来好笑，竟是千古未闻的罕事。只因西方灵河岸上三生石畔，有绛珠草一株，时有赤瑕宫神瑛侍者，日以甘露灌溉，这绛珠草便得久延岁月。后来既受天地精华,复得雨露滋养,遂得脱却草胎木质,得换人形,仅修成个女体,终日游于离恨天外,饥则食蜜青果为膳,渴则饮灌愁海水为汤。只因尚未酬报灌溉之德,故其五内便郁结着一段缠绵不尽之意。恰近日这神瑛侍者凡心偶炽,乘此昌明太平朝世,意欲下凡造历幻缘,已在警幻仙子案前挂了号。警幻亦曾问及灌溉之情未偿,趁此倒可了结的。那绛珠仙子道:"他是甘露之惠,我并无此水可还。他既下世为人,我也去下世为人,但把我一生所有的眼泪还他,也偿还得过他了。"因此一事,就勾出多少风流冤家来,陪他们去了结此案。"

笔者在上篇已经阐明:《石头记》是曹雪芹在清朝乾隆年间当时隶属岫岩的大孤山写成(今辽宁省东港市大孤山),三万六千五百块石头代表曹家一百年历史。这里不再复述。

上述的大孤山的"石人"传说和《石头记》开篇中石头"成精"的介绍,不用细说,大家都能看出故事的相像之处。大家也会说,中国有石人传说的地方多着呢?如何单单和大孤山有关系呢?这正是笔者要说的问题:也许是冥冥中受某种宿命的驱使,通过多年的阅读和探索,笔者已经清楚看到曹雪芹在《石头记》中述说自已在大孤山写《石头记》的情景。把曹雪芹在大孤山创作《石头记》的原始情况还原,已经成为笔者的义不容辞的使命。从一部作品的诞生和其写作环境的关系上说,根据上述情况,笔者认定:《石头记》这段开篇的形成和大孤山的"石人"传说有着密切关联,曹雪芹正是借鉴了大孤山的这个石人传说,创作了开篇的这段石头下凡故事。曹雪芹在大孤山达十年之久,不可能不到"名胜古迹"看一看。一般游人到一个新地方,对名胜古迹都是先睹为快,何况曹雪芹在大孤山待的时间那么长,大孤山还有他没去过的地方吗?为了证明这一点,我们可以比较《石头记》借鉴的具体痕迹:

孤山石人传说——

1. 石人。

2. 光滑亮晶晶寸八小白,宝石。

3. 一高一矮。

4. 一簇青草。

5. 只要三尺甘露雨。

6. 三个时辰雨，浇灌了久旱的土地。

7. 海水即干。

8. 人变成“石人”。

9. 花猫变成一女子。

《石头记》开篇——

1. 大石(顽石)人语。

2. 鲜明莹洁的美玉，缩成扇坠大小。

3. 一僧一道。

4. 绛珠草一株。

5. 复得雨露滋养。

6. 时有赤瑕宫神瑛侍者，日以甘露灌溉。

7. 渴则饮灌愁海水为汤。

8. 石变成“人”。

9. 绛珠草修成个女体。

二者如此相似，应该不是一种没来由的巧合吧？假如曹雪芹根本就没到过大孤山，二者的相似也算是巧合。但《石头记》书中却实录了曹雪芹在大孤山著书的全过程，就此完全可以认定《石头记》开篇的这段“石头下凡”的故事正是借鉴了大孤山的“石人”传说。因为触景生情、见物思人往往可以使人的第一感观留下深刻印象，这种印象必定要成为写作构思的源泉。石人的传说，是大孤山民间代代传颂的故事。尤其是“石人”传说的讲述人，1961 年为 96 岁，她知道和讲述这个故事的时间都已经很久远了，越久远越能说明曹雪芹在大孤山游历的时候，这个传说故事已经在广泛流传了，曹雪芹对其当然不会充耳不闻的。

大孤山的“石人”传说故事与《石头记》开篇对“石头”下凡的描述如此相像，足以证明曹雪芹就是受其启发，并重新设计了原书《风月宝鉴》的结构，改写了内容。因此，进一步也可以说《石头记》的书名，也是受大孤山“石人”传说的启发而产生的。

当前红学界有一种说法：《石头记》的书名源于南京，南京俗称“石头城”，所以《红楼梦》原名叫《石头记》。其实，这种说法没有一点根据，没有任何资料证明曹雪芹是在南京写《石头记》的。这种说法忽视了一个重要的问题:《石头记》的前身并不叫《红楼梦》,而名为《风月宝鉴》。如果真的是借鉴了南京“石头城”的俗称,为什么当初不直接叫作《石头记》呢?《风月宝鉴》创作之初,曹雪芹和曹頫从江南回北京不过十余年,对江南风物景象可谓娴熟于心,尤其南京是自家的故地,曹雪芹能想不到吗?岂有《风月宝鉴》完成后,才想起来要借鉴“石头城”的称谓,把《风月宝鉴》书名换成《石头记》呢?显然这也太小看曹雪芹的智力了。上篇已经说明曹雪芹在大孤山写《石头记》达十年之久,目的就是把《风月宝鉴》改写成《石头记》,这个改写过程耗费了他最美好的青春。一个人的创作与其经历和其生活环境有直接的关系,曹雪芹创作时印象最深的环境,从什么角度去看也不可能是南京。北京虽然有一定瓜葛,但也只是《石头记》面世前后的事了。此前,曹雪芹在北京写成了《风月宝鉴》,此后,《石头记》在北京传抄。上篇已经说明,曹雪芹在大孤山写《石头记》时,北京没有他任何活动交往记录。南京就不用说了,连北京那样的资料都没有,何况南京?《石头记》书名源于南京无论如何是说不通的。随着研究的深入,《石头记》是在大孤山诞生的这一观点,将进一步被证明,《石头记》之名,是大孤山赋予曹雪芹灵感而产生的,大孤山是《石头记》诞生的摇篮。

二、宝玉也是大孤山的创造

大孤山的石人传说故事,奠定了《石头记》的前身《风月宝鉴》二度创作的基础。笔者认为传说故事中的那块宝石,就是激活曹雪芹设计宝玉这个人物形象的最初的思想火花;再加之岫岩盛产玉石自古闻名,这些都足以激发出曹雪芹的创作灵感,促使其感悟天地灵蕴,调动其创作智慧的高度发挥——从而合女娲拈自然之土造人的传说与大孤山石人的传说于一体,坯孕、镜像合成了宝玉这样一个灵光四射、熠熠生辉的人物。由此,笔者认为:大孤山的石人传说故事,是促成宝玉这一人物形象问世的基础和渊薮,也是《风月宝鉴》中的人物脱胎成《石头记》中的人物的最初起因。

般小说家认为贾宝玉是以作者本人为原型塑造而成,其身有作者的影子,自然而然地把宝玉看成曹雪芹的化身,这样的观点用在《红楼梦》上显然是错误的。他们把四月二十六日看成宝玉的生日或曹雪芹的生日,又说不出任何道理来,为此,红学界争论不休。实际上,曹雪芹的写作手法是现今小说家所不可比拟的；如果说从书中一些关键的描写上可以找出曹雪芹的生日来，但也绝不是想象得那样简单直白。关于曹雪芹生日的具体时间将另文公布，以飨广大红迷。这里，先看看书中四月二十六日是个什么日子：

第二十七回“滴翠亭杨妃戏彩蝶，埋香冢飞燕泣残红”中说：

“至次日乃是四月二十六日，原来这日未时交芒种节。尚古风俗：凡交芒种节的这日，都要设摆各色礼物，祭饯花神，言芒种一过，便是夏日了，众花皆卸，花神退位，【庚辰侧批：无论事之有无，看去有理。】须要饯行。”

二十七回写大观园女儿们在芒种节祭饯花神，这一天，又特意点明是四月二十六日芒种节。据悉，我国没有祭饯花神的风俗，这是作者的杜撰。曹雪芹为什么这样写呢？这是《石头记》“一手二牍”写作特点决定的，我们先看二牍的基本意思。前几篇文章已经阐明：宝玉是石头，并没有什么具体的出生时间，石头记事乃碑文，宝玉本质是《石头记》，宝玉的生日也是《石头记》诞生的时间。这个时间怎么确定呢？很多读者把书中人物明写的生日时间当成历史人物的生日去理解，读小说可以，解读《红楼梦》文本的真正内蕴则差之毫厘、失之千里了。二十七回书中说了一个关键日子：四月二十六日。先看这是什么日子：

1.“祭饯花神”表面有花开花落、收花结种之意。实际是祭奠祖先和传宗接代生子之意。

2. 四月，曹雪芹构思对应惜春的身份；如元春生日为元月初一，表曹髦宗族的第一个二十代范世周期的始祖；迎春为二月十二为第二个范世周期，十二为第十二代即曹髦后裔第三十二代人，应该是曹霸，没有考证先记录于此；探春为三月初三是第三个范世周期，这个周期少记录了三代人，没有范完；惜春当然是四月，二十六日代表曹家第四个范世二十代周期，其中六字表明这二十代的第六代人，到了这代也许有人能破译《红楼梦》。

3. 二十六日（这个日子有好几个解释，有人可能怀疑，其实这是绝妙的“影伙从”表现方式）这日正值芒种节，意谓祭奠先人、续接宗谱。这是曹雪芹希望曹家几位先辈都能接续到“探春”的宗谱上，能随着“惜春”的宗谱延续下去,“忙宗接”(芒种节,详见《曹雪芹的诞辰》一文)即此意。因为,过了芒种便是夏日了,即过了芒种后下个节气是夏至,夏日乃指夏至日,其义——“下支人”。曹雪芹原意:我写《石头记》的时候,是“探春”即曹家第三个范世的末期,《石头记》写完时曹家已经进入“惜春”时期。虽然惜春和探春头尾紧密相连,但惜春范世的后人们毕竟属于下一支人了,关系较远了。即使这样,也希望“惜春”范世周期的这二十代人能把曹家的宗祀传承下去,希望他们中间有人能明白我写“忙宗接”的真正目的。这里,且看曹雪芹在这回书里是怎样“忙宗接”的:

首先是把曹雪芹、曹大汉两家共同的山东始祖曹锡章(薛宝钗)补到曹家家谱里,这个话题在《石头记》中是主要话题之一。脂砚斋的批语:“再三再四”就是告诉我们这是重要的话题。怕后世读者看不懂,这样的话题曹雪芹多次用故事的形式予以叙述。曹锡章的话题更是这样:曹锡章在曹雪芹家当时的家谱上是用曹锡远顶名,现在就要把这个远字去掉换上章字,补到自己家的户牒上(扑蝴蝶)。同时提醒曹家人和亲宗后代及晓红(小红)之人,不能忘了曹霖(黛玉)。因为,曹霖是曹锡章的儿子,二十七回书中说宝钗扑蝶,小红并没有看到曹霖(黛玉在此还有意图,见《曹雪芹的诞辰》一文)。为了避免曹霖(林黛玉)“一朝春尽红颜老,花落人亡两不知!”因此,要确立曹雪芹家真正的始祖曹锡章地位,曹霖(黛玉)才能回到曹家宗谱上去,晓红之人才能正确认识“忙宗接”的本义,认识宝玉。

那么,四月二十六日到底是谁的诞辰呢?我们从二十九回书中可以看出端倪:

“张道士笑道:‘托老太太万福万寿,小道也还康健。别的倒罢,只记挂着哥儿,一向身上好?前日四月二十六日,我这里做遮天大王的圣诞。’”

书中明表四月二十六日是遮天大王的圣诞。有人认为遮天大王圣诞是宝玉的诞辰,还有人认为是曹雪芹的诞辰,这些说法都是臆测之辞,谁也没有从书中解读出规范的二牍的历史史实。笔者可以肯定地说:“遮天大王”既代表宝玉又不完全代表宝玉,“遮天大王”的生日既是他的生日又不是他的生日。笔者深知四月二十六日的底里:曹雪芹用一手二牍的艺术手法，创作了《石头记》及主人公宝玉，宝玉是曹雪芹所塑造，真正的遮天大王不可否认就是曹雪芹（见《曹雪芹的诞辰》一文）。那么，四月二十六日是宝玉诞生的具体时间吗？这个问题暂且留着，下面继续探讨宝玉在六十二、六十三回书中过生日的情景。宝玉的生日，书中字面上自始至终没有明说具体日子，但描述其过生日的文字篇幅却大而详细：

第六十二回“憨湘云醉眠芍药裀，呆香菱情解石榴裙”（白天）

第六十三回“寿怡红群芳开夜宴，死金丹独艳理亲丧”（晚上）

这两回描写了宝玉过生日的全过程，一般读者看不出这里的蹊跷，对此，笔者也不想在这里泛泛地谈。我们先看六十二回书中对宝玉过生日的那天白天发生的事是怎样描述的：

“当下又值宝玉生日已到，原来宝琴也是这日，二人相同。袭人笑道：‘这是他来给你拜寿。今儿也是他的生日，你也该给他拜寿。’宝玉听了，喜的忙作下揖去，说：‘原来今儿也是姐姐的芳诞。’平儿还万福不迭。湘云拉宝琴岫烟说：‘你们四个人对拜寿，直拜一天才是。’探春忙问：‘原来邢妹妹也是今儿？我怎么就忘了。’探春等方回来。终久让宝琴岫烟二人在上，平儿面西坐，宝玉面东坐。探春又接了鸳鸯来，二人并肩对面相陪。西边一桌，宝钗黛玉湘云迎春惜春，一面又拉了香菱玉钏儿二人打横。三桌上，尤氏李纨又拉了袭人彩云陪坐。四桌上便是紫鹃、莺儿、晴雯、小螺、司棋等人围坐。当下探春等还要把盏，宝琴等四人都说：‘这一闹，一日都坐不成了。’方才罢了。两个女先儿要弹词上寿，众人都说：‘我们没人要听那些野话，你厅上去说给姨太太解闷儿去罢。’一面又将各色吃食拣了，命人送与薛姨妈去。”

本来是宝玉生日，引出来个宝琴。接着袭人引出了平儿，湘云引出岫烟。这是宝玉过生日吗？我们先解读这几个人物的“本质”：宝玉——石头——《石头记》。宝琴——曹雪芹。平儿——脂砚斋（曹頫评儿之语）批语。岫烟——曹大汉（曹積）。其他三人就不必细说了。为什么湘云引出岫烟？因为湘云就是曹雲，是岫烟——曹大汉嫡系始祖。这个生日明显不是宝玉个人的生日，而是四个人的生日。分析这个生日我们可以看出，不但是宝玉即《石头记》的生日，更是曹雪芹的化身薛宝琴的诞辰。同时，也是脂砚斋评语的身份证明——平儿的生日，也是曹大汉的化身邢岫烟的生日。这就有问题了,宝玉过生日为什么牵扯出三个人,他们和宝玉有哪些因缘关系呢?

我们再仔细研究六十二回书,看看到底都谁在过生日:前文已表,探春——曹雪芹家即曹髦族系第三个二十代范世标志,当然的主持人。曹雪芹、曹大汉都是探春末世人,他们分别是宝琴和岫烟的原型,是历史上的真实人物。而曹雪芹认识曹大汉是在到了岫岩、大孤山之后,他们住在一起,曹大汉帮助曹雪芹了解了大孤山及曹家的历史。也就是说,在《石头记》诞生的同时,有两个和它相伴成长的活生生的人,即作者曹雪芹和看着作者写作的人曹大汉。这就是《石头记》得以诞生的最原始的史实形态。为此,书中安排薛宝琴(曹雪芹)和邢岫烟(曹大汉)坐了正座。当《石头记》的框架构思正式形成后,才有了宝玉的人物形态。平儿指代的是《风月宝鉴》中曹頫的批语,曹雪芹是带着《风月宝鉴》来到大孤山的,书中既有其弟棠村的序也有其嗣父曹頫的评语;而且,他把嗣父作评的行为也写进了《石头记》中。就此,用"一手二牍"的文法来看宝玉的生日场面,实际上出现在这生日场面里的只有曹雪芹(薛宝琴)和曹大汉(邢岫烟)两个人。至此,六十二回书中所写的宝玉过生日,到底是谁在过生日?过什么生日?应该说是基本清楚了。实际上就曹雪芹在过生日,曹大汉作陪祝贺。至此,《石头记》在何处诞生的问题就十分清晰明了了。请看下面一段文字:

"两个女先儿要弹词上寿,众人都说:'我们没人要听那些野话,你厅上去说给姨太太解闷儿去罢。'"

这是解读这个场面的重要提示,撵走两个说书——讲故事的,点明上面说的是历史史实,不是平常说的故事。这就是《石头记》文法:表面是小说文字;文字底下实写历史加解读提示。

宝玉过生日当天的场合,宝钗、黛玉、湘云、探春、迎春、惜春都参加了,至此,证明了《风月宝鉴》中没有这些人名即人物的形象。曹雪芹到大孤山知道了曹家真正历史后,把曹家先人曹锡章(宝钗)、曹霖(黛玉)、曹雲(湘云)塑造成窈窕淑女的形象活跃在《石头记》中。由于曹雪芹了解了曹家的全部历史,知道了曹家曹髦后裔的范世规律,到曹雪芹这代人已经是曹家第三个二十代范世的末世人,第四个范世也开始形成,为此,曹雪芹在《石头记》中塑造了代表曹家宗族四个范世周期的人物形象：元春、迎春、探春、惜春。当脱胎于《风月宝鉴》的《石头记》之结构内容确立后，他们的形象便随之鲜活多彩地活跃在书中了。这样他们也就可以顺理成章地坐陪于宝玉的生日宴上。一般读者都以为他们是青春少女，这完全是出于对脂砚斋所谓“红颜固能不枯骨□□□”的真实含义的误解。而生日宴上贾母（曹玺）没有到场，恰好表明了，贾母在《风月宝鉴》中贾家的家长身份，当初曹頫就是这么设计的。贾母在《石头记》中这个身份没有改变仍然是老祖宗，她身下辈分人是正写，她身上辈分人是倒写。不管怎么写，你能看懂《石头记》，就能顺畅看出她们的身份和言谈的口吻。还有薛姨妈（曹寅）、王夫人（曹宣）都是《风月宝鉴》中原有的人物。只是薛姨妈的名字有所改动，否则，书中不能这样表述：“一面又将各色吃食拣了，命人送与薛姨妈去”。

宝玉生日王熙凤没有参加，是说《石头记》诞生的过程中（脂砚斋——曹頫）没有在场。王熙凤不管在《石头记》还是在《风月宝鉴》中都是主角，按理她应该在这个生日宴会上，曹雪芹不把她写进宝玉生日的一个重要原因上面已经说过，她（脂砚斋——曹頫）自己先从大孤山回到北京，没有现场参与写《石头记》这部书的评语。另外，当时交通闭塞、通信困难，尤其是大孤山这样偏僻的小地方，通信更加困难。曹雪芹不可能和他经常沟通，写的草稿不可能寄到北京叫他（脂砚斋——曹頫）批改后再寄回来。当他知道书名是《石头记》时，书已经成了，而且比《风月宝鉴》好了不知多少倍。因此，我们通过宝玉生日，即在《石头记》中产生的人物可以证明：《石头记》书名是曹雪芹在大孤山酝酿确定的。同时说明《风月宝鉴》是王熙凤（曹頫——脂砚斋）设计的，书名是他起的。原书《风月宝鉴》的核心章节（见《王熙凤“解味”》一文），也成为《石头记》中最重要的解读篇章。

六十三回书中，怡红院开夜宴，表面是宝玉大庆的日子；宝玉经过曹雪芹十年的奋斗终于圆满地诞生了。实际上表明：没有曹雪芹的诞生就没有宝玉即《石头记》的诞生，曹雪芹看着自己作品怎能不感慨呢？他写的生日夜宴场景，一是为了《石头记》的完稿，二是为了突出自己的生辰。面对《石头记》和《石头记》中的先人，感慨万千，让大家明白自己也是这一天生日。夜宴中平儿、惜春、岫烟（曹大汉）没有参加，仅宝琴（曹雪芹）参加了宝玉举行的夜宴,更说明了这是曹雪芹的诞辰,也是《石头记》在大孤山完稿的时间。《石头记》的完稿,曹家历史人物在书中都有了自己的位置。其实,宝玉的这个生日夜宴,在场的只有曹雪芹自己和一部写好的《石头记》。因曹雪芹的诞生,《石头记》才得以诞生,《石头记》的诞生也说明《风月宝鉴》完全脱胎成为《石头记》。

以上所述,是书中"二牍"展示的真实意思,其最重要的信息是:在宝玉生日场面上实际上只有两个人——曹雪芹(薛宝琴)和曹大汉(邢岫烟),曹大汉是坐陪祝贺,这是曹雪芹有意表明宝玉——《石头记》是在大孤山诞生的。

三、大孤山的地貌风物给了曹雪芹创作的灵感,也给了读者解读的灵感

文学创作离不开实践和感悟,亲身历练和亲眼看到的东西是感悟和创作的源泉。曹雪芹来到大孤山这个风水宝地,这个富有诗意的地方,听到的、看到的无不和他的创作息息相关:至东向西,远眺大孤山犹如巨鳌奔向大海,巨鳌头顶观音庵。北坡,巨大的观天大佛仰卧山峦;东坡中,三块石隐约可见;山脚下,大洋河像一条玉带绕山向西南而去。依南北望:驼峰下古刹隐约错落,满山树木苍翠青碧,民房沿山脚排开,两个渡口东西相望。这样的一派诗情画意景象,能不叠印在曹雪芹的心中、生动鲜活在纸上吗?

曹雪芹能够得以在"栊翠庵"(孤山上庙)、"芦雪厂"(曹家堡)完成了妙语(妙玉)《石头记》的创作,无不与大自然造就的鬼斧神工的环境息息相关。请看《石头记》开篇的一段描述:

"……那僧笑道:'此事说来好笑,竟是千古未闻的罕事。只因西方灵河岸上三生石畔,有绛珠草一株,时有赤瑕宫神瑛侍者,日以甘露灌溉,这绛珠草便得久延岁月。'"

此段描述几乎就是对上述大孤山美妙地理风貌的复制和再现:

"西方灵河"对应"大洋河"——洋为西方,大孤山傍大洋河西岸而立。"灵河岸上三生石畔"对应"大洋河西岸上大孤山东坡下的'三块石'"——洋河岸边大孤山巨大的卧佛山坡下有"三块石"。"有绛珠草一株"对应"有曹家一族"。如果把曹家堡、大洋河边、三块奇石这些景物连起来,就

可以看出"……西方灵河岸上三生石畔，有绛珠草一株"这段文字，源于对"大洋河西岸三块石旁有曹家一族"的描述。尽管文学上描述的景物与实际景物在名称叫法上有所区别，但也完全能看出上述的这段文字就是曹雪芹在大孤山曹家堡创作《石头记》时望着周边的景物顺手拈来的。对应上述这段文字和实际景物，更加深了我们对《石头记》创作源头的感悟。

上篇对妙玉是曹雪芹在大孤山创作《石头记》的化身及其名字的寓意已有详细介绍。笔者认为妙玉的名字也是曹雪芹在大孤山创造的，她的形象在某种程度上是取像于大孤山观音庵的尼姑。还有《红楼梦》中其他尼姑形象的取像，也应该和大孤山观音庵（俗称姑子庙）的尼姑有一定关系，而导致这种取像的内在因素源于曹雪芹的犹如带发修行的尼姑一样的创作生活，同样清苦的创作和修行生活使妙玉和其他尼姑的形象在其笔下诞生了。为了写好这些形象，曹雪芹经常了解观音庵尼姑们的日常生活乃至必需的生活条件。从书中第五回的一段描述妙玉的曲文中，可以看出曹雪芹笔下妙玉住在孤山这个偏僻的地方和其本质：

[世难容]气质美如兰，才华阜比仙。【甲戌侧批：妙卿实当得起。】天生成孤僻人皆罕。你道是啖肉食腥膻，【甲戌侧批：绝妙！曲文添词中不能多见。】视绮罗俗厌。却不知太高人愈妒，过洁世同嫌。【甲戌夹批：至语。】可叹这，青灯古殿人将老，辜负了，红粉朱楼春色阑。到头来，依旧是风尘肮脏违心愿。好一似，无瑕白玉遭泥陷，又何须，王孙公子叹无缘。

这段曲文"妙语"（妙玉）的自身写照，即《石头记》的文字构成和写作手法，其意思是：

第一句：说妙玉（曹雪芹）如兰花一样气质高雅，如仙人一样才高八斗。对此脂砚斋说：当之无愧。这是赞誉妙玉（曹雪芹）写"妙语"（《石头记》）书水平，如何评价都不过分。

第二句：上天安排妙语（妙玉）生成在孤山这个荒漠偏僻、人烟稀少的地方。即"妙语"因妙玉（曹雪芹）在偏僻的孤山而生。

第三句：有的人看着《红楼梦》的妙语；一边如大口吃肉品其香甜，一边又说其坏话恐其有碍语。穿带奇丽的服饰又厌其俗。脂砚斋明其义：赞叹其词添的太妙了，不愧是妙语中的妙语。

第四句：却不知太高了即能看明白妙语（妙玉）的人世人愈妒。太认真了,把妙语解释清楚了,世人皆嫌弃你。脂砚斋无不感叹社会的势力,《石头记》书本身和作者以及解读者都会有这样的境地。

第五句:可叹这,新置的油灯终有旧时,新建房屋有成为废墟的那一天,转眼人老华发生。辜负了《石头记》妙语中红粉佳人高楼朱厅春色尽——白展示了,有的人一生未明其义。

第六句:到头来,妙语仍旧被看成风尘肮脏的小说违我心愿,就好像无暇洁白的美玉扔进污泥中。如果妙语(《石头记》)始终成了市井消遣的言情小说,如美玉掉进臭水沟,委屈"妙玉"的妙语了。

第七句:何须王孙公子感叹,他们本来与妙语(妙玉)无缘——他们根本看不懂用妙语写成的《石头记》,也用不着发出什么感叹声。

这首曲是对妙玉本质的描写;妙玉"矫形"前的原字是"妙语",本义:《石头记》是用妙语写成的。妙语组成的《石头记》是谁写的——曹雪芹!还原了"妙玉"不是美貌女子而是曹雪芹写《石头记》的化身。妙玉带发修行——说的是曹雪芹写《石头记》十年过的日子非常清苦,像出家的尼姑,和过去在北京的生活完全不一样。从而证明"天生成孤僻人皆罕"隐寓的就是妙语(《石头记》)生成于大孤山。

对此,有人可能会有异议,而其又关系到《石头记》诞生地的书外证据问题,这里有必要作进一步阐述——请看上篇说到的靖批:

"妙玉偏僻处,此所谓'过洁世同嫌'也。他日瓜州渡口劝惩不哀哉,屈从,红颜固能不枯骨□□□。"

笔者认为所谓"瓜州渡口"就是孤山渡口无疑,其根据就是"瓜州"乃"孤山"的笔误——古代抄书都是竖写,抄书者很容易看走眼误抄,《石头记》影印本可以证明这个问题。如:脂砚斋批的"天衣无缝",就被抄成"天花无缝"。以此为例,可想而知把"孤山"抄成"瓜州"就更不足为奇了。就此,也可以认定:瓜州渡口就是孤山渡口。

为了更充分地证明此事,须进一步考证大孤山当时有没有古渡口。曹雪芹开始创作《石头记》时为乾隆六年(1741 年),当时的大孤山是一个非常偏僻的地方。笔者父亲曾说过:祖辈到此地时大孤山街里还是海滩,住户不是很多,人家都住在山坡边。而瓜州,即现在的江苏省扬州市瓜州镇,当时就是闻名全国的古镇交通枢纽。两处都有史料为证:

乾隆三十二年兵部侍郎期成额等奏请在鲍家码头等海口设局征税，经盛京将军新柱等核查复议，上奏称："奉天所属各界海口，凡系向来商船聚集之所，无论远近俱归山海关监督管理，设立税局，派人驻劄征收兼资稽查"。经查，"岫岩城所属鲍家码头、尖山子、沙河子、英纳河、青堆子五处海口"以及"续经查出岫岩城所属尚有大孤山、红旗沟二处海口均有商船出入停泊，应请一例俱归山海关监督管理，分别设局，凡有往来商船随带货物，照例按则收税"。此项奏报于十月获得批准，户部行文山海关：鲍家码头等七处海口"商船所带货物""一并归山海关监督设局收税"；"其余附近各小口或有商船出入货物亦令现设各局一并稽查"。这七处海口自乾隆三十三年春设立税局，试收两年后定额为 1309 两 1 钱 4 分 1 厘。①

清廷宫中档案证明：一、大孤山有渡口。二、大孤山渡口在乾隆三十三年(1768 年)春设立税局，以前是偏僻地方，渡口商船少，没有税务。曹雪芹在大孤山为乾隆六年——乾隆十五年间(1741—1750 年)，曹雪芹回北京直到去世(1763 年)大孤山渡口还是偏僻处，没有税务。

瓜州渡口，大量历史资料描述它的繁华和重要：

瓜州到唐代中叶已与北岸相连，成为江北巨镇，镇外有左右两条漕河在此汇集，形成一个立在运河中的洲头。

瓜州虽小，但历史上一直是重要渡口，虽弹丸之地，但"瞰京口，接建康，际沧海，襟大江"，为七省咽喉，全扬保障。唐代时，鉴真从此东渡，清代时每年漕舟数百万，百州贸易迁徙之人，往返络绎必在此停靠。

上述历史资料证明瓜州早就是繁华商镇和繁忙的渡口(相当今天的上海港那样繁华)，清代时每年漕舟数百万，流动人口更不用说了。这样的地方是妙玉要待的偏僻处吗？显然是不可能的。批语："他日瓜州渡口劝惩不哀哉"。其口气是强叫他留在此处，如果真在瓜州渡口强留曹雪芹在此写书，一是不能把瓜州说成偏僻处，二是要曹雪芹在这样繁华的地方留下来，还用劝惩吗？而《石头记》书中文字和批语及历史资料都可以充分证明曹雪芹和曹頫到过大孤山，曹頫只身回北京。在孤山渡口分别时，曹雪芹非常想和他一起回北京，曹雪芹当时才二十六七岁左右，能不想家

① 参见：《宫中档乾隆朝奏折》第 28 辑，乾隆三十二年九月初四日新柱等折；档案：乾隆三十二年十一月初六日存格奏折；乾隆三十五年八月二十二日恒鲁等折。

吗？能愿意待在这偏僻的小地方吗？他们在渡口是有一番争论的，否则，脂砚斋不会说“劝惩不哀哉”，这又是劝导又是告诫的话，听口气是逼着曹雪芹留在大孤山的。脂砚斋在批书时看到“妙玉”如出家人一样在大孤山一待就是十年，这都是他一手安排的，曹雪芹为此献出了人生最美好的时光，看到此怎么能不哀伤，心里怎能不难受呢？

上述脂批毋庸置疑，是曹雪芹来到过大孤山这个偏僻处的确凿证明。我们再来看看《石头记》中对妙玉及尼姑庵的塑造，是否和大孤山观音庵以及尼姑们的生活相关联：

曹雪芹到大孤山时，这个尼姑庵是什么情况，可能有人会质疑。大孤山历史上多次分属于其他地区，最后归属东港市。因此，东港市没现存的观音庵早期的史志资料，至今无法确定具体始建时间，但也没有否定其历史悠久的事实。东港市近年修撰的县志中有一段介绍：

观音庵，原名观音会，又名观音阁，1941 年改名观音庵。坐落于孤山镇东山包上。始建年代不详，重修于清咸丰十年(1860 年)，由正殿、配殿、阁楼、禅堂等建筑组成。正殿为释迦牟尼殿，坐东面西，房 5 间 90 平方米。正殿左右有配殿各 5 间。左配殿为禅堂、客厅；右配殿为生产用房，120 平方米。其后 5 间草房为仓库。院内西南跨院为观音阁楼，1 间 30 平方米，供奉南海观音菩萨，坐南面北，俗称“倒座”。右侧立有咸丰十年“重修观音阁碑记”石碑一通。“文化大革命”初期，殿堂被砸，佛像俱焚，庵内 6 名尼姑被逐。1967—1985 年，观音庵所有房屋被孤山镇房产管理所接管，出租给居民居住。[①]

以上可以证明大孤山观音庵历史久远，近代曾重修一次，据现在已经 150 余年了。1860 年重修，说明原来的庙因时间太久很破旧了。此年山后的背阴寺也进行了重修，背阴寺有据证明是明万历年间修建的，当地人都知道观音庵比背阴寺兴建时期要早。通过这两个寺庙的关系，可以间接说明观音庵在曹雪芹到大孤山之前就存在。

另外，孤山上庙(栊翠庵)是唐朝年间始建的，有十六罗汉为证，50 年代曾请郭沫若鉴定:是属于契丹文化唐朝同期的。当时大孤山周围都是海水，基本上是岛屿状态，比较偏僻。据此，笔者认为既然山上面当时有

---

① 参见:东沟县志第二十七篇 · 文化 · 第六章文物 · 第三节古迹之三古建筑。1996 年版。

和尚庙，那么相对应该有观音庙。孤山还有一个说法也间接证明了姑子庙建于唐朝：

杨贵妃当年并没有死于安史之乱，而是秘密潜到山东蓬莱，乘船逃往日本，在海上遇上大风，船被吹到大孤山脚下，杨贵妃便到了姑子庙歇息，后被上庙的日本和尚护送到了日本。如果这个说法成立，姑子庙建于唐朝无疑。

据专家考证：

公元756年，安史之乱爆发，一代绝世美人杨贵妃香消玉殒在马嵬坡上，两年后，挖开的贵妃墓中却找不到贵妃的遗体，杨贵妃可能会在马嵬坡死而复生吗？谜团一："贵妃遗体"新旧唐书记载不同，新唐书只说香囊犹在。谜团二：日本民间盛传杨贵妃逃到日本，《长恨歌》中也曾暗示。

2002年，日本影星山口百惠声称，她是杨贵妃的后裔。这个消息让中国人无比震惊，杨贵妃的后人怎么可能跑到日本去呢？其实早在20世纪20年代，著名"红学家"俞平伯先生在《长恨歌》等文章中指出，杨贵妃可能并没死在马嵬坡，而是去了日本定居。现今的日本沿海边有一个叫作"久津"的村子，以"杨贵妃之乡"而闻名。

人们分析长恨歌里写的诗句，"马嵬坡下泥土中，不见玉颜空死处"。其中"不见玉颜空死处"就是指马嵬坡上找不到杨贵妃遗体一事。而此后唐玄宗派一个道士去找寻杨贵妃，结果"上穷碧落下黄泉"也没找到，最后道士在仙山上找到了贵妃。倘若道士真在仙山上找到了贵妃，这里写到的蓬莱仙山又在哪里？在日本的文学创作中，常常把蓬莱山指为日本。①

杨贵妃究竟是从哪里乘船去日本的呢？有专家认为：

史料中最翔实的航海记载就是东渡日本的鉴真和尚，他前后历经11年，经历了5次失败，屡遭磨难，才终于到达日本。在那样的艰苦条件下，杨贵妃想要逃到日本究竟有多大可能性？人民大学历史系刘厚滨教授分析，据记载唐朝时，中日交往频繁，包括非正式的也有16～17次，从船的规模上看，杨贵妃出逃日本应该没问题。就算这样的船能到日本，在兵荒马乱的年代，杨贵妃要在哪个港口登船呢？据古代交通史记载，当时唐玄宗逃到了四川，杨贵妃一定会选择相反的方向，可能到武汉，经长江下游，

① 参见：《北京科技报》："杨贵妃生死之谜：杨贵妃逃到日本"，2005年9月14日。

有三条路线,一个是扬州,一个是苏州,另一个是明州,可能在这3个地方登船,最后到达日本的山口久津县。

笔者认为专家的说法是有一定根据的,但登船地点却不符合当时的情况。这三个登船地点都是繁华市镇,不适合秘密出逃。更重要的是,从鉴真和尚东渡日本所遇到的海上风险这种情况来看,当时的风帆船是不具备抵御海上风险能力的。稍有一点头脑的人是不会给一个出逃的人选这样的危险路线的,因为成功概率太低。笔者认为:应该是在唐朝的日本人给护送杨贵妃的人出了一个非常好的点子,即到山东蓬莱乘船,沿靠黄海北岸和朝鲜海岸临近的海域行船到日本,不用大型商船,一般渔船就能安全到达日本,否则,不会有被风吹到大孤山之说。

……

还有一件事也和其他地方略有不同,当地老百姓都叫观音庵为姑子庙,你问观音庵则不知道,你问姑子庙就知道了。管观音庵叫姑子庙,称呼尼姑叫姑子,要是背后叫也无可厚非,可是当地人当着观音庵主持及其他尼姑的面,也这么说或这么称呼,这本来是极其不礼貌的称呼,可在以前的年代里两方都觉得自然,没有什么不妥之处。这种称谓都是从古时候传承下来的,按理古时候人都是非常尊敬观音庵尼姑的,不可能有这样的传承。按我国古代的封建社会礼教,除了皇封以外,没有把极其不礼貌的称呼传承到现代。这个现像有可能源于杨贵妃到了此处,是她开金口叫"姑子庙、姑子"的,这有如皇封一样,谁不愿意留着这皇封的"荣耀"呢?

这些不是我们要研究的课题,关键是众多的资料证明杨贵妃去了日本,和孤山当地传说杨贵妃去日本途中曾在大孤山观音庵住过相吻合,从而也可证明大孤山观音庵历史的悠久。曹雪芹到大孤山写《石头记》时,大孤山观音庵风光依旧,观音庵肯定是他拜访过的地方,显而易见,曹雪芹就是借鉴了大孤山观音庵的景物和人物,塑造了妙玉、智能等尼姑的形象的。

上篇说到"栊翠庵"——孤山上庙,现为道教庙,是大观园中唯一一处庙宇的原型。《石头记》创作后期,曹雪芹经常在此写作。妙玉是带发修行的尼姑,应该住在尼姑庵,而实际上由于妙玉是曹雪芹写作《石头记》的化身,是不可能住在尼姑庵的。根据曹家堡长者说:曹大汉刚到大孤山时也是借住别人的房屋居住的，上篇中已有说明，是曹雪芹帮他们哥俩盖了住房。在盖房之前曹雪芹住在哪？笔者认为曹雪芹是借住在观音庵附近的民居。十八回书中对妙玉有这样的介绍：

“文墨也极通，经文也不用学了，模样儿又极好。因听见长安都中有观音遗迹并贝叶遗文，去岁随了师父上来，现在西门外牟尼院住着。”

笔者认为这段介绍都是“影伙从”，巧妙各不同，最后这句双关语：一是隐寓妙玉（妙语）是曹雪芹在孤山创作《红楼梦》的化身，实际上同尼姑和带发修行者没有关系——属于“门外”之人。二是说自己刚到孤山就是住在观音庵西门外。因为孤山观音庵大门正好朝西开，而且当时的居民在这个山坡西面居住的也比较多。观音庵和居民区离得这么近，也是曹雪芹每天都能见到的景物。这就在景物描写上为曹雪芹更多采用了孤山观音庵为背景提供了条件。

比如：曹雪芹在写芦雪厂联诗一章中，把曹家堡景物都写进书中。其后，写到宝玉访妙玉乞红梅是到妙玉处，显然妙玉的住处是以观音庵为背景的。因为曹雪芹——妙玉是在芦雪厂（曹家堡）写的即景诗，宝玉访妙玉应该到栊翠庵，当时栊翠庵（上庙）是道教庙，小说文字不能直接描写道教庙景象，所以妙玉住处取像于观音庵。他在《石头记》中写尼姑庵各有特色：栊翠庵、芦雪厂是实景实写，观音庵是实景虚写——借代。就此可见，他对观音庵的一切已经是娴熟于胸了，这应和他有一段时间在观音庵附近居住有关。

他设计的馒头庵又名水月庵，是典型的解读景物设计，这里还包含他的期望。但一般读者，无不把馒头庵当成实实在在的尼姑庵，之所以这样，是因为他把尼姑的坐像描写得太形象了。假如他不经常到尼姑庵观察咨询一些尼姑念经和佛教上的规则及其生活习惯，笃定不会有现在这样的效果。现在，你要在红学论坛上说馒头庵只是个寓意，有的人肯定会跟你辩论，他们不相信这些尼姑庵竟然是虚拟的解读标志。实际上，曹雪芹所写的尼姑都没有实意：惜春出家为尼，意谓没有后代，喻曹雪芹家在惜春范世上，没有人能使用这二十代范世联名了。所以他把期望放在大孤山，他期望大孤山曹大汉、曹信的后人能看懂《石头记》，为此，特别设计了秦种（亲宗）的情人（亲人）智能。这个智能就是馒头庵即水月庵的姑子。馒头庵隐寓“伴求”(半球)的意思,水月庵隐寓“岁月”的意思。希望在以后的岁月里,馒头庵——水月庵的观音菩萨,能把“观音”的技能点化给大孤山曹大汉、曹信的后人智能者,让其“伴求”《石头记》的真谛。书中写秦种和智能的结合,表面写的是淫情事,实际是表示亲宗有后人,其后人必须是“智能”才能解开《石头记》。智能当初被打跑,这是曹雪芹留的谶语,寓智能一定会回来,虽然他无法预测亲宗中的这个“智能”出现的具体时间(已预测最早为惜春第六代),但他知道岁月(水月庵)会解决这一切:千年之内曹家“亲宗”的后人,必定会出现“智能”的晓红(小红)之人,把《石头记》的真相暨曹雪芹家的真正历史和宗族身份公布于世。

大孤山当地还流传着一则与大孤山观音庵有关的奇异的传说:传说一千多年前,天上下来一道白光,落到现在的观音阁处,原来是南海观音菩萨下凡此处面北而立。后来观音庵主持发愿在此处建阁塑造金身,按南海观音菩萨下凡此处站的方向,坐南面北建了一处观音阁,即当地俗称的“倒坐庙”。这在我国是极其罕见的,在孤山这个偏僻的小地方,偏偏就有这样的庙和这样的观音。天缘巧合的是,《石头记》写作手法也恰好是“倒作”。《石头记》是用“一手二牍”艺术手法写成,不能看其字表面意思,要“观音”,姑子庙就有“倒座观音”。大孤山和《红楼梦》的巧事如此之多,这其中笃定有其奥妙在。

笔者不敢说完全看懂了《石头记》,但曹雪芹在《石头记》中隐写的家谱,正是被作为大孤山曹家的后人的本人解开的。笔者不知道曹雪芹当年到观音庵和主持谈论了什么,也不知道是否讨论过他们身后几百年的事,但笔者却和观音庵有着一段奇特的缘分:

那是一九五七年正月十五前后的一天下午,天气晴好,太阳照在身上暖洋洋的。笔者和哥哥到孤山下庙西边山坡上摘映山红,为了一株花笔者差一点从悬崖上摔了下去,还好哥哥提前拉住了笔者的脚。冬日日短,一会儿太阳转到了山边,东边的云彩也上来了,随之雪花慢悠悠飘下来,我们赶紧下山。当走到戏楼时,风卷着棉絮一样的大雪扑面打来,天也暗下来。我们从戏楼东边小道回家,下去便迷失了方向,在漫天大雪中摸索着向前走,岂不知早已南辕北辙了。当我们发现和我们家一样方向的院门楼时,便拼命敲门。出来的却是小尼姑(不知是释农光、农济还是农吉），她把我们接了进去，观音庵主持（听现在的主持释亲光和咨客释传真告诉笔者，当时的主持是释隆道）便吩咐给我们洗脸洗脚，然后把我们抱到炕上，放上桌子，待我们吃完了饭，她让我们坐在炕上用被盖着腿脚暖和。尔后主持就到佛前念经去了，我们就这样一边暖着腿脚一边等着家人。很晚了，主持一直在念经。晚上十点左右我父亲找遍亲戚家，最后冒着大雪奔观音庵来了，没有想到我们竟真的是在这里。

多少年过去了，笔者一直在想着这件事，想着那些尼姑们，我们之间为什么会有这个缘分呢？我们走过的路两旁都是人家，可我们为什么走了那么远的路一直走到观音庵才敲门呢？而且在这件事之后，我们全家便离开了孤山，这件事也就成了笔者五岁前的对孤山的永不忘却的记忆。

笔者经常在想，曹雪芹在《红楼梦》中告诫我们，《红楼梦》要“倒看”“观音”。笔者能破译《红楼梦》十五个千古奇谜，是否得益于此呢？为什么孤山观音庵里就有“倒坐庙”、庙里有“倒座观音”呢？我家房屋和观音庵正好是一南一北相距很远，弟兄出生都在自家老屋，仅我一人生在观音庵西门外大道旁杨姓的房屋里。为什么笔者会在五岁时的一个大雪天中来到“倒座观音庙”呢？又为什么 1998 年笔者在北京红学研讨会上宣读完曹雪芹亲撰的家谱时（薛宝琴十首怀古诗“解味”），当晚仅北京市区内也下了一场大雪呢？更为天缘凑巧的是，曹雪芹写在书中的那些谶语怎么都分毫不爽地实现在笔者身上呢？他设的“芒种接”即真宗接，应该在曹锡章的后代惜春范世二十代的第六代人给接上，而笔者恰好就是第六代人。他又说晓红之人是二等丫鬟，一等丫鬟按现在社会状况对比应该是公务员身份的学者，笔者现在的状况恰恰也和书中的二等丫鬟一样。二等丫鬟小红是用业余时间办的平儿（评儿）的事，而笔者研究《红楼梦》也全是用业余时间。对比的这样贴切，这都是为什么？当年也许是观音庵主持和曹雪芹谈论此事也未可知。佛教的事不敢乱说，发生在笔者身上的这些事更不能瞎说、都当巧事。笔者虽然不是什么‘智能’者，但却能看出智能的寓意。虽然笔者不是小红，可却知道小红为人并能学其话。尤其重要的是，通过研究《红楼梦》，笔者知道了自己是曹锡章的后人，也就是曹雪芹的始祖曹锡章（薛宝钗）的后人。笔者之所以能够把曹雪芹隐写在《石头记》中的他家的真正的家谱还原并展示在世人面前，没有大孤山这块土地,没有曹家在大孤山的生活渊源,没有曹雪芹在大孤山写《石头记》的经历,没有大孤山上庙及观音庵的文化影响,笔者是不会和《红楼梦》有一点缘分并"沉迷"《红楼梦》二十年的。

笔者写这篇文章再一次说明《石头记》是在大孤山写成,这并不是按个人的一厢情愿的意愿说的,而是曹雪芹在《石头记》中提示的,这么多年来笔者所做的一切就是要还原曹雪芹的心声。而检验笔者的观点——"《红楼梦》的摇篮——大孤山"是否可以成立,最直接、最好的方式和途径就是:真正走进《红楼梦》,认真地看一看;身临其境到大孤山来,实地转一转。

主要参考文献

[1]安徽省亳县博物馆.亳县曹操宗族墓葬[J].文物,1978(8):32—45.

[2]亳州市博物馆.安徽亳州市发现一座曹操宗族墓[J].考古,1988(1):57—62.

[3]田昌五.读曹操宗族墓砖刻辞[J].文物,1978(8):46—50.

[4]赵超.论曹操宗族墓砖铭的性质及有关问题[J].考古与文物,1983(4):94—98.

[5](北魏)郦道元.水经注·卷二十三·东南至沛为濄水[M].线装书局,2016.

[6](刘宋)裴松之.裴注三国志·卷九·魏书九·诸夏侯曹传第九[M].中华书局,1959.

[7]田昌五.曹操宗族墓和《水经注》的有关问题[J].中国历史文物,1981(7):25—28.

[8]殷涤非.对曹操宗族墓砖铭的一点看法[J].文物,1980(7):83—88.

[9]关尾史郎.关于安徽曹氏一族墓葬的几个问题[J].许昌师专学报(社会科学版),1997,16(3):68—72.

[10]李淑元,李辉.从牙齿磨损度推断安徽亳州元宝坑一号墓墓主身份[J].现代人类学通讯,2010(4):53—56.

[11](刘宋)范晔.后汉书·卷67·党锢列传第五十七[M].中华书局,1965.

[12]焦培民."东汉'输作左校'刑罚考"[J].公民与法(法学版),2010(5):49—52.

[13](西晋)陈寿.三国志·卷一魏书一·武帝纪第一[M].中华书局,1959.

[14]康栋东.从考古材料和历史文献角度推断安徽亳州元宝坑一号墓墓主身份[J].现代人类学通讯,2012(6):102—110.

[15]陈玉霞.两汉时期冀州的官吏研究[D].郑州大学硕士学位论文,2007.

[16]Chuan-Chao Wang, Shi Yan, Can Yao, Xiu-Yuan Huang, Xue Ao, Zhanfeng Wang, Sheng Han, Li Jin and Hui Li. "Ancient DNA of Emperor CAO Cao's granduncle matches those of his present descendants: a commentary on present Y chromosomes reveal the ancestry of Emperor CAO Cao of 1800 years ago," *Journal of Human Genetics*. 2013:1—2.

[17]王传超,严实,姚灿,黄修远,敖雪,王占峰,韩昇,金力,李辉.曹操叔祖的古DNA结果与曹操后世子孙相符[J].现代人类学通讯,2013(7):61—63.

[18]王传超,严实,侯铮,傅雯卿,熊墨淼,韩昇,金力,李辉.Y染色体揭开曹操身世之谜[J].现代人类学通讯,2011(5):107—111.

[19]韩昇.曹操家族DNA调查的历史学基础[J].现代人类学通讯,2010(4):46—52.

[20]亳州博物馆李灿.安徽亳县发现一批汉代字砖和石刻[J].文物资料丛刊2.文物出版社,1978.

[21](西晋)陈寿.《三国志·卷二十魏书二十·武文世王公传第二十》[M].中华书局,1959.

[22]曹祖义.红楼梦与大孤山[M].中国文联出版社,2006.

[23]杨庆伟,曹祖义,康栋东."曹雪芹身世大解密:红楼梦古诗与DNA的科学验证".铭传大学2015年中国文学之「学理与应用」国际学术研讨会论文集[M].铭传大学应用中国文学系(所)编印,2015:33—46.

[24]曹祖义,杨庆伟,康栋东."纪念曹雪芹诞辰三百周年暨生日解密".铭传大学2016年中国文学之「学理与应用」国际学术研讨会论文集[M].铭传大学应用中国文学系(所)编印,2016:33—48.

附：

七绝·星爱(壘爱)

牛郎胆大追天女，
致使皇心怒火生。
可叹良缘遭拆散，
鹊虹相助解离情。
（2017年3月16日）

解说：

(1)七夕节，又名乞巧节、七巧节或七姐诞，民间传说天上的牵牛星和织女星本为夫妇，在每年农历七月初七相会，这一日遂成为中国传统民间重要的节日之一。

曹丕的《燕歌行》曰“明月皎皎照我床，星汉西流夜未央。牵牛织女遥相望，尔独何辜限河梁?”

曹植的《洛神赋》曰“叹匏瓜之无匹兮，咏牵牛之独处”，《九咏》曰“临回风兮浮汉渚，目牵牛兮眺织女。交有际兮会有期，嗟痛吾兮来不时”。唐代文选学家李善的《曹植九咏注》曰“牵牛为夫，织女为妇。织女牵牛之星各处河鼓之旁，七月七日乃得一会”。

(2)破镜重圆分钗合钿韵(破韵石音诗一首，参见宋代李致远《碧牡丹》)。

牛郎胆大追织女，
遂令王母怒心起，
可叹良缘遭拆散，
鹊虹相聚方又喜。
（2017年4月18日）

曹祖义先生改诗韵脚一首:

牛郎织女爱倾心,
王母娘娘发怒音,
可叹良缘遭拆散,
鹊虹相聚喜庆临。
(2017年5月18日)

(3)星:〔古文〕曐曐【唐韻】【集韻】【韻會】桑經切【正韻】先青切,音腥。

【說文】萬物之精,上爲列星。从晶生聲。一曰象形。从口。古口復注中,故與日同。

【釋名】星,散也,列位布散也。

【書·堯典】曆象日月星辰。

【傳】星,四方中星。又【洪範】五紀,四曰星辰。

【傳】二十八宿迭見,以敘節氣。

【又】庶民惟星,星有好風,星有好雨。

【傳】星,民象,箕星好風,畢星好雨。

【史記·天官書】星者,金之散氣。

【註】五星五行之精,衆星列布,體生於地,精成於天,列居錯行,各有所屬。在野象物,在朝象官,在人象事。

【前漢·天文志】經星常宿中外官,凡百七十八名,積數七百八十三星,皆有州國官宮物類之象。

【淮南子·天文訓】日月之淫氣精者爲星辰。又星星,猶點點也。

【謝靈運詩】星星白髮垂。又草名。戴星、文星、流星,皆穀精草別名。

【本草綱目】此草生穀田中,莖頭小白花,點點如亂星。又姓。

【廣韻】《羊氏家傳》曰:南陽太守羊續,娶濟北星重女。

(参见《康熙字典》【辰集上】【日字部】)

愛:行皃。從夊㤅聲。(参見清代陳昌治刻本《說文解字》【卷五】【夊部】)

愛:仁之發也。從心旡聲。又親也,恩也,惠也,憐也,寵也,好樂也,吝惜也,慕也,隱也。又【孝經·諫諍章疏】愛者,奉上之通稱。又【謚法】嗇於賜與曰愛。(参見《康熙字典》【卯集上】【心字部】)

皃:mào,頌儀也。從人,白象人面形。凡皃之屬皆從皃。(參見《說文解字》【卷八】【皃部】)

夊:suī,行遲曳夊夊,象人兩脛有所躧也。凡夊之屬皆從夊。(參見清代陳昌治刻本《說文解字》【卷五】【夊部】)

㤅:ài,【說文】小篆愛字。【徐鍇曰】㤅者,惠也。從心旡,爲㤅。(參見《康熙字典》,【卯集上】【心字部】)

儀:度也。從人義聲。(參見《說文解字》【卷八】【人部】)

愛對應二、仁、親、惠。依拆字法,史湘雲發音"愛"的本義是"行白人"。

(4)DNA∈DanNiuAi=旦牛爰∈星爰∈壘愛。

(5)基因=JiYin≈Jin=金。星者,金之散气,基因之散气,DNA之散气。

(6)《红楼梦》中人物芳官:金星玻璃、耶律雄奴。因麒麟伏白首双星,賈薔龄官证合。

(7)曹操《观沧海》:日月之行,若出其中;星汉灿烂,若出其里。曹霖(林黛玉)和曹雲(史湘雲)是曹錫章(薛宝釵)的儿子,是曹操曹丕曹髦曹霸后裔,其Y染色体类型是O2-M268。

(8)曹:倒旦曲。

(9)生情:下平八庚韵,牛郎小生之情。

(10)京剧:生旦净末丑。生旦之情。

(11)束星北:江苏扬州人,理论物理学家,曾在美英德求学和游历。诺贝尔奖获得者李政道以学生身份,为《束星北档案》一书作序曰"我最早接受的启蒙光源就是来自束星北老师"。

(12)阿尔伯特·爱因斯坦(Albert. Einstein):犹太裔物理学家。

(13)愛因·蘭德(Ayn Rand):俄裔犹太裔美国女哲学家、小说家,对政界产生重要的影响。

(14)胡玉文。

(15)1992年12月郑智化词曲《星星点灯》曰"照亮我的家门"。

(16)星、日、一、生、牛、旦、郎、良、月、大、天、女、皇、白、王、心、火、虫、虹、二、三、人、因、土、其、基、石、音。

(17)歌曲:万水千山总是情;枉凝眉;北国之春;一生何求?(烈日当头);那种心跳的感觉。

(18)雄安特區。

(19)恒(星)友愛。